2025年春 受験用 解答集

広島県 修道中学校

2020～2014年度の7年分

本書は，実物をなるべくそのままに，プリント形式で年度ごとに収録しています。
問題用紙を教科別に分けて使うことができるので，本番さながらの演習ができます。

■ 収録内容

・解答集（この冊子です）

　　書籍ID番号，この問題集の使い方，リアル過去問の活用，解答例と解説，
　　ご使用にあたってのお願い・ご注意，お問い合わせ

・2020(令和2)年度 ～ 2014(平成26)年度　学力検査問題

JN132103

○は収録あり	年度	'20	'19	'18	'17	'16	'15	'14
■ 問題収録		○	○	○	○	○	○	○
■ 解答用紙		○	○	○	○	○	○	○
■ 解答		○	○	○	○	○	○	○
■ 解説		○	○	○	○	○	○	
■ 配点								

☆問題文等の非掲載はありません

もっと過去問！シリーズ

K 教英出版

■ 書籍ID番号

入試に役立つダウンロード付録や学校情報などを随時更新して掲載しています。
教英出版ウェブサイトの「ご購入者様のページ」画面で，書籍ID番号を入力してご利用ください。

書籍ID番号　**180032**　▶

（有効期限：2025年9月30日まで）

【入試に役立つダウンロード付録】
「中学合格への道」

■ この問題集の使い方

年度ごとにプリント形式で収録しています。針を外して教科ごとに分けて使用します。①片側，②中央
のどちらかでとじてありますので，下図を参考に，問題用紙と解答用紙に分けて準備をしましょう（解答
用紙がない場合もあります）。

針を外すときは，けがをしないように十分注意してください。また，針を外すと紛失しやすくなりますので気をつけましょう。

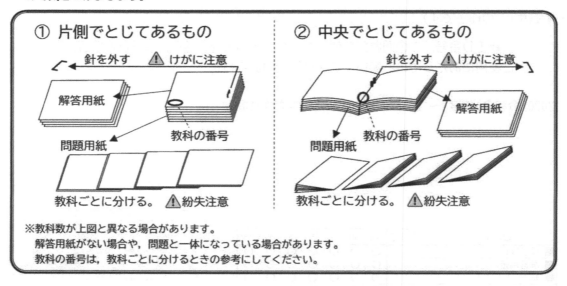

① 片側でとじてあるもの　② 中央でとじてあるもの

針を外す　⚠けがに注意　針を外す　⚠けがに注意

解答用紙　教科の番号　問題用紙　解答用紙
問題用紙　教科の番号

教科ごとに分ける。　⚠紛失注意　教科ごとに分ける。　⚠紛失注意

※教科数が上図と異なる場合があります。
　解答用紙がない場合や，問題と一体になっている場合があります。
　教科の番号は，教科ごとに分けるときの参考にしてください。

リアル過去問の活用

~リアル過去問なら入試本番で力を発揮することができる~

❀ 本番を体験しよう！

問題用紙の形式（縦向き／横向き），問題の配置や余白など，実物に近い紙面構成なので本番の臨場感が味わえます。まずはパラパラとめくって眺めてみてください。「これが志望校の入試問題なんだ！」と思えば入試に向けて気持ちが高まることでしょう。

❀ 入試を知ろう！

同じ教科の過去数年分の問題紙面を並べて，見比べてみましょう。

① 問題の量

毎年同じ大問数か，年によって違うのか，また全体の問題量はどのくらいか知っておきましょう。どのくらいのスピードで解けば時間内に終わるのか，大問ひとつにかけられる時間を計算してみましょう。

② 出題分野

よく出題されている分野とそうでない分野を見つけましょう。同じような問題が過去にも出題されていることに気がつくはずです。

③ 出題順序

得意な分野が毎年同じ大問番号で出題されていると分かれば，本番で取りこぼさないように先回りして解答することができるでしょう。

④ 解答方法

記述式か選択式か（マークシートか），見ておきましょう。記述式なら，単位まで書く必要があるかどうか，文字数はどのくらいかなど，細かいところまでチェックしておきましょう。計算過程を書く必要があるかどうかも重要です。

⑤ 問題の難易度

必ず正解したい基本問題，条件や指示の読み間違いといったケアレスミスに気をつけたい問題，後回しにしたほうがいい問題などをチェックしておきましょう。

❀ 問題を解こう！

志望校の入試傾向をつかんだら，問題を何度も解いていきましょう。ほかにも問題文の独特な言いまわしや，その学校独自の答え方を発見できることもあるでしょう。オリンピックや環境問題など，話題になった出来事を毎年出題する学校だと分かれば，日頃のニュースの見かたも変わってきます。

こうして志望校の入試傾向を知り対策を立てることこそが，過去問を解く最大の理由なのです。

❀ 実力を知ろう！

過去問を解くにあたって，得点はそれほど重要ではありません。大切なのは，志望校の過去問演習を通して，苦手な教科，苦手な分野を知ることです。苦手な教科，分野が分かったら，教科書や参考書に戻って重点的に学習する時間をつくりましょう。今の自分の実力を知れば，入試本番までの勉強の道すじが見えてきます。

❀ 試験に慣れよう！

入試では時間配分も重要です。本番で時間が足りなくなってあわてないように，リアル過去問で実戦演習をして，時間配分や出題パターンに慣れておきましょう。教科ごとに気持ちを切り替える練習もしておきましょう。

❀ 心を整えよう！

入試は誰でも緊張するものです。入試前日になったら，演習をやり尽くしたリアル過去問の表紙を眺めてみましょう。問題の内容を見る必要はもうありません。どんな形式だったかな？受験番号や氏名はどこに書くのかな？…ほんの少し見ておくだけでも，志望校の入試に向けて心の準備が整うことでしょう。

そして入試本番では，見慣れた問題紙面が緊張した心を落ち着かせてくれるはずです。

※まれに入試形式を変更する学校もありますが，条件はほかの受験生も同じです。心を整えてあせらずに問題に取りかかりましょう。

算数

令和 ② 年度 解答例・解説

《解答例》

1 (1)① 6060　② $\frac{1}{9}$　③ $\frac{59}{96}$　④ 182　(2) 102　(3) 20　(4) 15　(5) 34　(6) 1260

2 (1) 右グラフ　(2) 右図

(3) A君…(イ)　B君…(ウ)　C君…(エ)

(4)① A君…(ウ)　B君…(エ)　C君…(オ)

D君…(エ)　② (コ)

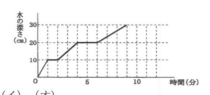

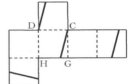

3 (1) 円の直径に対する円周の長さの比率。　(2) (イ)，(オ)

4 (1) 55　(2) 30　(3) $\frac{1}{15}$　(4) 3.6

5 ア．5　イ．4　ウ．$21\frac{9}{11}$　エ．$20\frac{5}{14}$　オ．7　カ．30

《解 説》

1 (1)① 与式＝101＋101×5＋101×7＋101×8＋101×9＋101×10＋101×20＝

101×(1＋5＋7＋8＋9＋10＋20)＝101×60＝6060

② 与式＝$\frac{5-3}{3\times5}\times\frac{1}{2}+\frac{7-5}{5\times7}\times\frac{1}{2}+\frac{9-7}{7\times9}\times\frac{1}{2}=(\frac{1}{3}-\frac{1}{5}+\frac{1}{5}-\frac{1}{7}+\frac{1}{7}-\frac{1}{9})\times\frac{1}{2}=(\frac{1}{3}-\frac{1}{9})\times\frac{1}{2}=$

$(\frac{3}{9}-\frac{1}{9})\times\frac{1}{2}=\frac{2}{9}\times\frac{1}{2}=\frac{1}{9}$

③ 与式＝$(\frac{17}{8}-\frac{3}{4})\times\frac{1}{3}+\frac{1}{4}\div\frac{8}{5}=(\frac{17}{8}-\frac{6}{8})\times\frac{1}{3}+\frac{1}{4}\times\frac{5}{8}=\frac{11}{8}\times\frac{1}{3}+\frac{5}{32}=\frac{11}{24}+\frac{5}{32}=\frac{44}{96}+\frac{15}{96}=\frac{59}{96}$

④ 1 m＝100 cm，1 cm＝10 ㎜だから，3.8m＝(3.8×100) cm＝380 cm，9500 ㎜＝$\frac{9500}{10}$cm＝950 cm

よって，与式＝380 cm＋752 cm－950 cm＝182 cm

(2) 4個ずつ配った後で，さらに 7－4＝3 (個)ずつ配るためには，22＋38＝60(個)のお菓子が必要となる。

したがって，子どもの人数は，60÷3＝20(人)である。よって，お菓子は，4×20＋22＝102(個)ある。

(3) 時間を$\frac{27}{45}=\frac{3}{5}$(倍)にしたいのだから，仕事を行う人数を$1\div\frac{3}{5}=\frac{5}{3}$(倍)にすればよい。よって，全部で

$30\times\frac{5}{3}=50$(人)で行えばよいから，あと 50－30＝20(人)増やせばよい。

(4) 右のような面積図がかける。斜線の長方形と色付きの長方形の面積は等し

いから，横の長さの比はたての長さの比の逆比に等しい。たての長さの比は，

(80－75)：(100－80)＝1：4だから，横の長さの比は4：1となる。したがっ

て，テストの合計回数と最後の3回の比は，(4＋1)：1＝5：1となるので，

求める回数は，$3\times\frac{5}{1}=15$(回)である。

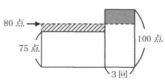

(5) 右図のように記号をおく。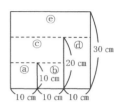

三角形ＡＤＢはＡＢ＝ＡＤの二等辺三角形だから，角ＢＡＤ＝180－38×2＝104(度)

したがって，角ＣＡＤ＝360－144－104＝112(度)

三角形ＡＣＤはＡＣ＝ＡＤの二等辺三角形だから，角⑦＝(180－112)÷2＝34(度)

(6) 小説の値段を①円とすると，問題集の値段は，①×2＋360＝②＋360(円)となり，

図鑑の値段は，(②＋360)×3－490＝⑥＋590(円)となる。これらを1冊ずつ買ったときの合計は，

①＋②＋360＋⑥＋590＝⑨＋950(円)となる。これが5000円なのだから，⑨は5000－950＝4050(円)，

①は4050÷9＝450(円)である。よって，問題集の値段は450×2＋360＝1260(円)である。

② (1) 水そうを正面から見た図を，右図のように区切り記号をおく。長方形ア，イ，ウの

面積は等しいから，水がたまるのにかかる時間は，右図の@～@の面積の比に等しい。

グラフより，@がいっぱいになるのに1分かかるとわかる。右図より，@と⑥の面積は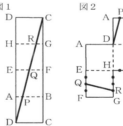

等しいから，⑥がいっぱいになるのに1分かかる。したがって，水を入れ始めてから1

分後から2分後までは，「目盛り」部分の水の深さは変化しない。⑥の面積は，@と⑥の

面積の和に等しいから，⑥がいっぱいになるのに2分かかる。この2分間で，水の深さは10cmから20cmになる。

@の面積は，@と⑥と⑥の面積の和の半分に等しいから，@がいっぱいになるのに(2＋2)÷2＝2(分)かかり，

この2分間で水の深さは変化しない。@の面積は，@と⑥と⑥と@の面積の和の半分に等しいから，@がいっぱ

いになるのに(2＋2＋2)÷2＝3(分)かかる。この3分間で，水の深さは20cmから30cmになる。以上のこと

をグラフにかきこむと解答例のようになる。

(2) ひもがかかる面についての展開図をかくと，右図1のようになる。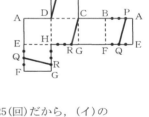

したがって，ひもと辺ＡＢが交わる点Ｐは，ＡＰ＝ＡＢ×$\frac{1}{4}$，ひもと

辺ＥＦが交わる点Ｑは，ＥＱ＝ＥＦ×$\frac{1}{2}$，ひもと辺ＨＧが交わる点Ｒ

は，ＨＲ＝ＨＧ×$\frac{3}{4}$となる点である。また，解答らんの【展開図】に

立方体の頂点と点Ｐ，Ｑ，Ｒをかきこむと右図2のようになるから，

ひもがかかるところは，図2の太線のようになる。

(3) Ａ君の【考え方】…8個ずつ増える回数は，最初の正方形をのぞいた26－1＝25(回)だから，(イ)の

12＋8×25である。Ｂ君の【考え方】…正方形どうしが重なっている部分の碁石の数は4個で，重なっている部

分は全部で26－1＝25(か所)あるから，(ウ)の12×26－4×25である。Ｃ君の【考え方】…8個ずつ増える回数

は，正方形の個数に等しく26回だから，(エ)の4＋8×26である。

(4)① どの方向から見ても，下の段には3個ならんで見える。上の段の立方体は，Ａ君から見ると一番左，Ｂ君

から見ると真ん中に見える。Ａ君とＣ君，Ｂ君とＤ君はそれぞれ向かい合って座っているから，Ｃ君，Ｄ君から

見える図は，Ａ君，Ｂ君から見える図とは左右対称になる。よって，Ａ君は(ウ)，Ｃ君は(オ)，Ｂ君とＤ君は

(エ)とわかる。

② Ａ君が真上から見ると，右図のように見える。したがって，Ｃ君が真上から見ると，

右図を180度回転させた(コ)のように見える。

③ (1) 円周率の定義を覚えていなくても，円周の長さの公式，(直径)×(円周率)＝(円周)よ

り，（円周率）＝$\dfrac{（円周）}{（直径）}$となることから考えると，円周率は「直径に対する円周の長さの割合」や「円周の長さを直径でわったもの」などの説明ができる。

(2) 円の半径を1とすると，正方形の1辺の長さは2となる。このとき，円の面積は$1 \times 1 \times 3 = 3$，正方形の面積は$2 \times 2 = 4$だから，（ア）〜（オ）の図の影を付けた部分の面積が，正方形の面積の$\dfrac{3}{4}$となるものを探す。図より，（イ）と（オ）は正方形を4等分し，そのうち3か所に影が付けられているから，（イ）と（オ）は円の面積と等しいとわかる。（ア）について，右のように作図すると，色付きの斜線部分の面積は，半径が2の
円の$\dfrac{1}{4}$の面積から正方形の半分の面積を引いた，$2 \times 2 \times 3 \times \dfrac{1}{4} - 4 \div 2 = 1$だから，（ア）の影を付けた部分の面積は$1 \times 2$となり，円の面積とは等しくならないとわかる。（ウ）と（エ）について，半円の面積は$3 \div 2 = 1.5$だから，（ウ）の影を付けた部分の面積は$4 \times \dfrac{1}{4} + 1.5 = 2.5$，（エ）の影を付けた部分の面積は$4 \times \dfrac{1}{2} + 1.5 = 3.5$となり，どちらも円の面積とは等しくならないとわかる。よって，（イ）と（オ）を選べばよい。

4 (1) 時速40kmで10km走るのに，$10 \div 40 = \dfrac{1}{4}$（時間），つまり，$\left(\dfrac{1}{4} \times 60\right)$分＝15分かかる。時速60kmで$50 - 10 = 40$（km）走るのに，$40 \div 60 = \dfrac{2}{3}$（時間），つまり，$\left(\dfrac{2}{3} \times 60\right)$分＝40（分）かかる。よって，求める時間は，$15 + 40 = 55$（分）である。

(2) 65分間，時速60kmで走ったとすると，$60 \times \dfrac{65}{60} = 65$（km）進む。実際に進んだ道のりは50kmだから，$65 - 50 = 15$（km）多い。1時間，時速60kmを時速40kmに変えると，$60 - 40 = 20$（km）少なくなるから，時速40kmで走った時間は，$15 \div 20 = \dfrac{3}{4}$（時間）である。よって，時速40kmで走った道のりは，$40 \times \dfrac{3}{4} = 30$（km）である。

(3) 時速40kmで1km走ると消費するガソリンの量を⑤とすると，時速60kmで1km走ると消費するガソリンの量は⑥である。したがって，時速40kmで10km走ると⑤$\times 10 = \text{㊿}$，時速60kmで40km走ると⑥$\times 40 = \text{㉔⓪}$のガソリンを消費するから，全部で㊿＋㉔⓪＝㉛⓪消費する。これが$3\dfrac{13}{15}$Lに等しいから，時速40kmで1km走ると消費するガソリンの量は，$3\dfrac{13}{15} \times \dfrac{⑤}{㉛⓪} = \dfrac{1}{15}$（L）である。

(4) 時速40kmで1km走ると$\dfrac{1}{15}$L，時速60kmで1km走ると$\dfrac{1}{15} \times \dfrac{6}{5} = \dfrac{2}{25}$（L）のガソリンを消費する。(2)より，時速40kmで走った道のりは30km，時速60kmで走った道のりは$50 - 30 = 20$（km）だから，消費したガソリンの量は，$\dfrac{1}{15} \times 30 + \dfrac{2}{25} \times 20 = 2 + 1.6 = 3.6$（L）である。

5 長針は24時間用の時計と同じ速さで回転するから1周＝360度を60分で進む。60分で時間の目盛り15個分進むから，20分では$15 \times \dfrac{20}{60} = 5$（目盛り）進むので，30時間時計では長針が『$_\text{ア}\underline{5}$』の目盛りを指すときが『20分』を表す。また，1分を表す目盛りは時間の目盛り1個分を，$60 \div 15 = _\text{イ}\underline{4}$（等分）したものである。

24時間用の時計の短針は，1時間＝60分間に$\dfrac{360}{12} = 30$（度）進むから，1分間に$\dfrac{30}{60} = \dfrac{1}{2}$（度）進む。長針は，1時間に360度進むから，1分間に$\dfrac{360}{60} = 6$（度）進む。したがって，長針と短針の間の角は1分間に$6 - \dfrac{1}{2} = \dfrac{11}{2}$（度）変化する。1時のときの長針と短針の間の角は30度である。1時から長針と短針が重なるまでに，30度小さくなり，さらに長針と短針の間の角が90度になるまでに，90度大きくなるので，長針と短針の間の角が$30 + 90 = 120$（度）変化する時間を求める。よって，求める時刻は，1時の$120 \div \dfrac{11}{2} = \dfrac{240}{11} = 21\dfrac{9}{11}$（分後）の1時$_\text{ウ}21\dfrac{9}{11}$分である。

30時間用の時計の短針は，1時間に$\dfrac{360}{15} = 24$（度）進むから，1分間に$\dfrac{24}{60} = \dfrac{2}{5}$（度）進む。長針は24時間用の時計と同じく1分間に6度進む。したがって，長針と短針の間の角は1分間に$6 - \dfrac{2}{5} = \dfrac{28}{5}$（度）変化する。1時のときの長針と短針の間の角は24度だから，求める時刻までに長針と短針の間の角は$24 + 90 = 114$（度）変化する。よって，求める時刻は，1時の$114 \div \dfrac{28}{5} = \dfrac{285}{14} = 20\dfrac{5}{14}$（分後）の1時$_\text{エ}20\dfrac{5}{14}$分である。

24時間用の短針と30時間用の短針の間の角は，1分間に$\frac{1}{2}-\frac{2}{5}=\frac{1}{10}$(度)変化する。2つの短針が重なっていた午前0時から，2つの短針の間の角が45度になるのに，$45\div\frac{1}{10}=450$(分)かかる。求める時刻は，$450\div60=$ 7余り30より，午前0時の7時間30分後だから，午前ｵ<u>7</u>時ｶ<u>30</u>分である。

平成㉛年度 解答例・解説

=== 《解答例》 ===

1　(1)① 1　②10　③$\frac{1}{20}$　④$1\frac{5}{6}$　⑤165　(2)220　(3)25　(4)10　(5)36　(6)18.84

(7)体積…6280　表面積…2198　(8)減った　理由…（古紙回収量）÷（古紙回収率）＝（紙の消費量）であり，古紙回収量が減っていて，古紙回収率が増えているから。

2　(1)12　(2)366

3　(1)表，左　(2)4，裏，右　(3)293，294，299

4　(1)680　(2)14　(3)9，32

=== 《解　説》 ===

1　(1)①　与式＝$400\div20-(80-4)\times31\times\frac{1}{124}=20-76\times\frac{1}{4}=20-19=1$

②　与式＝$1+9=10$

③　与式＝$(\frac{15}{35}+\frac{1}{35})\times\frac{7}{4}-\frac{7}{3}\times\frac{9}{7}\times\frac{1}{4}=\frac{16}{35}\times\frac{7}{4}-\frac{3}{4}=\frac{4}{5}-\frac{3}{4}=\frac{1}{20}$

④　与式＝$\frac{9}{8}\times\frac{4}{7}+\frac{5}{3}\div\{(\frac{16}{10}-\frac{3}{10})\times\frac{14}{13}\}=\frac{9}{14}+\frac{5}{3}\div(\frac{13}{10}\times\frac{14}{13})=\frac{9}{14}+\frac{5}{3}\div\frac{7}{5}=\frac{9}{14}+\frac{5}{3}\times\frac{5}{7}=\frac{27}{42}+\frac{50}{42}=\frac{77}{42}=\frac{11}{6}=1\frac{5}{6}$

⑤　$169=13\times13$だから，$\frac{13}{168}$の分母と分子をそれぞれ13倍すると，$\frac{13\times13}{168\times13}=\frac{169}{2184}$となる。

よって，$2019+\square=2184$　$\square=2184-2019=165$

(2)　サッカーが「好き」で野球が「好きではない」と答えた人は，全体の$\frac{3}{5}\times(1-\frac{2}{3})=\frac{1}{5}$である。これが44人だから，中学校1年生は全員で，$44\div\frac{1}{5}=220$(人)である。

(3)　取り出した食塩水と同じ重さの食塩水を加えたから，食塩水の重さは変わらず200gである。したがって，入っている食塩の量がはじめの食塩水の$\frac{7}{8}$(倍)となればよいから，8％の食塩水$200\times\frac{7}{8}=175$(g)に$200-175=25$(g)の水を加えたとわかる。よって，取り出した食塩水の量は，25gである。

(4)　全体の作業量を，15と6の最小公倍数より，㉚とする。B班だけで作業をすると，1時間に㉚÷15＝②の作業をし，A班とB班が協力して作業をすると，1時間に㉚÷6＝⑤の作業をする。したがって，A班だけで作業をすると，1時間に⑤－②＝③の作業をするから，終わるまでに㉚÷③＝10(時間)かかる。

(5)　右のように作図し，記号をおく。五角形ＡＢＣＤＥは正五角形で，多角形の外角の和は360度だから，角ＦＥＤ＝角ＦＤＥ＝360÷5＝72(度)である。

よって，三角形ＥＤＦの内角の和より，角ＥＦＤ＝180－72×2＝36(度)である。

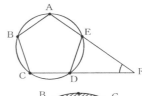

(6)　右のように作図し，記号をおく(点Ｏは半円の中心)。

三角形ＡＯＢ，三角形ＢＯＣは合同な正三角形だから，三角形ＢＡＤと三角形ＯＣＤは合同な三角形とわかる。したがって，求める面積は，おうぎ形ＯＢＣの面積と等しく，$6\times6\times3.14\times\frac{60}{360}=6\times3.14=18.84$(㎠)である。

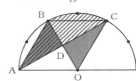

(7)　円柱Ｂと円柱Ｃは合同な立体だから，求める立体の体積は，円柱Ａの体積に等しく，$10\times10\times3.14\times20=6280$(㎤)である。

円柱Aに円柱Bをひっつけることによって増える表面積は，円柱Bの側面積に等しく，円柱Aから円柱Cをくり
ぬくことによって増える表面積は，円柱Cの側面積に等しい。柱体の側面積は，（底面の周の長さ）×（高さ）で求
められるから，円柱Bと円柱Cの側面積の和は，$10 \times 3.14 \times 5 \times 2 = 100 \times 3.14$（cm²）である。円柱Aの表面積は，
（底面積）×2＋（側面積）＝$10 \times 10 \times 3.14 \times 2 + 20 \times 3.14 \times 20 = (200 + 400) \times 3.14 = 600 \times 3.14$（cm²）だから，求める
立体の表面積は，$100 \times 3.14 + 600 \times 3.14 = (100 + 600) \times 3.14 = 700 \times 3.14 = 2198$（cm²）である。

(8) グラフより，2011年と比べて2016年は古紙回収量が減って，古紙回収率が増えたとわかる。
（古紙回収量）÷（紙の消費量）＝（古紙回収率）だから，（古紙回収量）÷（古紙回収率）＝（紙の消費量）である。
したがって，古紙回収量が減って，古紙回収率が増えると，紙の消費量は減る。

2 (1) $1000 \div 82 = 12$ 余り 16 より，$1000 - 16 = 984$（円）が12オーストラリアドルになるとわかる。

(2) $30000 \div 82 = 365$ 余り 70 より，$30000 - 70 = 29930$（円）が365オーストラリアドルになるとわかる。29930円よ
りも $29930 + 82 = 30012$（円）の方が30000円に近いので，求める金額は $365 + 1 = 366$（オーストラリアドル）である。

3 (1) 1セット目に書かれるページ番号は，右表のようになる。
よって，ページ番号12は表面左側に書かれているとわかる。

表面左側	表面右側	裏面左側	裏面右側
16	1	2	15
14	3	4	13
12	5	6	11
10	7	8	9

(2) 1セット16ページだから，$59 \div 16 = 3$ 余り 11 より，ページ番号59は
4セット目に含まれるとわかる。また4セット目の11番目のページ番号だから，(1)の解説の1セット目のページ
番号11と同じ場所に書かれるので，裏面右側とわかる。

(3) $300 \div 16 = 18$ 余り 12 より，ページ番号300は19セット目の12番目とわかる。したがって，(1)の解説の1セッ
ト目のページ番号12と同じ場所に書かれる。19セット目のページ番号はすべて，1セット目のページ番号に
$16 \times 18 = 288$ を足した数だから，求めるページ番号は，$5 + 288 = 293$，$6 + 288 = 294$，$11 + 288 = 299$ である。

4 (1) 5か所のゲートが開いていると，午前9時5分から午前9時22分30秒までの22分30秒－5分＝17分30秒間＝
17.5分間で，入園待ちの人は，$800 - 520 = 280$（人）増えるから，午前9時5分から午前9時15分までの10分間で
は，$280 \times \dfrac{10}{17.5} = 160$（人）増える。よって，午前9時15分に入園待ちの人は，$520 + 160 = 680$（人）である。

(2) 3か所のゲートが開いていると，5分間で $520 - 300 = 220$（人）増えるから，1分間に $220 \div 5 = 44$（人）増える。
(1)の解説より，5か所のゲートが開いていると，10分間で160人増えるから，1分間に $160 \div 10 = 16$（人）増える。
したがって，$5 - 3 = 2$（か所）のゲートを開けることによって，入園できる人数が1分間に $44 - 16 = 28$（人）増え
る。よって，1か所のゲートでは，1分間に $28 \div 2 = 14$（人）が入園できる。

(3) 3か所のゲートが開いているとき，入園できる人数は1分間に $14 \times 3 = 42$（人）である。また，3か所のゲー
トが開いていた5分間に入園待ちの人は，$520 - 300 = 220$（人）増えるから，1分間に $220 \div 5 = 44$（人）増える。
したがって，新たに入園待ちの列に加わる人数は，1分間に $42 + 44 = 86$（人）である。
午前9時15分以降は9か所のゲートが開いているので，1分間に $14 \times 9 = 126$（人）が入園でき，入園待ちの人は
1分間に $126 - 86 = 40$（人）減る。よって，入園待ちの客がいなくなるのは，午前9時15分の $680 \div 40 = 17$（分後）
だから，午前9時32分である。午前9時32分にはまだ入園待ちの列に加わる人がいるので，午前9時32分は条
件に合っている。

───────── 《解答例》 ─────────

1 (1) 3　　(2)37.2　　(3)86.2　　(4) 4　　(5)$\frac{17}{32}$

2 (1)650　　(2)50　　(3) 6　　(4)888　　(5)132

(6)合計点は整数になるはずなのに，それだと合計点が 74.3×5＝371.5(点)になって，整数ではなくなるよ。

3 (1) 2 : 1　　(2) 5　　(3)880

4 (1)①　　(2)48

5 (1)30　　(2)171　　(3)$17\frac{1}{27}$

───────── 《解　説》 ─────────

1 (1)　与式＝$\frac{2018}{1009×2}+\frac{2019}{673×3}+\frac{2020}{404×5}$＝1＋1＋1＝3

(2)　与式＝7.2×1.5＋5.5×4.8＝1.2×6×1.5＋1.2×4×5.5＝1.2×(9 ＋22)＝1.2×31＝37.2

(3)　与式＝100－460×0.03＝100－13.8＝86.2

(4)　与式＝{(2018－ 2)＋(2018－ 1)＋(2018＋ 1)＋(2018＋ 2)}÷2018＝(2018＋2018＋2018＋2018)÷2018＝2018×4÷2018＝ 4

(5)　与式＝$\frac{3}{4}-\frac{1}{4}×${$\frac{7}{3}×(\frac{1}{5}-\frac{1}{8})+\frac{7}{10}$}＝$\frac{3}{4}-\frac{1}{4}×(\frac{7}{3}×\frac{3}{40}+\frac{7}{10})$＝$\frac{3}{4}-\frac{1}{4}×(\frac{7}{40}+\frac{28}{40})$＝$\frac{3}{4}-\frac{1}{4}×\frac{7}{8}$＝$\frac{24}{32}-\frac{7}{32}$＝$\frac{17}{32}$

2 (1)　文房具を買って残った金額は，はじめの金額の $1-\frac{1}{6}=\frac{5}{6}$ だから，はじめの金額は，$1250÷\frac{5}{6}$＝1500(円)である。したがって，最後に残った金額が，$1500×\frac{2}{5}$＝600(円)だから，本の値段は，1250－600＝650(円)

(2)　ふくまれている食塩は $200×\frac{6}{100}$＝12(g)である。12 g の食塩をふくむ4.8%の食塩水の量は，$12÷\frac{4.8}{100}$＝250(g)だから，加える水は，250－200＝50(g)

(3)　この地図上の 1 cmは実際には 1 cm×25000＝25000 cm＝$(25000×\frac{1}{100}×\frac{1}{1000})$km＝$\frac{1}{4}$kmである。

2 分30 秒＝$2\frac{30}{60}$分＝$\frac{5}{2}$分＝$(\frac{5}{2}×\frac{1}{60})$時間＝$\frac{1}{24}$時間だから，修くんの速さは，毎時$(\frac{1}{4}÷\frac{1}{24})$km＝毎時 6 km

(4)　この容器を前後上下左右それぞれから見たときに見える面の面積はすべて 10×10＝100(㎠)だから，その面積の和は100×6＝600(㎠)である。容器の内側の側面はすべて，縦10－1＝9 (cm)，横10－2＝8 (cm)で面積が 9 ×8＝72(㎠)の長方形だから，その面積の和は72×4＝288(㎠)である。

よって，この容器の表面積は，600＋288＝888(㎠)

(5)　右図のように記号をおきなおす。平行線の錯角は等しく，ＡＤとＢＣが平行だから，角ＣＦＥ＝角ＡＥＦ＝69 度である。これより，角ＢＦＥ＝180－69＝111(度)
折り返すと重なるから，角ＨＦＥ＝角ＢＦＥ＝111 度なので，角ＨＦＧ＝111－69＝42(度)
三角形の外角の性質より，三角形ＨＦＧにおいて，
角ア＝角ＦＨＧ＋角ＨＦＧ＝90＋42＝132(度)

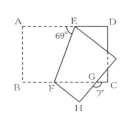

3 (1) 右表のように記号をおく。③と④から，ウ：エ：ア＝

8：5：2だから，ウ＝⑧，エ＝⑤，ア＝②とする。

②より，イ＝②×$\frac{5}{1}$＝⑩となるから，求める比は，

⑩：⑤＝2：1

通学距離	全校生徒に対する生徒の割合
3km未満	30%
3km以上〜6km未満	イ
6km以上〜9km未満	ウ
9km以上〜12km未満	エ
12km以上〜15km未満	ア
15km以上	オ

(2) ⑤と(1)の解説の表より，オ＝⑩－⑤－②＝③となるから，

ア：(イ＋ウ＋エ＋ア＋オ)＝②：(⑩＋⑧＋⑤＋②＋③)＝1：14 となる。

よって，イ＋ウ＋エ＋ア＋オは100－30＝70(％)だから，ア＝70×$\frac{1}{14}$＝5

(3) 「15km以上」の生徒について，(1年生)：(全体)＝3：(3＋8)＝3：11 だから，「15km以上」全体の人数

は，18×$\frac{11}{3}$＝66(人)である。(1)，(2)の解説より，オ＝ア×$\frac{3}{2}$＝5×$\frac{3}{2}$＝$\frac{15}{2}$だから，全校生徒の人数は，

66÷$\frac{15}{2\times100}$＝880(人)

4 (1) 切った折り紙を広げていくと右図

のようになるから，①が正しい。

(2) 図アで残った部分の面積を8倍す

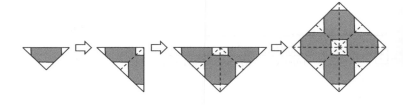

ればよい。図アで切り取る前の面積は，

(8×8)÷8＝8 (㎠)である。

図アで切り取った三角形の面積の合計は，(1×1÷2)×2＋2×1÷2＝2 (㎠)だから，図アで残った部分の面

積は，8－2＝6 (㎠)である。よって，求める面積は，6×8＝48 (㎠)

5 (1) 走る速さが全員同じなので，走者が走り始めたときの間の道のりのちょうどまん中の地点で，じゃんけんが行

われる。

最初は400mはなれているから，400÷2＝200(m)ずつ走ったところで1回目のじゃんけんが行われる。

次は200mはなれているので，200÷2＝100(m)ずつ走ったところで2回目のじゃんけんが行われる。

その次は100mはなれているので，100÷2＝50(m)ずつ走ったところで3回目のじゃんけんが行われる。

よって，3回目のじゃんけんは，修チームの走者がB地点まであと50－20＝30(m)のところで行われる。

(2) 移動時間の合計とじゃんけんにかかった時間の合計を別々に考える。

(1)の解説より，3回目までのじゃんけんについて右図のようにわかる。

道男チームの第3走者は，3回目のじゃんけんに勝ったあと，

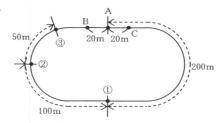

(200＋100＋50)÷2＝175(m)走ったところで4回目のじゃんけんをす

る。その場所からはB地点よりもC地点の方が近いから，最も早く競技

が終了するのは，道男チームの第3走者がじゃんけんに勝ち続けてC地

点を通過する場合である。したがって，移動時間の合計は，修チームの

※①，②，③，…は，じゃんけんをした場所と
何回目かを表す

第1走者が走った時間と，道男チームの第3走者が③から走った時間の合計であり，速さが等しいのだから，A地

点から③までと③からC地点までの道のりの合計がわかれば移動時間の合計を求めることができる。

2人が走った道のりの合計は(200＋100＋50)×2－20＝680(m)だから，移動時間の合計は，680÷5＝136(秒)

道男チームの第3走者は，A地点から時計回りに175mの地点で4回目のじゃんけんをするから，A地点から時計

回りの道のりで考えると，5回目は$\frac{175}{2}$m＝87.5mはなれたところ，6回目は$\frac{175}{2}$÷2＝$\frac{175}{4}$＝43.75(m)はなれたと

ころ，7回目は$\frac{175}{4}$÷2＝$\frac{175}{8}$＝21$\frac{7}{8}$(m)はなれたところとなる。8回目は$\frac{175}{8}$÷2＝$\frac{175}{16}$＝10$\frac{15}{16}$(m)はなれたところ

となってしまい，これはA地点とC地点の間だから，実際にはじゃんけんは7回目までしか行われない。

したがって，じゃんけんにかかった時間は，$5 \times 7 = 35$(秒)である。

よって，求める時間は，$136 + 35 = 171$(秒後)

(3) 先輩と他の走者の速さの比は $10 : 5 = 2 : 1$ だから，先輩と修チームの走者が走り始めたときの間の道のりを $2 : 1$ に分ける地点で，2人はじゃんけんをする（右図参照）。

したがって，修チームの走者は，全員が先輩との間の道のりの $\frac{1}{3}$ を走ることになる。

先輩が
走り始めた地点
じゃんけんをする地点
修チームの走者が
走り始めた地点

以下，A地点からの時計回りの道のりで考える。

修チームの第1走者は，2回目のじゃんけんをしたところから $(400 - 200 - 100) \times \frac{1}{3} = \frac{100}{3}$(m)走ったところで先輩とじゃんけんをして負ける。この地点はA地点から $200 + 100 + \frac{100}{3} = \frac{1000}{3}$(m)はなれたところである。

修チームの第2走者は $\frac{1000}{3} \times \frac{1}{3} = \frac{1000}{9} = 111\frac{1}{9}$(m)だけ走り，修チームの第3走者は $\frac{1000}{9} \times \frac{1}{3} = \frac{1000}{27} = 37\frac{1}{27}$(m)だけ走る。修チームの第4走者は $\frac{1000}{27} \times \frac{1}{3} = \frac{1000}{81} = 12\frac{28}{81}$(m)走ったところでじゃんけんをする計算になるが，この地点はA地点とC地点の間なので，実際にじゃんけんが行われることはない。

よって，最後のじゃんけんは修チームの第3走者がしたじゃんけんだから，求める道のりは，$37\frac{1}{27} - 20 = 17\frac{1}{27}$(m)

平成 ㉙ 年度 解答例・解説

━━━━━━━━━━━━━ 《解答例》 ━━━━━━━━━━━━━

1 (1)① 2584 ② 3 ③ 3 ④ 1111104 ⑤ 190 (2) 8 (3) 土 (4) $9\frac{3}{13}$ (5) 18 (6) 30.78 (7) 396 (8) 10

※(9)図…右図

説明…図のように直角三角形をかき加えると，1辺の長さが $3 + 4 = 7$ (cm)の正方形と，1辺の長さが直角三角形の残りの辺の長さに等しい正方形ができる。大きい正方形の面積は $7 \times 7 = 49$(cm²)であり，1つの直角三角形の面積は $3 \times 4 \div 2 = 6$ (cm²)だから，小さい正方形の面積は $49 - 6 \times 4 = 25$(cm²)となる。よって，$25 = 5 \times 5$ より，残りの辺の長さは5cmとなる。

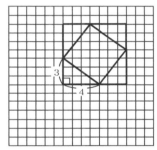

2 (1)体積…162 表面積…270 (2)126 (3)100

3 (1)100 (2)17 (3)217

4 (1) 5 (2)$107\frac{1}{7}$ (3)$10\frac{5}{7}$, $321\frac{3}{7}$

※の別解は解説を参照してください。

━━━━━━━━━━━━━ 《解 説》 ━━━━━━━━━━━━━

1 (1)① 与式 $= (736 + 264) + (621 + 379) + 584 = 1000 + 1000 + 584 = 2584$

② 与式より，$2 + 3 \div (\frac{1}{2} - \frac{1}{\square}) = 2 \div \frac{1}{10}$ $2 + 3 \div (\frac{1}{2} - \frac{1}{\square}) = 20$ $3 \div (\frac{1}{2} - \frac{1}{\square}) = 20 - 2$

$3 \div (\frac{1}{2} - \frac{1}{\square}) = 18$ $\frac{1}{2} - \frac{1}{\square} = 3 \div 18$ $\frac{1}{2} - \frac{1}{\square} = \frac{1}{6}$ $\frac{1}{\square} = \frac{1}{2} - \frac{1}{6} = \frac{1}{3}$ よって，$\square = 3$

③ 与式 $= \frac{1}{16} \div (\frac{1}{5} \div \frac{16}{25} - \frac{1}{8}) \times 9 = \frac{1}{16} \div (\frac{5}{16} - \frac{1}{8}) \times 9 = \frac{1}{16} \div \frac{3}{16} \times 9 = \frac{1}{3} \times 9 = 3$

④ 与式 $= (10 - 1) + (100 - 1) + (1000 - 1) + (10000 - 1) + (100000 - 1) + (1000000 - 1) =$

$(10+100+1000+10000+100000+1000000)-6=1111110-6=1111104$

⑤　与式＝$8.25\times(25.5-6.5)+3.5\times(12.75-3.25)=8.25\times19+3.5\times9.5=8.25\times(2\times9.5)+3.5\times9.5=$
$(8.25\times2+3.5)\times9.5=20\times9.5=190$

(2)　3つの整数を，小さい方から順にア，イ，ウとする。ア＋イ＝23，ア＋ウ＝34，イ＋ウ＝41だから，3つの
整数の和は$(23+34+41)\div2=49$である。よって，3つの整数のうち最も小さい数は，$49-41=8$

(3)　11月4日は1月23日の$\overset{\text{1月}}{(31-23)}+\overset{\text{2月}}{28}+\overset{\text{3月}}{31}+\overset{\text{4月}}{30}+\overset{\text{5月}}{31}+\overset{\text{6月}}{30}+\overset{\text{7月}}{31}+\overset{\text{8月}}{31}+\overset{\text{9月}}{30}+\overset{\text{10月}}{31}+\overset{\text{11月}}{4}=285$（日後）である。
よって，$285\div7=40$余り5より，月曜日の5日後の土曜日である。

(4)　求める時刻を10時□分とする。時計のとなり合う文字と文字の間の角度は$360\div12=30$（度）である。1分間
に長針は$360\div60=6$（度）回転し，短針は$30\div60=\frac{1}{2}$（度）回転する。また，10時ちょうどに長針は「12」の位置
にあり，短針は「12」の位置まで$30\times2=60$（度）の位置にある。

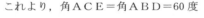

したがって，角ア＝$60-\frac{1}{2}\times$□（度）となり，角イ＝$6\times$□（度）となるから，
右の線分図より，$6\times$□$+\frac{1}{2}\times$□$=\frac{13}{2}\times$□にあたるのが60とわかる。

これより，□$=60\div\frac{13}{2}=9\frac{3}{13}$となるから，求める時刻は，10時$9\frac{3}{13}$分

(5)　ACとDEが交わる点をFとする。角DAC＝$60-42=18$（度）より，角CAE＝
$60-18=42$（度）となる。したがって，三角形ABDと三角形ACEは，AB＝AC，
AD＝AE，角BAD＝角CAEとなるから合同な三角形である。

これより，角ACE＝角ABD＝60度

角AEF＝60度だから，三角形ACEの内角の和より，

角ア＝$180-42-60-60=18$（度）

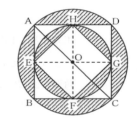

(6)　右図のように補助線を引き，記号をおく。

正方形ABCDの面積は$6\times6=36$（cm²）…①である。また，三角形AEH，三角形
OHE，三角形BFE，三角形OEF，三角形CGF，三角形OFG，三角形DHG，
三角形OGHはすべて合同だから，正方形EFGHの面積は正方形ABCDの面積
の$\frac{1}{2}$倍に等しく，$36\times\frac{1}{2}=18$（cm²）…②である。一方，正方形AEOHの面積は
$36\div4=9$（cm²）だから，AOの長さを□cmとすると，□$\times$□$\div2=9$となり，
□$\times$□$=9\times2=18$となる。大きな円の半径は□cmだから，その面積は，□$\times$□$\times3.14=18\times3.14=56.52$（cm²）…③
となる。さらに，EO＝$6\div2=3$（cm）だから，小さな円の面積は，$3\times3\times3.14=28.26$（cm²）…④となる。

①，②，③，④より，斜線部分の面積は，$(56.52-36)+(28.26-18)=20.52+10.26=30.78$（cm²）

(7)　右図のように，1辺の長さが$18+72+12+18=120$（cm）の正三角形を
かくことができる。同じ印を付けた部分の長さはそれぞれ等しいので，
求める周の長さは，正三角形の周りの長さより$12\times3=36$（cm）長いとわか
る。よって，求める長さは，$120\times3+36=396$（cm）

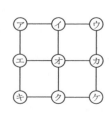

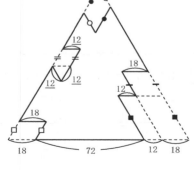

(8)　右図のように記号をおき，黒石を置く2か所の
選び方を数える。黒石の少なくとも1個を大きな正方
形の頂点に置く場合を数えるため，その1個をアに
置く場合を考える。もう1個の黒石を置く位置は，イ，
ウ（またはキ），エ，オ，カ，ク，ケの7通り考えら
れる。黒石の少なくとも1個を頂点に置く他の置き方は，回転するとすべて上の置き方と同じになるので，このよ

うな置き方は7通りである。次に，黒石を頂点に置かない場合を数えると，イとエ，イとオ，イとクの3通りがあり，他の置き方は回転するとすべてこれと同じになる。以上より，全部で，7＋3＝10（通り）

(9) 解答例以外に以下のような解答も考えられる。

右図のように直角三角形をかき加えると，1辺の長さが残りの辺の長さに等しい正方形と，1辺の長さが4－3＝1（cm）の正方形ができる。1つの直角三角形の面積は3×4÷2＝6（cm²）だから，大きい正方形の面積は6×4＋1＝25（cm²）よって，25＝5×5より，直角三角形の残りの辺の長さは5cmとなる。

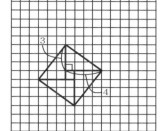

2 もとの立方体の体積は6×6×6＝216（cm³），表面積は（6×6）×6＝216（cm²）

(1) くりぬいた立体は四角柱だから，底面を1辺が3cmの正方形とすると，底面積は3×3＝9（cm²）となる。したがって，その体積は9×6＝54（cm³）となるから，求める体積は，216－54＝162（cm³）

また，くりぬいた四角柱の底面の周りの長さは3×4＝12（cm）だから，側面積は12×6＝72（cm²）となる。

求める表面積は，もとの立方体の表面積から，くりぬいた四角柱の底面積を引き，側面積を加えれば求められるから，216－9×2＋72＝270（cm²）

(2) くりぬいた立体は，右図のようになる。

この立体は，(1)で体積を求めた四角柱2個を，一部が重なるように組み合わせた立体である。重なる部分の体積は3×3×2＝18（cm³）だから，この立体の体積は，54×2－18＝90（cm³）となる。よって，求める体積は，216－90＝126（cm³）

(3) くりぬいた立体は，右図1のようになる。

この立体は，(1)で体積を求めた四角柱3個を，一部が重なるように組み合わせた立体だから，3つの四角柱を右図1のようにア，イ，ウとする。

図1

アとイ，イとウ，ウとアが重なる部分の体積はそれぞれ18（cm³）であり，アとイとウがすべて重なる部分の体積は2×2×2＝8（cm³）である。これをわかりやすくするため，平面の図で示すと図2のようになるから，2個の四角柱が重なっている部分1個の体積は18－8＝10（cm³）となり，他の四角柱と重なっていない部分1個（色を付けた部分）の体積は54－10×2－8＝26（cm³）となる。したがって，図1の立体の体積は，26×3＋10×3＋8＝116（cm³）となる。

図2

よって，求める体積は，216－116＝100（cm³）

なお，図1のように立体で考えるのが難しい場合は，下図のように，立方体を上から1段目から6段目までに分けて，各段に残っている立方体を確認していく方法もある。

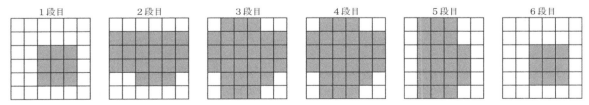

1段目　　2段目　　3段目　　4段目　　5段目　　6段目

3 (1) 右はしまで並べたときの正三角形の紙の枚数は，1段目までで1（＝1×1）枚，2段目までで4（＝2×2）枚，3段目までで9（＝3×3）枚，…のようになっている。よって，求める枚数は，10×10＝100（枚）

(2) 各段の紙の色は，左から順に青，黄，赤の3色がくり返される。25段目には，△の向きの紙が25枚，▽の向きの紙が25－1＝24（枚）あるから，全部で25＋24＝49（枚）となる。したがって，49÷3＝16余り1より，3色が

16回くり返され，さらに1枚の紙(青)が並ぶ。よって，求める枚数は，16＋1＝17(枚)

(3) 右図のように青の紙は左下から右上に向けて並ぶことに注目し，それぞれの並びを1列目，2列目，…とする。(2)の解説をふまえる。各段の△の向きの紙の色は，左から順に青，赤，黄の3色がくり返される。したがって，25段目の△の向きの青の紙は，25÷3＝8余り1より，8＋1＝9(枚)ある。△の向きの青の紙の列は奇数(きすう)列目であり，1列目の青の紙は25枚，3列目の青の紙は25－3＝22(枚)，5列目の青の紙は25－6＝19(枚)，…というように3枚ずつ少なくなる。したがって，△の向きの青の紙の合計枚数は，

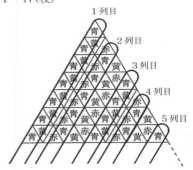

25＋22＋19＋…＋1(枚)となる。右の筆算より，これを計算すると，26×9÷2＝117(枚)
一方，各段の▽の向きの紙の色は，左から順に黄，青，赤の3色がくり返される。

$$\begin{array}{r} 25+22+19+\cdots\cdots+1 \\ +)\quad 1+4+7+\cdots\cdots+25 \\ \hline 26+26+26+\cdots\cdots+26 \end{array}$$

したがって，25段目の▽の向きの青の紙は24÷3＝8(枚)ある。▽の向きの青の紙の列は偶数(ぐうすう)列目であり，2列目の青の紙は25－2＝23(枚)，4列目の青の紙は25－5＝20(枚)，…というように3枚ずつ少なくなる。

よって，▽の向きの青の紙の合計枚数は，23＋20＋17＋…＋2(枚)となる。右の筆算より，これを計算すると，25×8÷2＝100(枚)となる。

$$\begin{array}{r} 23+20+17+\cdots\cdots+2 \\ +)\quad 2+5+8+\cdots\cdots+23 \\ \hline 25+25+25+\cdots\cdots+25 \end{array}$$

以上より，求める枚数は，117＋100＝217(枚)

4 (1) 道雄君は出発してから初めてC地点に戻るまで，同じ道のりを往復する。上りと下りの速さの比は50：75＝2：3だから，同じ道のりを上るときと下るときのかかる時間の比は，この逆比の$\frac{1}{2}：\frac{1}{3}＝3：2$となる。

2人が最初に出会うのはBC間なので，道雄君が修君と出会ってからC地点に戻るまでにかかった時間は$3×\frac{2}{3}＝2$(分)である。よって，求める時間は，3＋2＝5(分後)

(2) (1)の解説をふまえる。2人の坂を上る速さと下る速さはそれぞれ等しい。したがって，修君が道雄君に出会っても反対向きにならずにA地点からC地点まで行くと5分かかることになる。このうち，AB間を上るのにかかる時間と，BC間を下るのにかかる時間の比は，3：(2×2)＝3：4となるから，AB間を上るのに$5×\frac{3}{3+4}＝\frac{15}{7}$(分)かかる。よって，求める道のりは，$50×\frac{15}{7}＝\frac{750}{7}＝107\frac{1}{7}$(m)

(3) ここまでの解説をふまえる。(2)の解説のように，2人がたがいに出会っても反対向きにならずにそのまま歩き続けると考えることができる。このように考えると，修君が最初にC地点に着いたとき(実際には道雄君が最初にC地点に着いたとき)，道雄君(実際には修君)はまだA地点に着いていない(AC間で上りと下りの長さが異なるため)。修君がA地点に初めて戻ってきたとき(実際には2度目に戻ってきたとき)，同時に道雄君は初めて(実際には2度目に)C地点に戻ってくる。したがって，AC間を1往復するのにかかる時間を求めればよい。
BC間を下るのにかかる時間は$\frac{15}{7}×\frac{4}{3}＝\frac{20}{7}$(分)だから，C地点からA地点まで歩くのにかかる時間(BC間を上り，AB間を下る時間)は，$\frac{20}{7}×\frac{3}{2}+\frac{15}{7}×\frac{2}{3}＝\frac{40}{7}$(分)となる。A地点からC地点まで歩くのにかかる時間は5分だから，AC間を1往復するのに$5+\frac{40}{7}＝\frac{75}{7}$(分)かかることになる。よって，求める時間は，$\frac{75}{7}＝10\frac{5}{7}$(分後)
また，2人がこの時間内に上った道のりはAB間とBC間の道のりの合計と等しく，その道のりは，$\frac{750}{7}+\frac{750}{7}×2＝\frac{2250}{7}＝321\frac{3}{7}$(m)

――――――――――――― 《解答例》 ―――――――――――――

1 (1)① 10246　②$\frac{2}{5}$　③$\frac{21}{64}$　④ 6.28　⑤$12\frac{3}{4}$　(2) 67　(3)$\frac{3}{5}$　(4)$\frac{1}{6}$　(5) 500　(6) 4，26，40　(7) 4

(8) 18　(9)① 2　② 1.57

2 (1) 4　(2) 20　(3) 81

3 (1) 7 時 22 分　(2) 5　(3) バス停…E　到着時刻…7 時 46 分

4 (1) 378　(2) 14

――――――――――――― 《解　説》 ―――――――――――――

1 (1)②　与式 $=\left(\frac{21}{25}-\frac{77}{5}\times\frac{1}{21}\right)\times\frac{15}{4}=\left(\frac{21}{25}-\frac{11}{15}\right)\times\frac{15}{4}=\left(\frac{63}{75}-\frac{55}{75}\right)\times\frac{15}{4}=\frac{8}{75}\times\frac{15}{4}=\frac{2}{5}$

③　与式 $=\frac{32}{64}-\frac{16}{64}+\frac{8}{64}-\frac{4}{64}+\frac{2}{64}-\frac{1}{64}=\frac{21}{64}$

④　与式 $=3.14\times0.5\times1.68-3.14\times0.54+3.14\times0.26+3.14\times2\times0.72=3.14\times(0.84-0.54+0.26+1.44)=$

$3.14\times2=$ **6.28**

⑤　与式より，$\left\{\left(\square+\frac{1}{2}\right)\times\frac{1}{3}-\frac{1}{4}\right\}\times\frac{1}{5}=1-\frac{1}{6}$　　$\left(\square+\frac{1}{2}\right)\times\frac{1}{3}-\frac{1}{4}=\frac{5}{6}\times5$　　$\left(\square+\frac{1}{2}\right)\times\frac{1}{3}=\frac{25}{6}+\frac{1}{4}$

$\left(\square+\frac{1}{2}\right)\times\frac{1}{3}=\frac{50}{12}+\frac{3}{12}$　　$\square+\frac{1}{2}=\frac{53}{12}\times3$　　$\square=\frac{53}{4}-\frac{1}{2}=\frac{51}{4}=$ **$12\frac{3}{4}$**

(2)　5 人の合計点が $70\times5=350$（点）であり，A と B と C の合計点が $72\times3=216$（点）だから，D と E の合計点は

$350-216=134$（点）である。よって，求める平均点は，$134\div2=$ **67**（**点**）

(3)　分子の数字はそのままで，どちらの場合も約分すると 1 になるから約分するときに割った数が同じとわかる。

分母の数字に加えた数の差は $10-7=3$ だから，これが約分したあとの分母の数字の差の $5-4=1$ にあたる。

したがって，分母の数字は 7 を加えると $4\times\frac{3}{1}=12$ になるから，元の分数は，$\frac{1\times3}{12-7}=\frac{3}{5}$

(4)　分数を小数で表すと，それぞれ $\frac{3}{5}=0.6$，$\frac{2}{3}=0.66\cdots$，$\frac{5}{9}=0.55\cdots$，$\frac{7}{13}=0.53\cdots$，$\frac{6}{11}=0.54\cdots$ となるから，

最も大きい数は $\frac{2}{3}$，最も小さい数は 0.5 である。よって，求める差は，$\frac{2}{3}-0.5=\frac{2}{3}-\frac{1}{2}=\frac{1}{6}$

(5)　ふくむ食塩の量は，8 ％の食塩水 300 g が $300\times\frac{8}{100}=24$（g），3 ％の食塩水 300 g が $300\times\frac{3}{100}=9$（g）であ

る。したがって，最後にできた 3 ％の食塩水には $24+9=33$（g）の食塩がふくまれるから，この食塩水の量は，

$33\div\frac{3}{100}=1100$（g）である。よって，求める量は，$1100-300-300=$ **500**（**g**）

(6)　25m＝2500 cm，12m＝1200 cm，1.6m＝160 cm だから，プールの容積は，$2500\times1200\times160=480000000$（cm³）

1 L＝1000mL＝1000 cm³ だから，30 L＝30000 cm³ であるため，かかる時間は，$480000000\div30000=16000$（秒）

$16000\div60=266$ あまり 40，$266\div60=4$ あまり 26 だから，求める時間は，**4 時間 26 分 40 秒**

(7)　3 種類の硬貨をそれぞれ少なくとも 1 枚ずつ使うため，残りの

$1000-(500+100+50)=350$（円）の作り方が何通りあるかを調べる。合計が 350 円に

なる硬貨の組み合わせは，右の表の 4 通りあるから，求める方法も **4 通り** ある。

500 円	100 円	50 円
0 枚	3 枚	1 枚
0 枚	2 枚	3 枚
0 枚	1 枚	5 枚
0 枚	0 枚	7 枚

(8)　O と E を結び，三角形 OBE を考える。OB＝OE であり，角 BOE $=360\times\frac{2}{5}=144$（度）だから，

求める角度は，$(180-144)\div2=$ **18**（**度**）

(9)①　右の図のように一部を移動しても，影がついた部分の面積は変わらない。

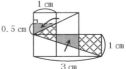

よって，求める面積は，$0.5 \times 1 + 3 \times 1 \div 2 = $ **2** (cm²)

② 右の図のように一部を移動しても，影がついた部分の面積は変わらない。このときできた図形は，半径が1cmで中心角が60度のおうぎ形3つだから，求める面積は，$(1 \times 1 \times 3.14 \times \dfrac{60}{360}) \times 3 = $ **1.57** (cm²)

② (1) $7 \times 7 = 49$，$49 \div 5 = 9$ あまり 4 だから，《7》$=$ **4**

(2) 足し合わせる数について調べると，それぞれ右の表のようになる。なお，《7》は(1)で求めてあり，《11》は例で与えられている。また，10と15は2回かけた値が5の倍数になるから，《10》と《15》は0である。この表から，求める和は，

a	6	7	8	9	10	11	12	13	14	15
a×a	36		64	81			144	169	196	
《a》	1	4	4	1	0	1	4	4	1	0

$1 + 4 + 4 + 1 + 0 + 1 + 4 + 4 + 1 + 0 = $ **20**

(3) 《1》$=1$，《2》$=4$，《3》$=4$，《4》$=1$，《5》$=0$ となるため，(2)の解説の表から，《a》の値は，1，4，4，1，0の5つの数字が周期的に現れるとわかる。$203 \div 5 = 40$ あまり 3 だから，《203》は 41 回目の周期の3番目である。1回の周期に1と等しくなるのは1番目と4番目の2個あるから，求める個数は，$2 \times 40 + 1 = $ **81** (個)

③ (1) 修君は，家からバス停Aまでに $300 \div 50 = 6$ (分)かかる。バスがバス停Aを出発する時刻は，7時，7時8分，7時16分，…と続くから，修君が7時に家を出発すると，7時8分のバスに乗れる。バスは，バス停Aからバス停Gまでの $450 \times 6 = 2700$ (m)の移動に $2700 \div 300 = 9$ (分)かかり，途中のB～Fのバス停で合計 $1 \times 5 = 5$ (分)停車するから，求める時刻は，7時8分＋9分＋5分＝ **7時22分**

(2) 修君は，家からバス停Gまでに $(300 + 2700) \div 50 = 60$ (分)かかるから，7時に家を出発すると，8時にバス停Gに着くとわかる。このため，求める台数は，修君がバス停Aを通過したあとでバス停Aを出発するバスのうち，8時までにバス停Gに着くバスの台数である。1台目は(1)で到着時刻を求めたバスであり，このあと8分ごとにバス停Gに到着するから，7時30分，7時38分，7時46分，7時54分に到着するバスが，修君を追いぬくバスである。よって，求める台数は **5台** となる。なお，グラフをかくと右のようになり，●印で表した地点が，バスが修君を追いぬく地点である。

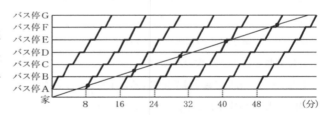

(3) (2)の修君を追いぬく5台のバスのどれかがバス停B～Fに停車している間に，修君がそのバス停に着けば，そこでバスに乗ることができる。バスは1区間の移動に $450 \div 300 = 1.5$ (分)かかるから，修君と各バスがそれぞれのバス停にいる時間をまとめると，右の表のようになる(時間は，7時からの経過時間を表す)。この表から，バス停Eで待ち時間がなくバスに乗ることができるとわかる。

修君	B 15 分	C 24 分	D 33 分	E **42 分**	F 51 分
7時8分	9.5〜10.5 分	12〜13 分	14.5〜15.5 分	17〜18 分	19.5〜20.5 分
7時16分	17.5〜18.5 分	20〜21 分	22.5〜23.5 分	25〜26 分	27.5〜28.5 分
7時24分	25.5〜26.5 分	28〜29 分	30.5〜31.5 分	33〜34 分	35.5〜36.5 分
7時32分	33.5〜34.5 分	36〜37 分	38.5〜39.5 分	**41〜42 分**	43.5〜44.5 分
7時40分	41.5〜42.5 分	44〜45 分	46.5〜47.5 分	49〜50 分	51.5〜52.5 分

このバスがバス停Gに着くのは，7時の $44.5 + 1.5 = 46$ (分後)だから，求める時刻は **7時46分** である。

④ (1) 同じ向きに積み上げたから，1と6，2と5，3と4の面(向かい合う面どうし)がそれぞれ接している。3組とも，$9 \times 2 = 18$ (か所)で接しているから，求める和は，$(7 \times 3) \times 18 = 21 \times 18 = $ **378**

(2) 27個のサイコロを，右の図のように，上から1段ずつに分けて考える。それぞれの段において，色をつけた部分が切断面であり，上側の切り口を太線，下側の切り口を点線で表している。よって，求める個数は，$6 + 2 + 6 = $ **14** (個)

━━━━━━━━━━━━━━━━━━ 《解答例》 ━━━━━━━━━━━━━━━━━━

1　(1)①2000　②$\frac{6}{7}$　③40000　(2)8　(3)①77　②(ウ)　(4)水　(5)21　(6)①90　②108　(7)59　(8)72

　　(9)①4.56　②2.28

2　(1)80　(2)20　(3)4，40

3　(1)3　(2)13　(3)1024　(4)34

4　(1)486　(2)666

━━━━━━━━━━━━━━━━━━ 《解　説》 ━━━━━━━━━━━━━━━━━━

1　(1)①　与式＝2017－7－5－2－3＝**2000**

　②　与式より，$\frac{3}{4}\div(\square-\frac{1}{2})-\frac{8}{5}=\frac{1}{2}$　　$\frac{3}{4}\div(\square-\frac{1}{2})=\frac{1}{2}+\frac{8}{5}$　　$\square-\frac{1}{2}=\frac{3}{4}\div\frac{21}{10}$　　$\square=\frac{5}{14}+\frac{1}{2}=\frac{12}{14}=\boldsymbol{\frac{6}{7}}$

　③　与式＝99×97＋99×103＋99×101＋101×101＝99×(97＋103)＋(99＋101)×101＝99×200＋200×101＝

　200×(99＋101)＝200×200＝**40000**

　(2)　印刷を行う全体の量を，18と36と24の最小公倍数の72とすると，1時間で印刷する量は，Aが72÷18＝

　4，Bが72÷36＝2，Cが72÷24＝3である。したがって，A，B，Cすべてを使うと，1時間で4＋2＋3＝

　9の印刷ができるから，全部印刷するのにかかる時間は，72÷9＝**8(時間)**

　(3)①　1回と2回と3回の合計点は85×3＝255(点)，4回と5回の合計点は65×2＝130(点)だから，1回から

　5回までの平均点は，(255＋130)÷5＝**77(点)**

　②　3回，4回，5回の平均点が最も低くなるときと，最も高くなるときを調べる。最も低くなるのは，1回と

　2回が100点のときであり，3回の点数は255－100×2＝55(点)となるから，3回，4回，5回の平均点は，

　(130＋55)÷3＝$61\frac{2}{3}$(点)となる。最も高くなるのは，1回と2回の組み合わせが85点と86点のときであり，

　3回の点数は255－(85＋86)＝84(点)となるから，3回，4回，5回の平均点は，(130＋84)÷3＝$71\frac{1}{3}$(点)とな

　る。よって，3回，4回，5回の平均点は，$61\frac{2}{3}$点以上$71\frac{1}{3}$点以下になるから，**(ウ)**が正しい。

　(4)　前の年の8月6日が，ある年の1月24日の何日前かを調べると，

　$\overset{1月}{(24}-1)+\overset{12月}{31}+\overset{11月}{30}+\overset{10月}{31}+\overset{9月}{30}+\overset{8月}{(31}-6+1)=171$(日前)とわかる。171÷7＝24余り3より，171日前は24週と

　3日前だから，土曜日の3日前の**水曜日**である。

　(5)　最後にできた食塩水の量は(200－50)＋150＝300(g)だから，それにふくまれる食塩の量は，300×0.2＝

　60(g)である。12%の食塩水150gにふくまれる食塩の量は150×0.12＝18(g)だから，はじめの食塩水にふくま

　れていた食塩の量は60－18＝42(g)である。よって，はじめの食塩水の濃度は，$\frac{42}{200}\times100=$**21(%)**

　(6)①　テニスの割合と人数より，全体の人数は40÷0.16＝250(人)とわかる。その他の人数は250×0.18＝45(人)

　だから，野球の人数は，250－75－40－45＝**90(人)**

　②　$360\times\frac{75}{250}=$**108(度)**

　(7)　右図のように記号をおく。三角形の内角の和より，角イ＝180－41－37＝102(度)

　三角形の1つの外角は，これととなりあわない2つの内角の和に等しいから，

　角ウ＝102－19＝83(度)，角ア＝83－24＝**59(度)**

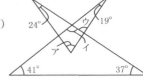

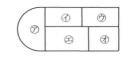

(8) 右図のように記号をおく。⑦が赤，⑦が青のとき，(⑦，⑦，⑦)の塗り方は，
(赤，黄，緑)(赤，緑，黄)(黄，緑，赤)(黄，緑，青)(緑，黄，赤)(緑，黄，青)の6通り
ある。⑦と⑦の塗り方は，⑦→⑦の順に塗るとすると，⑦が4通り，⑦が3通りだから，
4×3＝12(通り)ある。

以上より，⑦と⑦の塗り方1通りに対して6通りの塗り方があるから，塗り方は全部で，6×12＝**72(通り)**

(9)① 円の半径は 4÷2＝2(cm)だから，その面積は，2×2×3.14＝12.56(cm²)

正方形の対角線の長さは4cmだから，ひし形の面積の公式から面積を求めると，4×4÷2＝8(cm²)

よって，斜線部の面積は，12.56－8＝**4.56(cm²)**

② 右図のように補助線を引き，記号をおいて，太線で囲まれた部分の面積を調べる。

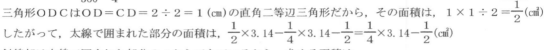

点Oは大きい円の中心，点Dは小さい円の中心となる。おうぎ形OABは，半径2cm，
中心角45度だから，その面積は，$2×2×3.14×\frac{45}{360}＝\frac{1}{2}×3.14$(cm²)

おうぎ形DCBは，半径1cm，中心角90度だから，その面積は，
$1×1×3.14×\frac{90}{360}＝\frac{1}{4}×3.14$(cm²)

三角形ODCはOD＝CD＝2÷2＝1(cm)の直角二等辺三角形だから，その面積は，$1×1÷2＝\frac{1}{2}$(cm²)

したがって，太線で囲まれた部分の面積は，$\frac{1}{2}×3.14－\frac{1}{4}×3.14－\frac{1}{2}＝\frac{1}{4}×3.14－\frac{1}{2}$(cm²)

斜線部は太線で囲まれた部分8つからできているから，求める面積は，
$(\frac{1}{4}×3.14－\frac{1}{2})×8＝2×3.14－4＝$**2.28(cm²)**

2 グラフの0～7分の間で，2人は1分あたり 280÷7＝40(m)はなれている。また，グラフの7～9分の間で，
2人は1分あたり(280－120)÷(9－7)＝80(m)近づいている。0～7分と7～9分では2人の間の距離が変化
する割合がちがうから，修君は7分のときに休み，7～9分の間は道夫君だけが進んでいたとわかる。

(1) 7～9分の間に2人が近づいた割合は道夫君の速さと等しいから，道夫君の速さは，**毎分80m**

(2) 修君と道夫君は，13分のときに池をはさんでちょうど反対の位置にいたとわかる。このあと2人が280m近
づくのにかかる時間は，280mはなれるのにかかった時間と等しく7分だから，⑦＝13＋7＝**20(分)**

(3) 修君の速さは，毎分(80＋40)m＝毎分120mである。(2)の解説より，池1周の距離は 280×2＝560(m)だか
ら，修君が1周するのにかかる時間は，$560÷120＝\frac{14}{3}＝4\frac{2}{3}$(分)，つまり，**4分40秒**

3 (1) 1から逆に計算をさかのぼっていく。そのさい，2以外の偶数から1つ前にさかのぼ
るときは，1を引く場合と，2倍する場合の2通りに分かれることに注意する。右の計算
より，4回の操作で1になる整数は，6，7，16の**3個**である。

$1←2←4←8←16$
$\ \ ←7$
$\ \ ←3←6$

(2) 2015→2016→1008→504→252→126→63→64→32→16→8→4→2→1となるから，**13回**

(3) 1から逆に計算をさかのぼっていく。さかのぼった結果が最も大きくなるのは，2倍する計算を10回した場
合である。1←2←4←8←16←32←64←128←256←512←**1024**

(4) 1から逆に計算をさかのぼっていく。さかのぼった結果が最も小さくなるのは，奇数から1つ前にさかのぼ
るときは2倍し，2以外の偶数から1つ前にさかのぼるときは1を引いた場合である。
1←2←4←3←6←5←10←9←18←17←**34**

4 (1) 体積は積み方を変えても変わらず，（9×3×2）×9＝**486**（cm³）

(2) 図3の投影図より，図Ⅰで色をつけた積み木は動かしていないとわかるから，
積み直した積み木はその他の3本の積み木であり，図Ⅱのようになったとわかる。
図Ⅱの立体の表面は細かく分かれているので，計算まちがいをしないように，A～Ⅰ
の積み木ごとに表面積を調べる。

A～Ⅰの積み木の表面は，2×3＝6（cm²）の面，2×9＝18（cm²）の面，9×3＝27（cm²）
の面，3×3＝9（cm²）の面の4種類に分けることができる。

AとBの表面積はそれぞれ，6×2＋18×2＋27＋9＝84（cm²）

CとDの表面積はそれぞれ，6×2＋18×2＋9×2＝66（cm²）

EとFの表面積はそれぞれ，6×2＋18×2＋9×2＝66（cm²）

GとHの表面積はそれぞれ，6×2＋18×2＋9×3＝75（cm²）

Ⅰの表面積は，6×2＋18×2＋27＋9＝84（cm²）

よって，求める表面積は，84×2＋66×2＋66×2＋75×2＋84＝**666**（cm²）

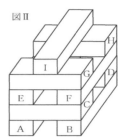

図Ⅰ

図Ⅱ

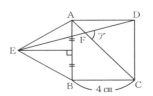

平成 **26** 年度 **解答例・解説**

《解答例》

1 (1)① 527　② $1\frac{13}{18}$　③ 28　④ $38\frac{2}{11}$　(2)① 12　② 97　(3)① 60　② 4　(4) 14　(5)① 9　② 45　(6) 19.88

2 (1) $\frac{19}{19}$　(2) 436

3 (1) 1：2　(2) 1：7

4 (1) 7　(2) 5，30

《解　説》

1 (1)① 与式＝（48－170÷10）×17＝（48－17）×17＝31×17＝**527**

② 与式より，$\frac{1}{4}×(\frac{23}{5}-\frac{6}{5}×□)-\frac{1}{2}=\frac{2}{15}$　$\frac{1}{4}×(\frac{23}{5}-\frac{6}{5}×□)=\frac{2}{15}+\frac{1}{2}$　$\frac{1}{4}×(\frac{23}{5}-\frac{6}{5}×□)=\frac{4}{30}+\frac{15}{30}$
$\frac{23}{5}-\frac{6}{5}×□=\frac{19}{30}÷\frac{1}{4}$　$\frac{23}{5}-\frac{6}{5}×□=\frac{38}{15}$　$\frac{6}{5}×□=\frac{23}{5}-\frac{38}{15}$　$\frac{6}{5}×□=\frac{69}{15}-\frac{38}{15}$　$□=\frac{31}{15}÷\frac{6}{5}=\frac{31}{18}=1\frac{13}{18}$

③ 2◎5＝2×2＋5×5＝29であり，43÷3＝14余り1より，43＊3＝1である。よって，与式＝29－1＝**28**

④ 7時ちょうどのとき，長針と短針の間の角度のうち大きい方の角度は$\frac{360}{12}×7＝210$（度）である。長針は1分
間に360÷60＝6（度）進み，短針は1分間に$\frac{360}{12}÷60＝0.5$（度）進む。長針は短針よりも1分間に6－0.5＝5.5（度）
多く進むから，長針と短針がぴったり重なるのは7時ちょうどから210÷5.5＝$38\frac{2}{11}$（分後）であり，その時刻は
7時$38\frac{2}{11}$分である。

(2)① 72の約数は，1，2，3，4，6，8，9，12，18，24，36，72の12個あるから，［72］＝**12**

② ［n］＝2となるときnの約数は1とnだけだから，nは素数である。よって，求める数は，2けたの素数の
うち最も大きい数である**97**である。

(3)① 右図のように補助線を引き，記号をおく。

三角形AEDは，AE＝AD，角EAD＝60＋90＝150（度）の二等辺三角形だから，

角ADE＝（180－150）÷2＝15（度）

(16)

三角形ＡＤＦにおいて，三角形の１つの外角は，これととなりあわない２つの内角の和に等しいから，角ア＝角Ｆ
ＡＤ＋角ＡＤＦ＝45＋15＝**60(度)**

② ①の解説の図をふまえると，三角形ＡＥＤは，底辺をＡＤとしたときの高さがＡＢの長さの半分の４÷２＝
２(cm)だから，その面積は，４×２÷２＝**4(cm²)**

(4) 仕事全体の量を24と36の最小公倍数の72とすると，１日あたりの仕事量はＡさんが72÷24＝３，Ｂさんが
72÷36＝２となる。Ａさんは20日間で３×20＝60の仕事をやるから，Ｂさんがやった仕事量は72－60＝12であ
り，Ｂさんは12÷２＝６(日)仕事をやったとわかる。よって，Ａさんだけで仕事をやったのは，20－６＝**14(日)**

(5)① 初めに１の箱にボールを入れるとすると，入れられるボールは２～４の３通りある。次に，１の箱に入れ
たボールの番号と同じ番号の箱にボールを入れるとすると，入れられるボールは残った３種類の３通りある。
他の２つの箱へのボールの入れ方は１通りに決まるから，求める入れ方は，３×３＝**9(通り)**

② 一致する箱とボールの番号が１だとすると，他の４つの箱へのボールの入れ方は，①で求めた入れ方に等し
く９通りある。一致する箱とボールの番号が２～５のときも，同様に入れ方は９通りずつあるから，求める入れ
方は全部で，９×５＝**45(通り)**

(6) 点Ｐが動いたあとは右図の太線のようになり，その長さは，半径２cm，中心角
120度のおうぎ形の曲線部分の長さ４つ分と，半径１cm，中心角90度のおうぎ形
の曲線部分の長さ２つ分の和に等しい。

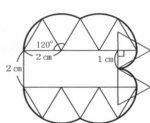

よって，求める長さは，$(2 \times 2 \times 3.14 \times \frac{120}{360}) \times 4 + (1 \times 2 \times 3.14 \times \frac{90}{360}) \times 2 =$
$\frac{16}{3} \times 3.14 + 3.14 = (\frac{16}{3} + 1) \times 3.14 = 19.886\cdots$より，**19.88 cm**

2 この分数の列を以下のようにグループに分ける。
$\frac{1}{1} \mid \frac{3}{3}, \frac{1}{3} \mid \frac{5}{5}, \frac{3}{5}, \frac{1}{5} \mid \frac{7}{7}, \frac{5}{7}, \frac{3}{7}, \frac{1}{7} \mid \frac{9}{9}, \frac{7}{9}, \cdots$
ｎ番目のグループは，分母が１から数えてｎ番目の奇数であり，分子にはｎから１までの奇数が大きい順に並ん
でいる。また，ｎ番目のグループにはｎ個の分数が含まれる。

(1) 10回目の１は10番目のグループのいちばん最初の分数である。１から数えて10番目の奇数は
１＋２×(10－１)＝19だから，求める分数は，$\frac{19}{19}$

(2) 30回目の１は30番目のグループのいちばん最初の分数であり，１番目から29番目のグループに含まれる
分数の個数の和は，１から29までの連続する整数の和に等しく，$\frac{(1+29) \times 29}{2}=435$(個)である。
よって，30回目の１は435＋１＝**436(番目)**の分数である。

3 (1) 立体を切ったときの切り口を考えるときは，同じ面上の点は線で結べる
こと，平行な面にできた切り口の線は平行になることに注意する。与えら
れた図だけで切り口をうまく書けないときは，面を延長してその面上に切
り口の線を書けばよい。右図のように補助線を引き記号をおくと，２つの
三角形ＨＱＳとＢＦＲは同じ形の直角三角形であり，三角形ＢＦＲの直角
をはさむ２辺の長さの比が４：６＝２：３であることから，ＨＳ：ＨＱ＝２：３とわかる。

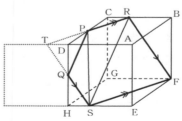

ＨＱ＝６－３＝３(cm)より，ＨＳ＝ＨＱ×$\frac{2}{3}$＝２(cm)だから，ＨＳ：ＳＥ＝２：(６－２)＝１：２

(2) (1)の解説の図で，ＰとＳ，ＲとＳをそれぞれ結び，高さが等しい２つの三角形の面積の比は底辺の長さの比
に等しいことを利用する。４つの三角形ＣＰＲとＤＰＴとＤＱＴとＨＱＳは合同な直角三角形だから，
ＲＰ＝ＴＰ＝ＴＱ＝ＳＱである。三角形ＰＱＳの面積を①とすると，

ＳＱ＝ＴＱより，ＳＱ：ＳＴ＝１：２だから，（三角形ＰＴＳの面積）＝（三角形ＰＱＳの面積）$\times\frac{2}{1}$＝②

ＲＰ＝ＴＰだから，（三角形ＰＲＳの面積）＝（三角形ＰＴＳの面積）＝②

四角形ＴＳＦＲは平行四辺形だから，（三角形ＲＳＦの面積）＝（三角形ＳＲＴの面積）＝②＋②＝④であり，

求める比は，①：（①＋②＋④）＝**１：７**

[4] (1) 道夫君は，40分後までの10分＝$\frac{1}{6}$時間ごとに，速さが時速１kmずつ遅くなるから，

$12\times\frac{1}{6}+11\times\frac{1}{6}+10\times\frac{1}{6}+9\times\frac{1}{6}=$ **7 (km)**

(2) 修君が行きでかかる時間と帰りでかかる時間の比は，行きと帰りの速さの逆比に等しく$\frac{1}{12}:\frac{1}{10}=5:6$だから，時速12kmで往復したときにかかる時間と，行きが時速12km，帰りが時速10kmで往復したときにかかる時間の比は，（５×２）：（５＋６）＝10：11

また，単位をそろえると，７km＝7000m，２分58秒＝$\frac{89}{30}$分，時速12km＝分速200m，時速８km＝分速$\frac{400}{3}$m

もし，往復の道のりが7000mだった場合，修君がかかる時間は$7000\div200\times\frac{11}{10}=\frac{77}{2}$（分）だから，道夫君は修君より$40-\frac{77}{2}=\frac{3}{2}$（分）遅れて修道中学校に到着する。これは実際の遅れよりも$\frac{89}{30}-\frac{3}{2}=\frac{22}{15}$（分）少ないから，実際の往復の道のりは7000mより長い。そこで実際の往復の道のりが7000mより①だけ長いとすると，修君が往復にかかる時間は，7000mを往復するのにかかる時間より$①\div200\times\frac{11}{10}=\boxed{\frac{11}{2000}}$だけ多くなり，道夫君が①を走るにかかる時間は$①\div\frac{400}{3}=\boxed{\frac{3}{400}}$と表せることから，その差である$\boxed{\frac{3}{400}}-\boxed{\frac{11}{2000}}=\boxed{\frac{1}{500}}$が$\frac{22}{15}$分にあたる。

これより，①は$\frac{22}{15}\div\frac{1}{500}=\frac{2200}{3}$（分）にあたるから，$\boxed{\frac{3}{400}}$は$\frac{2200}{3}\times\frac{3}{400}=5\frac{1}{2}$（分）にあたる。この時間が道夫君の時速８kmで走った時間だから，求める時間は$5\frac{1}{2}$分＝**5分30秒**である。

(18)

理 科

令和 ② 年度 解答例・解説

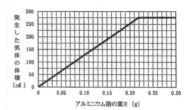

《解答例》

1 問1．イ，ウ，エ　　問2．187.5　　問3．右グラフ　　問4．0.22
　問5．エ　　問6．437.5　　問7．エ

2 問1．a．だ液　　b．こう門　　c．かん臓　　d．じん臓　　e．ぼうこう
　f．にょう　　問2．でんぷん　　問3．イ，ウ　　問4．(1)ウ，エ
　(2)ウ，キ　(3)ア，ウ　(4)①息をはくとき　②酸素を取りこむ

3 問1．a．しん食　　b．運ぱん　　c．たい積　　d．大きく　　問2．雪どけ
　問3．(1)晴れの日はふつう，午後2時ごろに気温が最も高くなる。6月29日は正午
　ごろの気温が最も高く，午後は気温が低くなっているから，くもりである。
　(2)イ，オ　(3)ダムをつくる。／川はばを広げる。／川底をほり下げる。などから1つ

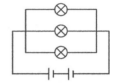

4 問1．Y　　問2．エ　　問3．0.725　　問4．5.4　　問5．(1)並列　(2)イ　(3)エ，オ
　問6．ア　　問7．右図

《解　説》

1 問1　ア×，イ○…磁石に引きつけられるのは鉄やニッケルなどの一部の金属だけである。　ウ○…1cm³あたりの
重さは，アルミニウムが約2.7g，鉄が約7.9gである。　エ○…電気をよく通すのは，金属共通の性質である。
オ×…どちらも温度が高くなると体積が大きくなる。

問2　表より，アルミニウム箔の重さが0.20gになるまでは，アルミニウム箔の重さが0.05g大きくなるごとに
発生した気体の体積が62.5cm³大きくなっていると考えられるので，Xには125.0より62.5大きい187.5が当ては
まる。

問3　表からわかる点をとり，アルミニウム箔の重さが0.05gから0.20gまでの点を結ぶ直線と，アルミニウム
箔の重さが0.25gと0.30gまでの直線をそれぞれ延長し，2本の直線が交わったところで折れ曲がるグラフを書
けばよい。アルミニウム箔の重さが0.20gの点と0.25gの点を直接結ばないように注意しよう。

問4　問3のグラフで，折れ曲がった点がうすい塩酸とアルミニウム箔が過不足なく反応した点である。つまり，
うすい塩酸5cm³はアルミニウム箔0.22gと過不足なく反応し，このとき気体が275.0cm³発生する。

問5　エ○…うすい塩酸にアルミニウムがとけると，水溶液中に塩化アルミニウムというアルミニウムとは異な
るものができる。これは金属ではないので，銀色のつやはなく，塩酸を注いでも気体が発生しない。

問6　問4解説のとおり，うすい塩酸5cm³とアルミニウム箔0.22gが過不足なく反応して気体が275.0cm³発生する
から，うすい塩酸10cm³とアルミニウム箔0.35gでは，アルミニウム箔0.35gがすべて反応し，気体が$275.0×\frac{0.35}{0.22}$
$=437.5$(cm³)発生する。

問7　エ○…酸性の塩酸とアルカリ性の水酸化ナトリウム水溶液を混ぜ合わせると，たがいの性質を打ち消し合う
中和という反応が起こり，食塩水ができる。アルミニウムは塩酸と水酸化ナトリウム水溶液には反応するが，食塩

水には反応しない。ＢＴＢ溶液の色の変化より，ここでは塩酸と水酸化ナトリウム水溶液が $5：15＝1：3$ の体積比で過不足なく反応して中性の食塩水になることがわかるから，①では塩酸，②では水酸化ナトリウム水溶液がそれぞれ余って気体が発生し，③では塩酸と水酸化ナトリウム水溶液が過不足なく反応して気体が発生しない。

2 **問2** ご飯にふくまれているでんぷんがだ液によって消化され，麦芽糖という甘（あま）い糖に分解される。

問3 イ，ウ○…胃は胃液，小腸は腸液を出している。

問4(1) ウ○…肺では，血液中に酸素が取りこまれ，二酸化炭素が排出（はいしゅつ）される。したがって，吸気の方が酸素の割合が大きく，呼気の方が二酸化炭素の割合が大きい。　エ○…肺では，吸気中の酸素のすべてが血液中に取りこまれるわけではなく，呼気にふくまれる酸素の割合は二酸化炭素の割合よりも大きいままである。

(2) ウ，キ○…肺は心臓にだけつながっている。Ａには肺で気体を交換（こうかん）する前の二酸化炭素を多くふくむ血液（静脈血）が流れ，Ｂには肺で気体を交換した後の酸素を多くふくむ血液（動脈血）が流れる。なお，静脈血は暗い赤色，動脈血は鮮（あざ）やかな赤色をしている。　**(3)** 1回の吸気の量が 400mL のとき，肺ほうの中に入る空気の量は $400－150＝250$（mL）で，15 回呼吸を行うと $250×15＝3750$（mL）になる。これに対し，1回の吸気の量が 200mL のとき，肺ほうの中に入る空気の量は $200－150＝50$（mL）で，30 回呼吸を行うと $50×30＝1500$（mL）になる。肺ほうの中に入る空気の量が多いほど，血液中に多くの酸素を取りこむことができるから，アは正しい。また，呼吸が速くなっていて1回の吸気の量が少なくなるときは，2回続けて息を吸ってはくと，深い呼吸を1回行ったことと同じになり，効率よく酸素を血液中に取りこむことができるから，ウは正しい（例えば，2回続けて 200mL 吸えば，1回で 400mL 吸ったことと同じになり，肺ほうの中に入る空気の量は 250mL になる）。

3 **問3(1)** 太陽が最も高くなる正午ごろに，地面に当たる光の量が最も多くなる。あたためられた地面によってその上にある空気があたためられて気温が上がるから，晴れているときは，地面の温度が最も高くなるのが午後1時ごろで，気温が最も高くなるのが午後2時ごろである。したがって，6月 29 日の気温の変化に着目すると，午後2時ごろの気温が最高になっていないので，午前7時から正午ごろまでは晴れていたが，午後になってくもりになったと考えられる。　**(2)** イ○…どの日付に着目しても，Ａ地点で降水量が最大になってしばらくすると，Ｂ地点の水位が最大になることがわかる。　オ○…6月 27 日の午前9時からＡ地点から雨が本格的に降るようになるとＢ地点の水位がその1時間後からすぐに上がりはじめているのに対し，6月 29 日の午前6時にＡ地点で雨がやんでも，Ｂ地点の水位はその後しばらく高い状態が続いている。

4 **問1** Ｙ○…おもりを放した高さと同じ高さまでふれる。

問2 エ○…ふりこの周期はふりこの長さによって決まっている。おもり1～3は大きさが同じなので，ふりこの長さも同じであり，周期は同じになる。

問3 周期はふりこが1往復する時間だから，図2で，おもりがＯからくぎの真下に到達するまでの時間は周期の $\frac{1}{4}$ である。また，図2では，くぎの左側を糸の長さが 100 cm，くぎの右側を糸の長さが $100－80＝20$（cm）のふりことしてふれる。したがって，くぎの左側を $2.0÷4＝0.5$（秒），くぎの右側を $0.9÷4＝0.225$（秒）でふれるので，$0.5＋0.225＝0.725$（秒）が正答となる。

問4 糸の長さが 80 cmのふりこの周期は 1.8 秒，糸の長さが 180 cmのふりこの周期は 2.7 秒だから，1.8 と 2.7 の最小公倍数を求めればよい。したがって，5.4 秒後が正答となる。

問5(2)(3) 豆電球を流れる電流が大きいほど，豆電球は明るくなる。直列つなぎのかん電池が多いほど豆電球に流れる電流は大きくなり，直列つなぎの豆電球が多いほど電流が流れにくくなる。また，並列つなぎのかん電池や豆電球は，それぞれが1個のときと同じと考えればよい。したがって，図4では，2個のかん電池で2個の豆電球を光らせていることになり，これと同じ明るさになるのは，1個のかん電池で1個の豆電球を光らせていることになるイである。同様

に考えて，図4より暗くなるのは，1個のかん電池で2個の豆電球を光らせていることになるエとオである。

問6　ア○…Bに電流が流れなくなっても，AとCには電流が流れるので，AとCは点灯したままである。なお，このとき，Aは暗く，Cは明るくなって，AとCの明るさは同じになる。

問7　1個の豆電球に流れる電流を大きくするには，2個のかん電池を直列つなぎにし，3個の豆電球を並列つなぎにすればよい。3個の豆電球がすべて並列つなぎになっていれば，どれか1個の豆電球がつかなくなっても他の豆電球は点灯し続ける。

平成 ③1 年度 解答例・解説

―――――《解答例》―――――

1 問1. エ　問2. 火山灰　問3. (a)ふん火 (b)溶岩 (c)断層　問4. (あ)ア (い)イ (う)ア
問5. 火山のふん火によって流出した大量の溶岩が, 半島と島の間の海をうめたこと。

2 問1. (1)20 (2)右4　問2. (1)X (2)右3 (3)右4 (4)①右 ②下 (5)イ (6)X　問3. (1)イ (2)110

3 問1. 酸素／水蒸気　問2. エ　問3. エ
問4. 右グラフ　問5. イ
問6. 森林の減少／化石燃料の大量消費
問7. ウ

4 問1. ア, ウ, オ　問2. ア, オ
問3. (a)増加 (b)減少 (c)増加
問4. (1)0.165 (2)0.075 (3)0.065　問5. (1)0.72 (2)0.36

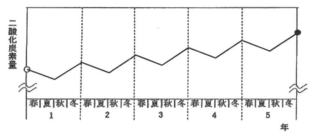

―――――《解　説》―――――

1 **問1**　8cm→0.08mより, B地点は5000万年で0.08×50000000＝4000000(m)→4000km移動する。よって, 地点
AとB地点Bの距離は5000－4000＝1000(km)になる。

　問5　1914年, 桜島で大ふん火が起こり, 大量の溶岩が流出した。この溶岩が, 大隅半島と桜島の間の海をうめ
ることで, 地続きになった。

2 **問1(1)**　てこは, 支点の左右でてこをかたむけるはたらき〔おもりの重さ×支点からの距離〕が等しいとき, 水平
につり合う。ここでは, 1つの穴からとなりの穴までの距離を1として考える。左2の穴につり下げた40gのおも
りが左にかたむけるはたらきは40×2＝80だから, 右4の穴につり下げるおもりを80÷4＝20(g)にすれば, て
こはつり合う。　　**(2)**　左にかたむけるはたらきは30×4＝120, 右にかたむけるはたらきは40×1＝40だから,
左にかたむけるはたらきの方が120－40＝80大きい。よって, 20gのおもりを支点から右へ80÷20＝4(個目)の右
4の穴につり下げればよい。

　問2(1)　何もつり下げない状態でてこの重さがはたらく点(重心)を支点にすると, てこはつり合う(動かない)ので,
実験1～3の結果から, 重心はXだとわかる。　　**(2)**　てこの重心による左にかたむけるはたらきは20×1＝20だ
から, 10gのおもりによる右にかたむけるはたらきも20になるように, 支点(右1)から右へ20÷10＝2(個目)の
右3の穴につり下げればよい。　　**(3)**　支点の左右でてこをかたむけるはたらきが等しくなる(てこがつり合う)と
き, 左右の重さの比は支点からの距離の逆比と等しくなる。ここでは, 右5の穴に80gのおもりをつり下げて, 重
心であるXには20gのてこの重さがはたらいているから, Xから支点までの距離と右5の穴から支点までの距離の
比が, 重さの比の逆比の80:20＝4:1になるようにすればよい。よって, 支点はXから右へ4個目の右4の穴に
なる。　　**(4)**　上1の穴を支点とすると, 図2の状態では, 重心(X)がわずかに支点の右にあるから, てこを右に
かたむけるはたらきによってアの方向に回転する。てこの動きが止まったときには, 重心が上1の穴の真下にある。

(22)

(5) ⑷と同様に考えれば，図2の状態では，重心(X)は下1の穴よりわずかに左にあるから，てこを左にかたむけるはたらきによって，イの向きに回転を始める。　　(6)　重心を支点とすれば，てこがかたむいているときでも重心によるてこをかたむけるはたらきを考えなくてよいので，Xを支点にするのが最も適当である。

問3⑵　支点を上1にしててこがつり合ったときは，支点からの距離はXからの距離と考えてよい。右4の穴につり下げた10gの皿と50gのおもりによる右にかたむけるはたらきは(10+50)×4＝240だから，左2につり下げた10gの皿と物体Aによる左にかたむけるはたらきも240であり，皿と物体Aの重さの合計が240÷2＝120(g)だとわかる。よって，物体Aの重さは120－10＝110(g)である。

3 問1　強い光が当たっているとき，植物は呼吸よりも光合成を盛んに行うため，気孔から光合成でつくられた酸素が出ていく。また，強い光が当たっているとき，蒸散も盛んに起こるため，気孔から水蒸気が出ていく。

問2　光が当たっていないとき，植物は光合成を行わず呼吸だけを行うので，二酸化炭素は排出<ruby>出<rt>はいしゅつ</rt></ruby>される。

問3　エ．気孔が閉じる(せまくなる)ことが原因であれば，周囲から取りこむ二酸化炭素の量は気温の高い場所と比べると少なくはなるが，気温の低い場所へ移しても周囲から二酸化炭素を取りこむので，移した後の周囲の二酸化炭素濃度は低くなる。これに対し，葉のでんぷんをつくる能力が下がることが原因であれば，周囲から取りこむ二酸化炭素の量より呼吸によって周囲へ排出される二酸化炭素の量が多くなるので，気温の高い場所から低い場所へ移した後の周囲の二酸化炭素濃度は高くなる。

問4　全体としては二酸化炭素濃度が上昇しているから，図Ⅰの○と●を結ぶような点線のグラフになる。これに，季節変化による増減を考えればよい。日本では，1年の中で夏に光合成が最も盛んに行われるから二酸化炭素濃度が最も低くなり，冬に光合成が最も行われなくなるから二酸化炭素濃度が最も高くなる。よって，解答例のようなグラフになる。

図Ⅰ

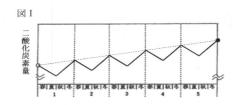

問5　常緑樹は1年中光合成を行うが，落葉樹は冬になると葉を落として光合成を行わなくなるので，落葉樹が分布している本州北東部から北海道西南部で，二酸化炭素濃度の変動が最も大きくなる。よって，イが正答である。

問6　大規模な森林伐採<ruby>伐採<rt>ばっさい</rt></ruby>によって植物が光合成で取り込む<ruby>込<rt>こ</rt></ruby>二酸化炭素の量が減少したこと，化石燃料の大量消費によって二酸化炭素の排出量が増えたことなどが，二酸化炭素濃度が上昇している主な原因として考えられている。

問7　工業化(1750年)以前の二酸化炭素濃度の平均値は0.03%以下だったが，近年では0.04%程度まで上昇している。

4 問1　イ．空気中に約78%含<ruby>含<rt>ふく</rt></ruby>まれているのは，ちっ素である(酸素は約21%)。エ．石灰水を加えてふると白くにごるのは，二酸化炭素である。

問2　ア．ビーカーの水溶液<ruby>水溶液<rt>すいようえき</rt></ruby>をかき混ぜるときは，温度計を使わず，ガラス棒を使う。なお，ガラス棒を使ってかき混ぜるときは，ビーカーの底や壁<ruby>壁<rt>かべ</rt></ruby>にぶつけないように静かにかき混ぜる。オ．液の先が目盛りと目盛りの間にあるときは，目盛りの値が近い方を読む。ちょうど目盛りの真ん中になったときは，目盛りの値が大きい方を読む。

問4⑴　20℃の水10Lに溶ける酸素は0.066Lだから，20℃の水25Lには $0.066 \times \frac{25}{10} = 0.165$ (L)溶けている。

⑵　20℃の酸素0.066Lは0.09g，40℃の酸素0.052Lは0.06gだから，水10Lを20℃から40℃にすると，0.09－0.06＝0.03(g)の酸素が水から出てくることになる。よって，水の体積が25Lのときは $0.03 \times \frac{25}{10} = 0.075$ (g)の酸素が水から出てくる。　　⑶　40℃の酸素0.052Lが0.06gだから，0.075gの酸素の体積は $0.052 \times \frac{0.075}{0.06} = 0.065$ (L)である。

問5⑴　40℃の水10Lに溶ける酸素は0.052Lで0.06gだから，40℃の水40Lに溶ける酸素は $0.06 \times \frac{40}{10} = 0.24$ (g)

である。圧力を３倍にすると，水に溶ける重さも３倍になるから，0.24×３＝0.72（ｇ）が正答である。　　(2)　問４(2)と同様に考えて，空気中で水 40 L を 40℃から 20℃にすると，新しく溶ける酸素は $0.03×\dfrac{40}{10}=0.12$（ｇ）である。よって，圧力が３倍であれば，新しく溶ける酸素は 0.12×３＝0.36（ｇ）である。

平成 ㉚ 年度 解答例・解説

═══════════════ 《解答例》 ═══════════════

1　問１．(a)胸　(b)三　(c)さなぎ　(d)たんぱく質　(e)はい乳　(f)大豆　　問２．ア，イ　　問３．ウ　　問４．イ，エ
　　問５．エ⇒ア⇒ウ　　問６．ア　　問７．ウ

2　問１．気体がとけている　　問２．ア，イ　　問３．0.05　　問４．5
　　問５．0.35　　問６．右グラフ

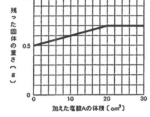

3　問１．温度　　問２．粒の位置が定まっていない　　問３．粒どうしの間かくが広い
　　問４．イ，カ

4　問１．①ウ　②ア　③イ　　問２．(1)4　(2)39　(3)ウ　　問３．ア

5　問１．A．西　B．北　太陽の移動の向き…ア　　問２．エ　　問３．ウ　　問４．50
　　問５．2　　問６．2　　問７．選んだ影…ア　理由…太陽の光でできた影は，長さがあまり変わらないから。

═══════════════ 《解　説》 ═══════════════

1　問１　(a)～(c)昆虫のからだは，頭・胸・腹に分かれており，あしは３対(計６本)で，はねは基本的に２対（４枚）で，すべて胸から生えている。昆虫の成長のしかたで，「卵→幼虫→さなぎ→成虫」という順のものを完全変態といい，「卵→幼虫→成虫」という順のもの(さなぎの時期が無いもの)を不完全変態という。

　問２　チョウ，カブトムシ，ハチ，アリなどの仲間は完全変態の昆虫であり，トンボ，セミ，バッタなどの仲間は不完全変態の昆虫である。

　問３　関節部分のクチクラを少しやわらかく，それ以外を固くすることで，関節部分だけが曲がりやすくなる。

　問４　モンシロチョウの幼虫はアブラナ科の植物の葉を食べ，成虫はみつを吸う。また，ショウリョウバッタの成虫はイネ科の植物の葉を食べ，アブラゼミの成虫は樹液などを吸う。したがって，吸うつくりの口を持つのは，モンシロチョウの成虫とアブラゼミの成虫である。

　問５　でんぷんができていることを確かめる実験である。ここでは，やわらかくした葉をろ紙にはさんで木づちでたたくことで，でんぷんの混ざった葉の水分をろ紙に染み出させ，そのろ紙をヨウ素液につけてでんぷんの有無を調べるという手順で実験を行っている。この他にも，葉をにたあと，直接葉をヨウ素液につけて色の変化を見る実験も行われる。

　問６　光合成によってつくられるでんぷんは炭水化物である。

　問７　「明るいところに集まり」とあるので，光を感知していることがわかる。光合成を行うには光が必要である。

2　問１　塩酸は塩化水素という気体を水にとかした水よう液なので，水が蒸発すると気体は空気中に逃げてしまい何も残らない。

　問２　水酸化ナトリウムが残っていれば水よう液はアルカリ性になり，赤色リトマス紙が青色に変化するはずなので，変化なしだったアとイは，蒸発させて残る固体が食塩だけであるとわかる。

問3　ウ，エ，オは水よう液がアルカリ性なので，水酸化ナトリウムの一部が使われずに余ったことがわかる。つまり，残った固体の増加分はすべて水酸化ナトリウムの増加分である。ウからオにかけて，水酸化ナトリウム水よう液Bが2㎤増えるごとに，水酸化ナトリウムが0.10g増えているのだから，水酸化ナトリウム水よう液B1㎤に含まれる水酸化ナトリウムは0.10÷2＝0.05（g）である。

問4，5　表のア，イより，水酸化ナトリウム水よう液B1㎤と十分な塩酸からできる食塩は0.14÷2＝0.07（g）である。水酸化ナトリウム水よう液B6㎤がすべて反応して食塩ができたとすると，残った固体は0.07×6＝0.42（g）になるが，これは表のウとくらべて0.02g多い。問3より，水酸化ナトリウム水よう液B1㎤に含まれる水酸化ナトリウムは0.05gなので，水酸化ナトリウム水よう液B6㎤のうち1㎤が反応せずに余れば，残った固体は0.42gよりも0.07−0.05＝0.02（g）少ない0.40gになる。したがって，塩酸A10㎤とちょうど中和する水酸化ナトリウム水よう液Bは6−1＝5（㎤）で，このときできる食塩は0.07×5＝0.35（g）である。

問6　問4，5より，塩酸A10㎤と水酸化ナトリウム水よう液B5㎤がちょうど反応して，食塩0.35gができることがわかったので，5㎤の2倍の水酸化ナトリウム水よう液B10㎤とちょうど反応する塩酸Aは10×2＝20（㎤）であり，このときできる食塩は0.35×2＝0.7（g）である。また，塩酸Aが0㎤のときには水酸化ナトリウム水よう液B10㎤中の水酸化ナトリウムがすべて固体として残り，その重さは0.05×10＝0.5（g）である。したがって，グラフ上の点を（塩酸，固体）で表したとき，（0，0.5）から（20，0.7）までを直線で結び，塩酸Aが20㎤以上のときは残った固体の重さが増えないので水平な直線になる。

3　問1～3　近くの粒どうしがたがいに引き合う力Yは変化しないが，粒が自由に運動してばらばらになろうとする力Xは温度が高くなると大きくなる。そのため，温度が低いうちはYの方がはるかに強く，粒の位置も粒どうしの間かくも定まるため，固体の状態にある。もう少し温度が上がると，Xが少し強くなってくるので，粒どうしの間かくは定まるが，粒の位置は自由に変化し，形を自由に変える液体になる。さらに温度が上がると，Xが非常に強くなり，粒の位置も間かくも自由に変化し，粒がばらばらになって自由に運動している気体になる。

問4　イ．水は例外的に，固体（氷）から液体（水）に変化すると体積が小さくなるので誤りである。カ．粒どうしがたがいに引き合う力Yが強いほど気体になって蒸発しにくいので誤りである。

4　問1　図2のグラフの，右上がりの部分は帆かけ箱が進んでいる時間，水平部分は止まっている時間である。したがって，①の送風車と帆かけ箱の距離が最も近いのは右上がりの部分の始まりのウ，②の送風車と帆かけ箱の距離が最も遠いのは右上がりの部分の終わりのアである。また，③の帆かけ箱が動いている時間は右上がりの部分なのでイである。

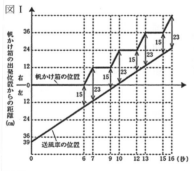

問2(1)　図2より，帆かけ箱は1秒間で12㎝すべり，その後2秒間止まっている。したがって，送風車は1＋2＝3（秒）ごとに12㎝動くことになるので，送風車の速さは毎秒12÷3＝4（㎝）である（図Ⅰ）。

(2)　時刻6秒での送風車は帆かけ箱の15㎝左にあり，さらにそこから6秒前の送風車の位置を求めるので，15＋4×6＝39（㎝）左である（図Ⅰ）。

(3)　送風車の速さを半分にしても，帆かけ箱は1秒間で12㎝すべる。送風車の速さが半分の毎秒2㎝になると，12㎝動くのに12÷2＝6（秒）かかるので，帆かけ箱が止まっている時間は6−1＝5（秒間）である（図Ⅱ）。

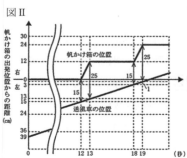

問3　帆かけ箱のグラフと送風車のグラフとの差を求めればよいので，アが正答である（図Ⅲ）。

5　問1　太陽が高く上がっているDが南で，Aが西，Bが北，Cが東である。

問2　太陽が高いときほど影が短いので，最も短い影がのびている「う」が北で，「あ」が南，「い」が西，「え」が東である。また，午前8時には太陽は東側にあるので，先端の影は西側にあるbである。

問3　先端の影は，真西の北側から始まり，北を通って真東の北側で終わっているので，太陽は，真東の南側からのぼり，南の空を通って真西の南側にしずんだと考えられる。したがって冬至のころである。

問4　影は図ⅣのAになるため50cmである。

問5　影は図ⅣのBになるため2mである。

問6　先端の影は1秒間で図ⅣのCの距離を動くため，毎秒2mである。

問7　照明の光でできた影で「かげふみ」をすると，照明に近づくように追いかけるとき，影は短くなっていき，照明の近くでは非常に短いのでふみにくい。逆に，照明から遠ざかっていくように追いかけるとき，影は長くなっていくが，追いかけていく方向に影がのびているので，影をふむことができない。したがって，短時間では長さがあまり変化しない太陽の光でできた影の方がふみやすいと考えられる。

図Ⅲ

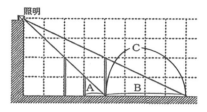

図Ⅳ

平成 29 年度　解答例・解説

―――――《解答例》―――――

1　問1．A，B　　問2．下図　　問3．(1)30　(2)25　(3)30　　問4．①イ　②イ　　問5．(1)ウ　(2)エ　(3)ア
　　問6．スイッチ1…ア　スイッチ2…ア　スイッチ3…ア　　問7．下図

2　問1．でい岩　　問2．アンモナイト　　問3．キ　　問4．4
　　問5．土地が隆起したから。〔別解〕海水面が下がったから。

3　問1．a．酸素　b．ちっ素　　問2．a．ウ　b．オ　　問3．ア　　問4．ア，カ
　　問5．(1)イ，オ　(2)240　(3)130　(4)1250

4　問1．オ　・問2．カ　　問3．カ　　問4．オ　　問5．エ　　問6．ア　　問7．ウ　　問8．ウ

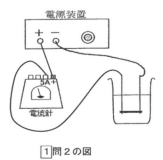

1問2の図

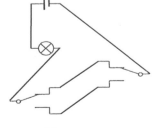

1問7の図

《解　説》

1　問1　太さ以外の条件は同じものどうしで比べる必要がある。よって，AとBが正答である。

問2　電源装置，電流計，電熱線を直列につなぐ。そのとき，電源装置の＋極と電流計の＋端子をつなぎ，電流計の－端子は一極側につなぐ。

問3　発熱量が大きいほど水の上昇温度は大きくなる。図2より，同じ時間で比べたとき，発熱量は電熱線の太さに比例し，電熱線の長さに反比例していることがわかる。　　　(1)　Cの電熱線と同じ長さで，太さが$\frac{1.0}{0.5}=2$（倍）だから，5分後の水の温度は $20+(25-20)\times2=30$（℃）である。　　　(2)　Aの電熱線と同じ太さで，長さが$\frac{20}{5}=4$（倍）だから，5分後の水の温度は $20+(40-20)\times\frac{1}{4}=25$（℃）である。　　　(3)　(2)の電熱線と同じ長さで，太さが$\frac{2}{1}=2$（倍）だから，5分後の水の温度は $20+(25-20)\times2=30$（℃）である。

問4①　クリップの位置をPからQの向きにずらしていくと，電流が流れる電熱線の長さが長くなるから，流れる電流が小さくなっていき，豆電球はだんだん暗くなる。　　　②　太い電熱線の方が大きな電流が流れるので，豆電球は明るくつく。

問6　直列つなぎの電池の数が多く，直列つなぎの豆電球の数が少ないほど，回路には大きな電流が流れる。よって，スイッチ1〜3をすべてアにして，電池2個分（スイッチ2でつなぐ電池の向きは他と反対だから，電池2個の電流が打ち消し合うと考える），豆電球1個の直列回路をつくればよい。

2　問1　れき岩は主にれき（小石），砂岩は砂，でい岩はどろからできている岩石だから，でい岩が正答である。

問2　アンモナイトは恐竜（きょうりゅう）と同じ中生代（約2.5億年前〜6600万年前）に広い地域に生存していた生物である。アンモナイトや恐竜のように，地層ができた時代を知る手がかりとなる化石を示準化石という。

問3　図1，2より，でい岩の層の上面の標高を調べると，Aは（28−4＝）24m，Bは（26−2＝）24m，Cは（30−2＝）28mである。よって，南北方向に傾きはなく，西（キ）の方向に向かって低くなるように傾いていることがわかる。

問4　Cの真北にあるDでは，Cと同じ標高（28m）ででい岩の層の上面があるはずだから，地面から（32−28＝）4mの深さのところで，でい岩の層が現れる。

問5　川を運ばれた岩石はつぶの大きいものから河口近くにたい積していき，つぶの小さいものほど沖合の深いところにたい積する。砂よりもれきの方がつぶが大きいことから，土地が隆起（りゅうき）したり海水面が下がったりしたと考えられる。

3　問1　明るい部屋に置いたAは，呼吸よりも光合成を盛んに行ったので二酸化炭素が減り酸素（a）が増えた。空気の体積の約78%がちっ素，約21%が酸素，約0.04%が二酸化炭素である。よって，（b）はちっ素である。

問2　人のはく息には，約78%のちっ素，約16%の酸素，約5%の二酸化炭素がふくまれている。人も呼吸によって酸素を取りこみ二酸化炭素をはき出しているので，はく息にふくまれる二酸化炭素は空気中より多くなり，酸素は少なくなる。ちっ素は光合成や呼吸に関係しないので，実験の前後で割合は変化しない。よって，aはウ，bはオが正答である。

問3　明るい所に置いたAは光合成を行うが，暗いところに置いたBは光合成を行わないことと，「これ（ヨウ素液を使う実験）もうまくいったみたいだね」という兄の発言から，光を当てたAにだけでんぷんがあったことがわかる。

問4　でんぷんの有無を確かめるためには，ヨウ素液による色の変化をわかりやすくするために，葉の緑色をぬいておく必要がある。熱い湯につけた後，温めたエタノールにつけることで葉の緑色をきれいにぬくことができる。よって，アとカが正答である。

問5(1)　ア．1000の光を当てたときの1時間あたりのでんぷんの増加量は，両方とも10だから同じだけ成長する。イ．500の光を当てたときの1時間あたりのでんぷんの増加量は，10℃は5，20℃は0だから，10℃では成長できるが，20℃では成長はできない。ウ．10℃で250の光を当てたときのでんぷんの増加量が0なのは，呼吸に使われるでんぷんの量と光合成でつくられるでんぷんの量が等しいからである。エ，オ．問題文より，呼吸に使われるでんぷんの量は光の強さに関係なく一定である。光の強さが0のときのでんぷんの増加量が10℃で－5，20℃で－10だから，10℃では5，20℃では10のでんぷんが呼吸に使われた。よって，イとオが正答である。　(2)　1時間あたりのでんぷんの増加量と呼吸量を足したものが，1時間あたりの光合成でつくられるでんぷんの量になる。よって，（5＋5）×24＝240である。　(3)　20×10－5×14＝130　(4)　真っ暗なところに12時間置いたときのでんぷんの減少量は10℃は5×12＝60，20℃は10×12＝120である。よって，ある強さの光を12時間当てたときのでんぷんの増加量は，10℃より20℃の方が120－60＝60多いことがわかり，1時間あたりのでんぷんの増加量の差は60÷12＝5となるので，グラフより，ある強さの光は1250である。

4　**問1**　物質のとけることのできる量は水の量に比例するから，$32 \times \dfrac{200}{100} = 64$（g）である。

問2　《実験1》の④の50℃のろ液20gは，硝酸カリウム9.2gと水（20－9.2＝）10.8gからできているから，50℃の水100gには，最大で$9.2 \times \dfrac{100}{10.8} = 85.1 \cdots \rightarrow 85$gの硝酸カリウムがとける。よって，カが正答である。

問3　50℃の水200gに硝酸カリウムは最大で$85 \times \dfrac{200}{100} = 170$（g）とけるから，ろ液は200＋170＝370（g）である。

問4　〔濃度（％）＝$\dfrac{\text{とけている物質の量（g）}}{\text{水（g）＋とけている物質の量（g）}} \times 100$〕で求められるから，$\dfrac{170}{370} \times 100 = 45.9 \cdots \rightarrow 46$％である。

問5　170－64＝106（g）

問6　硝酸銀水溶液を加えても変化が見られなかったから，出てきた結晶に食塩はふくまれていない。よって，硝酸カリウムだけがとけきれずに結晶となって出てきたとわかる。

問7　50℃の水200gにとけることのできる硝酸カリウムは64g，出てきた硝酸カリウムの結晶は22gより，ふくまれていた食塩は，100－（64＋22）＝14（g）である。

問8　20℃の水100gにとける硝酸カリウムの最大量は32gとわかっているが，食塩を使用した《実験3》でわかったことは，20℃の水200gに食塩は14g以上とけることができる，つまり20℃の水100gに食塩は$\left(14 \times \dfrac{100}{200} =\right)$7g以上とけるということだけだから，これらの実験結果からは判断できない。よって，ウが正答である。

平成 ㉘ 年度 解答例・解説

━━━━━━━━━━━━━━━ 《解答例》 ━━━━━━━━━━━━━━━

1 問1．(1)計算式…B＋C－A　値…8　(2)4　(3)80　(4)2　　問2．(1)ウ　(2)エ　　問3．蒸散

2 問1．作用　　問2．エ，オ　　問3．(1)(あ)　(2)(う)

　　問4．(1)①5　②6　(2)①下グラフ　②下グラフ　(3)2　(4)ア

3 問1．ドライアイス　　問2．ア　　問3．ウ　　問4．49.0　　問5．ウ

　　問6．(1)132　(2)88.2　(3)360　(4)158

4 問1．0.13　　問2．エ　　問3．③太陽　④銀河　　問4．エ　　問5．ア　　問6．エ

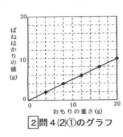

2問4(2)①のグラフ

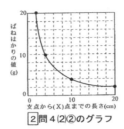

2問4(2)②のグラフ

━━━━━━━━━━━━━━━ 《解　説》 ━━━━━━━━━━━━━━━

1 問1．(1)A〜Dの水が出ていく部分と減った水の量は右表の通りである。
この表より，茎から減った水の量は，B(裏＋茎)とC(表＋茎)の和からA
(表＋裏＋茎)を引けば求められることがわかる。したがって，B＋C－Aが
正答となり，表の数値をあてはめて，茎から減った水の量は72＋24－88＝8

試験管	水が出て いく部分	減った 水の量
A	表　裏　茎	88
B	裏　茎	72
C	表　　　茎	24
D	茎	8

(mL)となる。(2)葉の表からの減少量はA－B＝88－72＝16(mL)，葉の裏からの減少量はA－C＝88－24＝64(mL)であ
る。したがって，64÷16＝4(倍)となる。(3)10枚の葉の形に切り取った紙の重さは5.2g→5200mgだから，1枚では
520mgである。したがって，$100 \times \frac{520}{650} = 80$(cm²)となる。(4)10枚の葉の面積は80×10＝800(cm²)であり，10枚(800cm²)
の葉の表と裏から5時間で出ていく水の量の和は64＋16＝80(mL)だから，100cm²の葉からは1時間に$80 \times \frac{100}{800} \times \frac{1}{5}$＝
2(mL)の水が出ていく。　　問2．(1)植物のからだの中で，水が通る管を道管という。茎の断面図では，道管は茎の表
面近くに輪のように分布しており，この部分が赤色に染まる。(2)蒸散では，水が目に見えない水蒸気の形でからだの
外に出る。このとき，水に色をつけた赤色の色素は植物のからだに残る。

2 問2．はさみとカンのプルタブは支点が力点と作用点の間にあるてこ，ピンセットは力点が支点と作用点の間にあ
るてこである。　　問3．(1)力点が支点と作用点の間にある(あ)のてこ(例ピンセット)では，必ず力点にはたらく力の
大きさが作用点にはたらく力の大きさより大きくなる。このようなてこでは，手先の細かい動きを作用点に大きく伝
えることができる。(2)支点が力点と作用点の間にあるてこ(例はさみ，カンのプルタブ)では，支点から力点と支点か
ら作用点までの長さによって，力点と作用点にはたらく力の大きさの大小関係が変化する。　　問4．(1)①支点の左右
(上下)で棒を回転させるはたらきをそれぞれ〔加える力×支点からの長さ〕で表し，これらの値が等しくなるときに
てこはつり合う。ばねはかりは□gを示すとすると，□×20＝10×10より，□＝5(g)となる。②支点から力点まで
の長さを□cmとすると，36×20＝120×□より，□＝6(cm)となる。(2)①支点から力点までの長さと支点から作用点

までの長さは変わらないので，おもりの重さとばねはかりの値をそれぞれ□ｇ，〇ｇとおくと，10×□＝20×〇となる。この式より，□は常に〇の２倍になることがわかり，おもりの重さが20ｇのときばねはかりの値が10ｇになる比例のグラフをかけばよい。⑵支点からＸ点までの長さを□ｃｍ，ばねはかりの値を〇ｇとすると，5×8＝□×〇より，□×〇の値は 40 で一定になる。したがって，支点から作用点までの長さが２，４，10，20 のとき，ばねはかりの値がそれぞれ 20，10，４，２となる点をとり，曲線で結んだグラフになる。⑶支点から作用点までの長さが支点から力点までの長さの２倍だから，力点を１ｃｍ動かすと，作用点はその２倍の１×２＝２(ｃｍ)動く。⑷Ｂ．力点が支点と作用点の間にあるてこを利用した道具は，はさんだりする作業に用いられることは多いが，重く大きなものを動かすには適さない。

③ 問３．Ｃのメスシリンダー内に集まった気体は三角フラスコやガラス管の中に入っていた空気であり，空気に最も多くふくまれている窒素が正答となる。なお，発生した気体の体積の分だけ気体がメスシリンダー内に集まるので，発生した気体の体積を測ることができる。　問４．メスシリンダー内の液面の数値を読み取るときは，液面の中央の水平な部分の値を 10 分の１の位まで目分量で読み取るので，49.0mL となる。　問５．二酸化炭素は水に少しとけるので，メスシリンダーに集まる気体の体積が少し小さくなる。　問６．⑴表より，塩酸の体積が 10 ｃ㎥で，石灰石の重さが 100 ㎎から 300 ㎎の３倍になると，発生した気体の体積も３倍になっているので，発生した気体の重さも３倍の 44×3＝132(㎎)となる。⑵表より，石灰石 200 ㎎と塩酸 5mL の反応に着目する。このとき発生する気体の体積は 44.1mL だから，石灰石の重さと塩酸の体積がともに２倍になると，発生する気体の体積も２倍の，44.1×2＝88.2(mL)となる。⑶．⑵で求めた気体の体積を使って，10mL の塩酸とちょうど反応する石灰石の重さを求める。塩酸 10mL がすべて反応するときに発生する気体の体積は 88.2mL で，100 ㎎の石灰石から 24.5 の気体が発生することから，100×$\frac{88.2}{24.5}$＝360(㎎)となる。⑷73.5mL の気体の重さが 132 ㎎だから，88.2mL の気体の重さは 132×$\frac{88.2}{73.5}$＝158.4→158 ㎎となる。

④ 問１．地球の表面１周の長さは 6400×2×3.14＝40192(km)だから，40192÷300000＝0.133…→0.13 秒となる。問２．太陽からの光は８分 20 秒(500 秒)後に地球に届くので，その 40 倍の距離の太陽からめい王星まででは，光は 500×40＝20000(秒)で届く。したがって，光が太陽とめい王星の間を往復するのにかかる時間は 20000×2＝40000(秒)→667(分)→11(時間)となるので，地球とめい王星の間でもおよそ 11 時間かかる。　問４．光が最も近い恒星から地球に届くのに４年，太陽から地球に届くのに 500 秒かかるので，４年は 365(日)×24(時間)×60(分)×60(秒)×4(年)＝126144000(秒)だから，126144000÷500＝252288(m)→252 km となる。したがって，エが正答となる。

平成 ㉗ 年度 解答例・解説

―――――――《解答例》―――――――

① 問１．２　問２．①ケ　②キ　③イ　④カ　⑤ウ　⑥ア　問３．①カ　②ク　③キ　④オ　⑤ケ　⑥ア
　問４．ア．酸素　イ．だ液　ウ．〇　エ．肝臓
② 問１．ウ，オ　問２．ア→イ→ウ　問３．ア　問４．オ　問５．⑴340　⑵60　⑶28　⑷68
③ 問１．①Ｃ　②Ａ　③Ｃ　④Ｄ　⑤Ｃ　問２．イ　問３．ア　問４．⑴カ　⑵カ　⑶オ
④ 問１．塩化水素　問２．イ，オ　問３．Ａ，Ｄ　問４．Ｂ　問５．1.5　問６．⑴240　⑵2　⑶1.2

《解 説》

1　問２．①肺以外で左右に２つある臓器は腎臓である。⑤気管は心臓の上で気管支に分かれ，肺につながっている。したがって，⑤は食道である。　問３．イは小腸，ウは気管，エはぼうこうの働きである。　問４．(1)×…はき出した空気の体積の約78％が窒素，約17％が酸素，約４％が二酸化炭素である。(2)×…胃液はタンパク質を分解する。(3)○…心臓の収縮運動を拍動という。(4)×…小腸で血液中に取り込まれた養分は小腸と肝臓を結ぶ血管（門脈）を通って肝臓に送られ，一部は肝臓にたくわえられて，残りは全身に運ばれる。

2　問１．ウ．図の半月は上弦の月（南の空で右半分が光って見える月）で，この約１週間後に満月になる。オ．同じ場所で同じ時刻に観察すると，１日で月は約12度東の空にずれて見えるが，太陽の位置はほとんど変わらない。問３．上弦の月の約１週間後には満月が，満月の約１週間後には下弦の月（南の空で左半分が光って見える月）が観察できる。　問４．下弦の月は真夜中に東の地平線からのぼり，午前６時ごろに南の空で観察できる。　問５．(1)20℃の空気は１㎥あたり17ｇまで水蒸気をふくむことができる。このときの湿度が50％であることから，この部屋の空気１㎥には 17×0.5＝8.5（ｇ）の水蒸気がふくまれており，40㎥の部屋全体には 8.5×40＝340（ｇ）の水蒸気がふくまれている。(2)5℃の空気は１㎥あたり７ｇまでしか水蒸気をふくめないので，空気１㎥あたり 8.5－７＝1.5（ｇ）の水滴が生じる。したがって，40㎥の部屋全体では 1.5×40＝60（ｇ）の水滴が生じる。(3)30℃の空気は１㎥あたり 30ｇまで水蒸気をふくむことができる。したがって，8.5÷30×100＝28.3…→28％が正答となる。(4)20℃で湿度60％のとき，空気１㎥あたりにふくまれる水蒸気の量は 17×0.6＝10.2（ｇ）であり，湿度50％のときと比べて水蒸気の量が空気１㎥あたり 10.2－8.5＝1.7（ｇ）増えたことがわかる。したがって，40㎥の部屋全体では 1.7×40＝68（ｇ）増えたことになる。

3　問１．豆電球とコイルを直列につなぐと，並列につないだときやどちらか一方だけをつないだときと比べて，豆電球やコイルに流れる電流が小さくなるので，豆電球の明るさは暗く，方位磁針の振れは小さくなる。①実験２では豆電球が明るく点灯しているので，豆電球だけに電流が流れている。②③実験４では豆電球とコイルが直列につながれている。また，方位磁針の振れる向きが実験１と逆向きであるので，コイルに流れる電流の向きが実験１と逆向きになるようにする。④⑤実験５ではコイルだけに電流が流れている。また，方位磁針の振れる向きが実験３と逆向きであるので，コイルに流れる電流の向きが実験３と逆向きになるようにする。　問２，３．実験６では豆電球とコイルが並列につながれている。したがって，豆電球は明るく，方位磁針の振れは大きくなる。コイルに流れる電流の向きは実験３と同じ向きである。　問４．(1)豆電球やコイルに流れる電流の大きさは変わらないが，コイルの巻き数が少なくなるとコイルがもつ磁石の力の大きさは小さくなるので，カが正答となる。(2)豆電球やコイルに流れる電流の大きさは変わらず，コイルがもつ磁石の力の大きさも変わらないが，方位磁針が遠ざけることで方位磁針の針がコイルから受ける力の大きさは小さくなるので，カが正答となる。(3)豆電球やコイルに流れる電流の大きさは変わらないが，コイルに鉄の針金を入れることで，磁石の力の大きさが大きくなるので，オが正答となる。

4　問３．塩酸（酸性）と水酸化ナトリウム水溶液（アルカリ性）を混ぜ合わせると，たがいの性質を打ち消し合う中和という反応が起こり，食塩ができる。実験１で食塩のみが取り出せたこと（固体の水酸化ナトリウムが出てこなかったこと）から，どのビーカーでも水酸化ナトリウム水溶液はすべて中和に使われたことがわかる。次に，実験２に着目すると，アルミニウムは塩酸にとけて，このとき気体（水素）が発生することから，気体が発生しなかった〔Ａ－①〕ではＡの塩酸 10㎤と水酸化ナトリウム水溶液 10㎤が過不足なく中和したことがわかる。同様に考えて，実験３の〔Ｄ－②〕で気体が発生しなかったことから，Ｄの塩酸 20㎤と水酸化ナトリウム水溶液 20㎤が過不足なく中和することがわかる。したがって，ＡとＤの塩酸は，どちらも水酸化ナトリウム水溶液と過不足なく中和する体積比が塩

酸：水酸化ナトリウム水溶液＝１：１になるので，同じ濃さだとわかる。なお，実験３の〔Ａ－②〕で気体が発生したのは，中和後に残った水酸化ナトリウム水溶液10㎤にアルミニウムがとけたためであり，このとき発生する気体も水素である。　問４．実験２で気体が発生したのは，実験１の後でビーカーに残っていた塩酸とアルミニウムが反応したためであり，濃い塩酸ほど水酸化ナトリウム水溶液を加えた後の残った塩酸で多くの気体を発生させることができる。したがって，はじめの体積が10㎤にもかかわらず，実験２で発生した気体の体積が最も大きいＢの塩酸が最も濃い。　問５．同じ体積の塩酸にアルミニウムを入れたときに発生する気体の体積から，塩酸の濃度を考える。水酸化ナトリウム水溶液10㎤はＡの塩酸と同じ濃さのＤの塩酸を10㎤中和するので，〔Ｄ－①〕には10㎤の塩酸が残っている。これにアルミニウムを入れると120㎤の気体が発生したことから，Ｄの塩酸20㎤からは120＋120＝240（㎤）の気体が発生することがわかる。また，水酸化ナトリウム水溶液10㎤は120㎤の気体を発生させる塩酸を中和することになるので，Ｃの塩酸20㎤からは240＋120＝360（㎤）の気体が発生することがわかる。したがって，Ｃの濃さはＤの360÷240＝1.5（倍）であり，ＤとＡの濃さが同じであることから1.5倍が正答となる。　問６．(1)実験３では，実験２よりも加えた水酸化ナトリウム水溶液の体積が10㎤大きいので，〔Ｂ－②〕からは〔Ｂ－①〕よりも120㎤小さい360－120＝240（㎤）の気体が発生する。(2)(3)塩酸とアルミニウムが反応すると塩化アルミニウムという物質ができる。〔Ｄ－①〕とアルミニウムがちょうど反応した水溶液を加熱して，水を蒸発させたときに残った固体は，0.6ｇの食塩と１－0.6＝0.4（ｇ）の塩化アルミニウムなので，120㎤の気体が発生すると塩化アルミニウムが0.4ｇできることがわかる。実験１と比べて加えた水酸化ナトリウム水溶液の体積が２倍になったので食塩の重さも２倍の0.6×２＝1.2（ｇ）になり，〔Ｄ－①〕と比べて発生した気体の体積が２倍になったので，塩化アルミニウムの重さも２倍の0.4×２＝0.8（ｇ）になる。したがって，残った固体の重さは合計で1.2＋0.8＝２（ｇ）である。

平成 26 年度　解答例・解説

《解答例》

1 　問１．イ　　　問２．食物連さ　　　問３．Ａ種…イ　Ｃ種…ウ　　　問４．ウ　　　問５．イ，エ　　　問６．ア
　　問７．ア　　　問８．イ

2 　問１．0.54　　　問２．ア　　　問３．あ，き　　　問４．え，お　　　問５．ウ　　　問６．ウ

3 　問１．二酸化炭素　　　問２．水にとけにくい　　　問３．黄　　　問４．エ．900　　オ．225　　カ．3.5　　　問５．青
　　問６．水酸化バリウム水溶液　　　問７．17.5　　　問８．3.4　　　問９．0.85　　　問10．色…黄　重さ…9.8

4 　問１．100　　　問２．40　　　問３．25

5 　問１．あ．１　い．12　　　問２．361　　　問３．32.7　　　問４．ウ　　　問５．ア　　　問６．カ　　　問７．0.73

《解 説》

1 　問１．モンシロチョウのえさは花の蜜(みつ)なので，モンシロチョウが一次消費者，それを食べるカマキリは二次消費者である。　　問３．Ａ種は食べられなくなるので一時的に増加し，Ｃ種はえさ不足になり一時的に減少するが，どちらもやがて元の個体数にもどる。　　問４．Ｃ種はえさが不足するので減る。このとき問３と異なり，Ｃ種の個体数が元にもどらないことがある。　　問５．チョウの仲間は，卵→幼虫→さなぎ→成虫の順に変態する。これと同じ変態を行うのはカブトムシ，ナナホシテントウである。なお，アブラゼミ，アキアカネ，オオカマキリはさなぎにならずに変態する。また，ダンゴムシは昆虫ではない。　　問６．タイコウチは，小型の魚類や水生昆虫を食べる。なお，ザリガニ

は昆虫ではない。　　問7．トウモロコシのように風が花粉を運搬する植物を風媒花（ふうばいか）という。なお，昆虫が花粉を運搬する植物を虫媒花という。

2　問1．(5.17秒＋5.24秒＋5.60秒＋5.36秒＋5.63秒)÷(10往復×5回)＝0.54秒　　問3．おもりの重さと振れはばが同じで，ばねの長さが異なる2つを選べばよい。　　問4．ばねの長さと振れはばが同じで，おもりの重さが異なる2つを選べばよい。　　問5，6．表1から，ばねの長さとおもりの重さの積が等しいとき，ばね振り子の周期が等しくなる(ばね振り子の周期に振れはばは関係ない)ことがわかる。「か」のときのばねの長さとおもりの重さの積は 60 ㎝×40 g＝2400 であることから，ばね振り子の周期は「き」のときと等しくなることがわかる。

3　問3．ＢＴＢ溶液は，酸性で黄色，中性で緑色，アルカリ性で青色になる。硫酸は酸性の水溶液である。

問4．(エ)酸性の水溶液とアルカリ性の水溶液を混ぜるとたがいの性質を打ち消し合う中和が起こる。100 ㎤のＡ液と 75 ㎤のＢ液で中性になるので，675 ㎤のＢ液を中性にするＡ液は 100 ㎤×$\frac{675㎤}{75㎤}$＝900 ㎤ である。(オ)75 ㎤×$\frac{300㎤}{100㎤}$＝225 ㎤ (カ)300 ㎤のＡ液を中性にすると10.5 gの沈殿が生じることから，100 ㎤のＡ液が中性になると10.5 g×$\frac{100㎤}{300㎤}$＝3.5 g の沈殿が生じる。　　問5～7．500 ㎤のＡ液を中性にするＢ液は 75 ㎤×$\frac{500㎤}{100㎤}$＝375 ㎤ であり，ここでは 425 ㎤－375 ㎤＝50 ㎤ のＢ液(水酸化バリウム水溶液)があまるので，この溶液はアルカリ性である。また，このとき生じる沈殿は 10.5 g×$\frac{500㎤}{300㎤}$＝17.5 g である。　　問8．問7解説であまったＢ液が 50 ㎤であり，ここに1.7 gの固体がとけていたことになるので，100 ㎤には 1.7 g×$\frac{100㎤}{50㎤}$＝3.4 g ふくまれている。　　問9．100 ㎤のＢ液には 3.4 gの水酸化バリウムがふくまれており，100 ㎤のＡ液を中性にするのにＢ液は 75 ㎤，Ｃ液は 300 ㎤必要なので，Ｃ液 100 ㎤には 3.4 g×$\frac{75㎤}{300㎤}$＝0.85 g の水酸化バリウムがふくまれている。　　問10．840 ㎤のＣ液を中性にするＡ液は 100 ㎤×$\frac{840㎤}{300㎤}$＝280 ㎤ であり，ここでは 300 ㎤－280 ㎤＝20 ㎤ のＡ液があまるので，この溶液は酸性である。また，このとき生じる沈殿は 10.5 g×$\frac{280㎤}{300㎤}$＝9.8 g である。

4　問1．おもりの重さを□gとすると，60×50＝□×30 より，□g＝100 g となる。　　問2．100 gのおもりは棒を反時計回りに，手で押す力と60 gのおもりは棒を時計回りに回転させるはたらきがあることに注意する。手で押す力の大きさを□g重とすると，(100×40－□×25)＝60×50 より，□g重＝40 g重 となる。　　問3．支点からの距離を右図のように考える。手で引く力を□g重とすると，50×10＝□×20 より，□g重＝25 g重 となる。

5　問1．地球の公転周期を 360 日とすると，360 日で太陽のまわりを1周(360 度)公転するので，地球の1日の公転角度は1度である。同様に，月の公転周期を30日とすると，30日で地球のまわりを1周(360 度)公転するので，月の1日の公転角度は 360 度×$\frac{1日}{30日}$＝12度 である。　　問2．地球は1日で点Aから点Bまで 360 度＋1度＝361度 回転している。したがって，360 日で1回公転する間に地球は 361 度×360 日÷360 度＝361回 自転することになる。

問3．月の公転の方が地球の公転よりも1日で 12 度－1度＝11度 速い。この差が 360 度になるごとに月は同じ形に見えるので，360 度÷11 度＝32.72…→32.7 日 が正答となる。　　問5．下図のように，地球との位置関係と月の形を合わせて覚えておこう。　　問6．上弦の月が南中するのはおよそ 18 時ごろであり，図2のCは真南よりも東よりに見えるので，18 時よりも少し早い 16 時ごろだと考えられる。

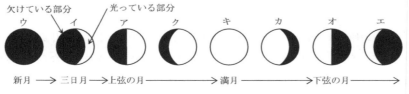

問7. 問3解説より，月の方が1日で11度速く公転するため，この分だけ月が同じ位置に見える時刻が遅くなる。地球は1日(24時間)で361度回転するので，月が南中する時刻は毎日 24時間×$\frac{11度}{361度}$＝0.731…→0.73時間ずつ遅れる。

社　会

令和 ② 年度　解答例・解説

━━━━━━━━━━━━━━━ 《解答例》 ━━━━━━━━━━━━━━━

1 ①A．ア　B．オ　C．ウ　②ウ　③オ　④J．ウ　K．イ　⑤ウ　⑥M．エ　N．イ　O．カ
⑦ウ　⑧カ　⑨夏休みの期間　⑩カ　⑪イ　⑫ウ

2 問1．大化　問2．ア　問3．A．エ　B．イ　C．ウ　古い順…B→C→A　問4．万葉集　問5．ア
問6．明治時代から天皇一代に一元号という「一世一元の制」が定められたから。　問7．17　問8．エ
問9．武家諸法度　問10．ウ　問11．高速道路・鉄道などのインフラ整備が進んだ／反動によって大会後に景
気が後退し不況におちいった　問12．A．イ　B．ア　C．エ　問13．大仙古墳　問14．埴輪
問15．厳島神社／原爆ドーム

3 問1．1．リーマン　2．地下鉄　3．冷戦　4．EU〔別解〕ヨーロッパ連合　5．IT　6．出入国管理（及
び難民認定）　問2．a．ウ　b．オ　問3．オ，ク　問4．①株価や地価が急落して，日本経済が不景気
になったこと。　②ア　③厚生労働　④経済・災害などで困難な状況に直面するとともに，政治や社会的に変化の
激しい時代だったという意味。　⑤ウ　⑥エ

━━━━━━━━━━━━━━━ 《解　説》 ━━━━━━━━━━━━━━━

1 アは愛媛県，イは兵庫県，ウは富山県，エは新潟県，オは山梨県，カは群馬県，キは北海道。
①A　ア．「ミカンの収穫量が多い」「真珠の生産量は全国一」「北部の都市（今治市）はタオル生産地」「東部の都市
（四国中央市）では製紙業がさかん」から愛媛県を導く。　B　オ．「全国で2番目に高い」「ほうとう」「御勅川
…戦国時代の有名な武将（武田信玄）によって…（治水）工事が行われ」「ブドウやモモの収穫量が全国一」から山梨
県を導く。　C　ウ．「神社」「常願寺川」「西部の平野（砺波平野）ではチューリップ栽培」「東部の都市（魚津市）
ではアルミサッシやファスナーの生産」から富山県を導く。
②　ウ．面積割合が最も高いFを山地，人口割合が最も高いEを低地と判断できるので，台地はDとなる。
③　オ．高度経済成長期（1950年代後半〜1973年）の製造品出荷額の割合において，激減したHを繊維工業，増加し
たIを化学工業と判断できるので，金属工業はGとなる。
④J　ウ．1店舗あたりの年間販売額が圧倒的に高いから，高額品を取り扱うデパートである。　K　イ．都市
郊外の道路沿いの店舗割合が高いから，自転車での来店が多い総合スーパーである。
⑤　ウが誤り。東京都の人口が増加しているのは，<u>社会増加率が高い（流出数より流入数の方が多い）</u>ためである。
⑥M　エ．米収穫量が圧倒的に多いから水田単作地帯の新潟県である。　N　イ．玉ねぎ収穫量が多いから，淡
路島での玉ねぎ生産がさかんな兵庫県である。　O　カ．小麦・キャベツ収穫量が多いから，高冷地農業による
キャベツの抑制栽培がさかんな群馬県である。
⑦　資源の主な輸入先は，石炭がオーストラリア・インドネシア，液化天然ガスがオーストラリア・マレーシア・
カタール，鉄鉱石がオーストラリア・ブラジル，銅鉱石がチリだから，ウを選ぶ。
⑧　カ．2010年の輸出入額に占める割合が最も高いUは，最大の貿易相手国の中国である。Sは2000年と2010年

ともに輸出＞輸入(貿易黒字)だからアメリカ合衆国，Tは韓国となる。

⑨　北半球に位置する日本と，南半球に位置するオーストラリアでは季節が逆になることから考える。

⑩　カ．Ⅴは1月の平均気温が氷点下に達しているから，最北の青森市である。残った2都市のうち，年間降雪日数が多いWを越後山脈の西にある新潟市，Ｘを鳥取市と判断する。

⑪　イが誤り。「海水があふれて」が不適切。高潮とは，台風の接近などにより，<u>海水面が異常に高くなること</u>。

⑫　ウが誤り。阪神淡路大震災で津波は発生せず，建物の倒壊による圧死の被害が大きかった。

2 　問2　「政治の改革」は大化の改新だから，アが誤り。飛鳥時代，中大兄皇子や中臣鎌足らは蘇我氏を滅ぼした後，<u>豪族が支配していた土地や人民を国家が直接支配する公地公民の方針を示した</u>。

問3Ａ　エ．応仁の乱は，室町幕府8代将軍足利義政のあとつぎ争いに細川勝元と山名持豊の幕府内での勢力争いが複雑にからみあって起こった。　　　Ｂ　イ．保元の乱は，後白河天皇と崇徳上皇の対立に藤原氏一族や源氏平氏の争いが結びついて起こった。　　　Ｃ　ウ．承久の乱では，鎌倉幕府打倒をかかげた後鳥羽上皇が挙兵したが，鎌倉幕府方に敗れた。アは江戸時代の天明のききんについての記述である。　　　Ｂ．保元の乱(平安時代)→Ｃ．承久の乱(鎌倉時代)→Ａ．応仁の乱(室町時代)

問4　「令和」は『万葉集』の「初春の<u>令</u>月にして…風<u>和</u>ぎ…」から引用された。

問5　万葉集は奈良時代につくられたから，アの正倉院を選ぶ。イは平等院鳳凰堂(平安時代)，ウは銀閣(室町時代)，エは修道学問所之蔵(江戸時代)。

問7　「浅野氏の広島城入城400年」だから，2019－400＝1619(年)の出来事であり，17世紀(1601年～1700年)となる。

問8　エが正しい。福島正則は，関ケ原の戦いでの功績により広島城の城主となったが，江戸幕府に無断で城の石がきを修理したことが武家諸法度に違反したため，領地を没収された。毛利元就は郡山城，加藤清正は熊本城，武田勝頼は高遠城の城主である。

問9　武家諸法度には大名が守るべききまりが定められており，大名家同士が無断で結婚することなども禁じられていた。徳川家康の命令で徳川秀忠のときに武家諸法度が初めて定められ，3代将軍の徳川家光によって，参勤交代の制度が追加された。

問10　1964年東京オリンピックは昭和時代だから，ウが正しい。高度経済成長期，政府が京浜・阪神などの工業地帯の中間地域を開発して太平洋沿岸を帯状に結ぶ太平洋ベルト地帯構想を打ち出し，瀬戸内や東海地方に新しい工業地域がつくられた。アは殖産興業，イは文明開化，エは八幡製鉄所についての記述で，すべて明治時代である。

問11　1964年東京オリンピックにあわせて首都・東名・名神などの高速道路が開通し，東海道新幹線が開業した。一方で，オリンピック開催後はオリンピック景気の反動で不況に陥った。

問12Ａ　イ．原敬内閣は，陸軍・海軍・外務以外の大臣すべてを衆議院の第一党である立憲政友会の党員から選んだ，初の本格的な政党内閣であった。　　　Ｂ　ア．サンフランシスコ平和条約は，1951年にアメリカを中心とする48か国と結んだ条約で，これによって日本は独立を回復した。同時にアメリカとの間に結ばれた日米安全保障条約では，アメリカ軍の駐留を認めた。　　　Ｃ　エ．伊藤博文は君主権の強いプロイセン(ドイツ)の憲法を学んで帰国した後，大日本帝国憲法の制定に力をつくした。ウは佐藤栄作，オは犬養毅についての記述である。

問13　大阪府にある大仙古墳は仁徳天皇の墓と伝えられている。

問14　「形象埴輪」でも良い。埴輪には人物・動物・家などをかたどった形象埴輪と，円形の円筒埴輪がある。

問15　厳島神社は，平安時代，平清盛が日宋貿易に取り組む際に航海の守護神として信仰された。原爆ドームは，1945年8月6日に広島に原子爆弾が投下されたときの被害を象徴する建造物である。

3 　問1(1)　リーマン・ショックとは，アメリカのリーマン・ブラザーズの株価が暴落して倒産したこと。その後，国

際的な世界金融危機が起きた。　　(2)　地下鉄サリン事件では，朝の通勤時刻帯を狙って東京の地下鉄の列車に猛毒のサリンが散布された。　　(3)　冷戦は，第二次世界大戦後のアメリカを中心とする資本主義諸国と旧ソ連を中心とする社会主義諸国の2つの陣営の間でつづいた，実際の戦火をまじえないきびしい対立。1989年，ソ連のゴルバチョフとアメリカのブッシュがマルタで会談を行い，冷戦の終結を宣言した。　　(4)　ＥＵはヨーロッパの経済的・政治的統合を目指す組織で，イギリスは移民問題などを理由に2020年2月に離脱した。　　(6)　出入国管理法の改正により外国人材の受け入れを拡大させた背景には，少子高齢化による人手不足がある。

問2【ａ】　ウ．平成時代は1989年〜2019年の30年間。　　【ｂ】　オ．2019年の参議院選挙の投票率は48.80％。

問3　オ・ク　バブル期，銀行は積極的に中小企業に融資を行っていたが，バブルが崩壊すると，返済期限前に資金の一括返済を迫ったり，一方的に融資を減額したりしたため，中小企業の倒産があいついだ。

問4①　バブルとは，本来の価値以上に価格が値上がりする，実体のない不健全な好景気のこと。　　②　アが誤り。パリ協定では，すべての国で，地球温暖化の抑制に向けた温室効果ガスの排出量の具体的な数値目標を掲げることが求められている。　　④　バブル崩壊やリーマン・ショックなどによる景気後退，阪神淡路大震災・東日本大震災・西日本豪雨などによる災害，国内での政権交代，国外での冷戦終結やイギリスのＥＵ離脱などがあったことから導く。
⑤　ウが正しい。衆議院で内閣不信任が可決されると内閣は総辞職するか，10日以内に衆議院を解散しなければならない。ア・イ・エは参議院についての記述である。
⑥　エを選ぶ。開始年は，湾岸戦争が1991年，朝鮮戦争が1950年，中東戦争が1948年，ベトナム戦争が1955年。

平成 **31** 年度　解答例・解説

==《解答例》==

1　問1．(1)埼玉　(2)熊谷　　問2．ハザード　　問3．a．富山　b．高知　c．仙台　d．那覇　e．東京
　問4．防災訓練を定期的に行い，情報を紙面にして配る　　問5．森林を伐採したり，山をけずったりすることで
生じる，土地の保水能力の低下。　　問6．a．ウ　b．イ　c．ア　　問7．(1)ウ　(2)エ

2　問1．(1)織田信長　(2)卑弥呼　(3)紫式部　(4)北条政子　(5)平塚らいてう　(6)足利義政　(7)徳川家光　(8)聖徳太子
　(9)与謝野晶子　(10)津田梅子　　問2．エ　　問3．ウ　　問4．ア　　問5．エ　　問6．納税制限がなくなり，
25才以上のすべての男子に選挙権が与えられた。　　問7．イ　　問8．ウ　　問9．イ　　問10．ア
　問11．(例文)世界遺産の名前…厳島神社　　この神社の鳥居は海の中にあって潮が引くと歩いて渡ることができる
よ。平安時代に平氏が海路の安全を祈願してお経を納めたこともあるんだよ。　　問12．A

3　問1．(1)ロシア　(2)平昌　　問2．①非政府　②ユニバーサル　③エ　④ウ　⑤イ　⑥プライバシーの権利
　⑦ウ　⑧ア　⑨5　⑩ア　　問3．政府がすべての国民に，最低限の生活をするために必要とされる額を定期的に
支給する制度。

==《解　説》==

1　問1　2018年8月には，埼玉県熊谷市の41.1度だけでなく岐阜県美濃市，岐阜県金山町，高知県江川崎でも41.0
度が記録されている。どの地域も山に囲まれた内陸部である。
　問2　ハザードマップは防災マップとも呼ばれる。
　問3　語群の5都市をみると，日本海側の気候に属するのが富山，南西諸島の気候に属するのが那覇，太平洋側の
気候に属するのが仙台，東京，高知である。太平洋側の3都市については，北に位置するほど平均気温が低く，降
水量が少なくなる傾向にあることを考えればよい。そうすれば，冬の降水量が多いaは富山，夏の降水量が多く年
平均気温も比較的温暖なbは高知，夏の降水量が多く年平均気温が低いcは仙台，冬でも温暖なdは那覇，夏の降
水量が多く年平均気温がbより低くcより高いeは東京と判断できる。
　問4　「早く行動して」とあるので「避難訓練を定期的に行い，防災マップなどを配る」なども考えられる。
　問5　「人間がもたらした原因」とあるので，乱開発につなげる。無計画に森林を伐採したり，土地を造成したり
することで，山肌のみえる山ができると土石流はおきやすくなる。また，「アスファルトやコンクリートで土が見
えなくなった土地が多くなる」ことも土砂災害の原因になると考えられる。
　問6　平均輸送距離は，航空＞鉄道＞自動車の順になると判断すれば，a＝ウ，b＝イ，c＝アが導き出される。
　問7(1)　ウが正しい。すべての年代でLineの利用者が多い。また，Twitterは，10代・20代の利用者が多く，
Facebookは10代・20代の利用者が極端に少ないことが特徴である。　　(2)　エが適切でない。情報を自分で正しい
かどうかを判断するメディアリテラシーが必要である。

問1(1) 「お市」「夫の朝井様を自害に追い込み」から，織田信長の妹のお市の方と判断する。

(2) 「占いが得意」「中国から織物や銅の鏡」から卑弥呼を導く。『魏志』倭人伝に親魏倭王の称号と銅鏡100枚を与えられたことが書かれている。

(3) 「かな文字」「恋の物語」から紫式部と判断する。恋の物語は『源氏物語』，あの方とは藤原道長のことである。紫式部は藤原道長の娘彰子に仕えていたと言われている。

(4) 「頼朝どのが与えた恩」から北条政子を導く。承久の乱のときに御家人に発した「頼朝公の恩は山よりも高く海よりも深い」はよく知られた言葉である。

(5) 「房枝ちゃんと協会を設立」「女性も政治に参加」から平塚らいてうと判断する。房枝ちゃんは市川房枝，協会は新婦人協会のことである。

(6) 日野富子は8代将軍足利義政の妻で，悪妻の代表例に使われる。長らく富子と義政の間に男子が生まれなかったことから，義政は弟の義視を将軍後継者にする。その直後に富子が男子(義尚)を出産し，義尚を時期将軍に立てようともくろむ。その結果，細川勝元・山名宗全・足利義視・足利義尚らの対立による応仁の乱が起きる。富子は東西両軍の大名に金を貸したり，米の買い付けを行ったりして巨額の富を得たと言われている。

(7) 「春日局」「三代将軍」「生まれながらの将軍」から徳川家光を導く。

(8) 「推古天皇」「甥の摂政」から聖徳太子(厩戸王)を導く。

(9) 「君死にたまふことなかれ」は与謝野晶子が，日露戦争に出征した弟を案じて歌ったものである。

(10) 「使節団」「アメリカに留学」から岩倉使節団に同行した津田梅子を導く。津田梅子は女子英学塾(現在の津田塾大学)の創始者である。

問2 エの明を選ぶ。明は室町時代から江戸時代前半まで栄えた王朝である。魏は日本の弥生時代，唐は日本の飛鳥〜平安時代，元は日本の鎌倉時代にあたる時期に中国で栄えた王朝である。

問3 ウの吉野ケ里遺跡が弥生時代の遺跡である。弥生時代になって，稲作が広まり貧富の差が出てくると，有力な指導者はムラを形成するようになり，争いの中で大きなクニになっていった。水や豊かな土地を争ったあととして，矢がささった人骨などが出土している。岩宿遺跡は旧石器時代，三内丸山遺跡は縄文時代，大仙古墳は古墳時代の遺跡である。

問4 アが正しい。七夕は中国から渡ってきた行事で，平安時代には宮中行事として貴族の間で行われていた。

問5 エが正しい。源義朝が平清盛に敗れたのは，保元の乱ではなく平治の乱である。倶利伽羅峠の戦いで活躍したのは，源義経ではなく源義仲である。

問6 選挙権年齢の移り変わりについては，右表参照。

選挙法改正年 (主なもののみ抜粋)	直接国税の要件	性別による制限	年齢による制限
1889年	15円以上	男子のみ	満25歳以上
1925年	なし	男子のみ	満25歳以上
1945年	なし	なし	満20歳以上
2015年	なし	なし	満18歳以上

問7 室町時代の記述としてはイが正しい。アは縄文時代，ウは安土桃山時代，エは江戸時代の記述である。

問8 ウが誤り。歌川広重の『東海道五十三次』などが海外に流出し，それを見たゴッホらは浮世絵の影響を受けた(ジャポニズム)。ゴッホの描いた『タンギー爺さん』の背景には，浮世絵が見られる。

問9 イが正しい。I．大化の改新(乙巳の変・645年)→III．平城京遷都(710年)→II．大仏造粒の詔(743年)

問10 アが正しい。I．日中戦争(1937年)→II．第二次世界大戦(1939年)→III．太平洋戦争(1941年)

問11 中国地方には，厳島神社のほか，原爆ドーム，石見銀山，松下村塾跡，萩反射炉などがあるので，これらについて書いてもよい。

問12 B．弥生時代→H．飛鳥時代→C．平安時代→D．鎌倉時代→F．室町時代→<u>A．安土桃山時代</u>→G．江戸時代→J．明治維新→I．明治時代後半→E．大正時代〜昭和時代

3 問1　2018年のFIFAワールドカップはロシアで開かれ，2022年には西アジア初のカタールで開かれる。

2018年の冬季オリンピック・パラリンピックは，韓国の平 昌で開かれ，2022年には北京で開かれる。夏季オリンピック・パラリンピックは，2020年が東京，2024年がパリ，2028年がロサンゼルスの予定である。

問2① 国際的なNGOとして，アムネスティインターナショナル・セーブザチルドレン・国際オリンピック委員会などが知られている。　③ エのスカッシュが採用されなかった。夏季オリンピックでは，参加選手10500人以内，310種目以内であれば開催都市が追加種目を提案できる。東京大会では，野球・ソフトボール，空手，スポーツクライミングが採用された。　④ ウの池田勇人首相が正しい。吉田茂はサンフランシスコ平和条約に調印したときの首相，岸信介は日米新安保条約を締結したときの首相，佐藤栄作は日韓基本条約・沖縄返還・非核三原則の提唱に関係した首相である。　⑤ イが正しい。アは新三種の神器（3C）と呼ばれた。ウは平成の新三種の神器と呼ばれる。　⑥ プライバシーの権利のもとに「個人情報保護法」が制定された。　⑦ ウが誤り。外国との条約の締結は，国会ではなく内閣の権限である。　⑧ アが誤り。裁判は3回まで受けることができる（3審制）。

⑨ 1989年3％→1997年5％→2014年8％→2019年10％（予定）だから，8－3＝5（％）　⑩ アが正しい。「国民の祝日に関する法律」に規定されている。

《解答例》

1　問1．1．赤石　2．淀　3．松本　4．阿賀野〔別解〕阿賀　　問2．①浜松　②あたみ　③しがらき

④いわみ　　問3．A．オ　B．ア　C．エ　D．ウ　　問4．A．ウ　B．オ　C．ア　D．イ

問5．A．ウ　B．イ　C．カ　D．ア　E．エ　　問6．(1)エ　(2)Ⅰは山脈が連なっていることから飛驒山脈に

臨む諏訪湖，Ⅱは山と白鳥の大群から磐梯山と鳥類が多く生息する猪苗代湖，Ⅲは新幹線が通ることから浜名湖だ

と判断したから。

2　問1．C→A→E→B→D　　問2．1．北条時宗　2．徳川慶喜　3．蘇我　4．国際連合

問3．①一所懸命　②富国強兵　③エ　④マッカーサー　⑤ウ　⑥オ

⑦国名…ソ連〔別解〕ソビエト社会主義共和国連邦　理由…第二次世界大戦後，アメリカを中心とする資本主義の

西側陣営と，ソ連が率いる社会主義の東側陣営が対立する中で，日本が西側陣営との国交回復を優先させたから。

⑧東海道新幹線　⑨おだ／はしば／とくがわ　　問4．(1)B，D　(2)E，B　(3)A，E　　問5．(1)E　(2)B

3　問1．イ　　問2．1．EU〔別解〕ヨーロッパ連合　2．パリ　3．IS〔別解〕イスラミックステート

問3．①厚生労働　②エ　③イ　④簡易　⑤基本的人権の尊重　⑥ア　⑦総務

⑧唯一の被爆国である日本が，核兵器が壊滅的な被害をもたらす兵器だという認識を世界に広めていくこと。

⑨人工知能　⑩生活のため／自分の能力を生かすため／社会の役に立つため

《解　説》

1　それぞれの説明文から，県の特徴を表す文言を見つけよう。Aは「熱海」，「大井川」から静岡県，Bは「彦根城」，
「甲賀」，「信楽」から滋賀県，Cは諏訪湖が天竜川の水源であることから長野県，Dは「日橋川」，「会津若松」，
「白虎隊」から福島県，Eは「江の川」，「石見銀山」から島根県だとわかる。

問1(1)　大井川の源流から赤石山脈を導き出す。赤石山脈は南アルプスともいい，飛驒山脈(北アルプス)，木曽山
脈(中央アルプス)とまとめて日本アルプスとよばれる。　　**(2)**　琵琶湖から流れ出た瀬田川は，京都府で宇治川，
大阪府で淀川と名前を変えて大阪湾に注ぐ。

問2①　浜松市にはオートバイや自動車などの輸送用機械と楽器関連の工場が多く，生産が盛んである。

問3　収穫量の多いものに着目して表を見ると，米の収穫量の多いウが福島県，りんごの収穫量の多いエが長野県，
茶の収穫量の多いオが静岡県だとわかる。残ったアとイのうち，農業産出額にしめる畜産の割合が高いイが平野の
少ない島根県，アが滋賀県となる。

問4　工業について，出荷額の高いものに着目して表を見ると，情報通信機械器具の高いアが精密機械工業の盛ん
な長野県，輸送用機械器具の高いウが自動車や自動車部品の生産が盛んな静岡県だとわかる。新幹線の駅がないエ
は島根県で，残ったイとオのうち，イは，65歳以上の人口割合が高く人口も減少していることから福島県，オは，
隣接する大都市のベッドタウンとして人口が増加している滋賀県だと判断できる。

問5 猪苗代湖(福島県)，琵琶湖(滋賀県)，浜名湖(静岡県)，宍道湖(島根県)，十和田湖(青森県・秋田県)，諏訪湖(長野県)は，読み方や都道府県の位置まで覚えよう。

② 問1 それぞれの文章から，時代のてがかりになるところを見つけよう。A．「元軍」の2度にわたる九州北部への攻撃(元寇)で，幕府が「活躍した武士」に恩賞を与えなかったことにより「武士の不満」が高まったことから鎌倉時代。　B．「アメリカ合衆国の使者」が「開国」を求めたこと，「将軍が政権を朝廷」に返した(大政奉還)後新政府が「ヨーロッパの国々に追いつくため，工業をさかんにし，強い軍隊をもつこと」に力をいれた(富国強兵)ことから幕末～明治時代。　C．「唐から帰国した留学生や留学僧ら(高向玄理や旻)とともに天皇を中心とする国づくり」が始められたことから飛鳥時代。　D．「日本を占領した連合国軍(GHQ)」が「女性の選挙権を認める」などの「改革」をおこなったこと，「高度経済成長」を遂げ，「日本の国民総生産(GNP)が世界第2位」になったこと，「東京オリンピック」や「大阪で万国博覧会」が開かれたことなどから，戦後の昭和時代。E．「種子島」に流れ着いた「ポルトガル人」が伝えた「鉄砲」を，織田信長が「長篠の戦い」で利用したこと，豊臣秀吉が「天下統一」したことから，戦国～安土桃山時代。

問2(1)　鎌倉幕府8代執権北条時宗が元による服属の要求をしりぞけた後の，元軍による1度目の襲来を文永の役，2度目の襲来を弘安の役といい，これら2つを合わせて元寇(蒙古襲来)という。元寇は防衛戦であったため，幕府は十分な恩賞を武士(御家人)に与えることができなかった。そのため生活に困る武士が増え，幕府に不満を持つ者も出てきた。　(2)　1867年，江戸幕府15代将軍徳川慶喜が朝廷に政権を返す(大政奉還)と，公家の岩倉具視らが王政復古の大号令を発し，天皇中心の政治に戻すことを宣言した。　(3)　豪族の蘇我氏を滅ぼした後，中大兄皇子や中臣鎌足らは，人民や土地を国家が直接支配する公地公民の方針を示し，政治改革に着手した。この頃，「大化」という元号が初めて用いられたので，この改革を大化の改新という。　(4)　日本がサンフランシスコ平和条約で独立を回復した後も国際連合への加盟を認められなかったのは，ソ連が安全保障理事会で拒否権を発動していたためである。1956年，日ソ共同宣言を発表してソ連と国交を回復したことで，日本の国際連合加盟にソ連の反対がなくなり，日本は国際連合への加盟を果たすことができた。

問3①　武士が，生活を支える『一か所』の領地を命がけで守ったことから「一所懸命」という言葉が生まれ，しだいに「ものごとを命がけでやる」という意味に変わって，「一生懸命」と言われるようになった。

③　エ．傍線部の「天皇中心」「仏の力で平和な国」と内容の「天皇の命令には，必ず従いなさい」「仏の教えをあつく敬いなさい」が対応していることに着目しよう。「皇子」は聖徳太子であり，豪族に役人としての心構えを説いた十七条の憲法の内容である。アは藤原道長の歌，イは班田収授の法，ウは大日本帝国憲法，オは江戸時代に発せられた農民の心得である。　④　マッカーサーは日本を民主化するため，財閥解体や農地改革などの改革を行った。

⑤　ウ．万葉集の歌で，防人に行く父親が置いてきた子どものことを思って詠んだ歌である。防人とは，北九州の警備についた兵士のことで，手当や補償がなく，民衆にとって重い負担であった。アは北条政子，イは与謝野晶子，エは平塚らいてう，オは清少納言の言葉や作品である。　⑥　オ．明治時代の地租改正なので誤り。税収を安定させるため，土地の所有者に税の負担義務を負わせて地券を交付し，課税の対象を収穫高から地価の3％に変更して現金で税を納めさせた。　⑦　第二次世界大戦終結後，ソ連を中心とする社会主義陣営とアメリカを中心とする資本主義陣営で，実際の戦火をまじえない冷戦(冷たい戦争)が始まった。冷戦時，アメリカは日本をアメリカ側(西側陣営)の国として独立させるため，非軍事化や民主化よりも，経済の発展を優先させた。

⑨　「てんかもち」とは「天下統一」を意味し，織田信長が推し進め，引き継いだ羽柴(豊臣)秀吉が完成させた天下統一事業を，最後にそれを座って見ていた徳川家康が自分のものにしたという内容である。

問4(1)　「軍人が大臣を殺害」したのは，昭和時代の五・一五事件である。憲政の常道がくつがえされ，政党政治がとだえて，軍部の発言力が強くなっていった。　　　(2)　「祖父や父」は「大名だった」，「わたしは生まれながらの将軍」から，江戸幕府3代将軍徳川家光の言葉だとわかる。　　　(3)　写真は，室町幕府3代将軍足利義満が建設した金閣である。

問5(1)　「百姓が…武器を持つことをかたく禁止」から「刀狩令」だとわかる。豊臣秀吉が進めた政策なので，安土桃山時代。　　　(2)　「新しい知識を世界から学び，天皇中心の国を盛んにしよう」から，明治政府の定めた「五箇条の御誓文」だとわかる。

③　問1　空欄前後の「将棋」「去年29連勝した」「中学生でプロ入り」から，イの藤井聡太を選ぶ。

問2　空欄前後から手がかりになる文言をそれぞれ見つけよう。　　　(1)　「イギリスが」「離脱」からEU（ヨーロッパ連合）である。EUとは，ヨーロッパの経済的・政治的統合を目指す組織のこと。　　　(2)「地球温暖化を防ぐため」「協定」からパリ協定である。パリ協定では，すべての国で，地球温暖化の抑制に向けた温室効果ガスの排出量の具体的な数値目標を掲げることが求められている。　　　(3)　「イラク政府軍」「モスルを奪還」からIS（イスラミックステート）である。

問3①　労働条件の整備などは厚生労働省が担当している。この他に，社会保障や公衆衛生に関する業務も担当している。　　　②　エ．高橋まつりさんは大手広告代理店の電通の新入社員であったが，長時間労働などが原因による過労で亡くなった。　　　③　イ．法律などの公布は，天皇が行う国事行為なので誤り。　　　④　罪の軽い刑事事件の他，簡易裁判所では140万円以下の民事事件もあつかう。　　　⑤　日本国憲法の基本原則である「国民主権」・「平和主義」・「基本的人権の尊重」は覚えておこう。　　　⑥　イ．日本の国会議員に占める女性の割合は10%程度なので誤り。ウ．日本では，在留資格のない外国人が働くことを禁止しているので誤り。エ．日本では，近年正規雇用でない非正規社員が増加しているので誤り。　　　⑦　地方自治制度の管理や通信事業などの他，総務省は行政組織の管理も担当している。　　　⑧　問題文に「核兵器をなくすため」とあるので，核兵器が存在することでどんな問題があるのかを考えよう。そして，その問題点を解決するためにはどんなことが必要になるかをまとめよう。　　　⑨　人工知能とは，コンピューターを使って作られた知能のことで，日本でも金融や製造業など，効率化を目指す企業で活用が進んでいる。　　　⑩　会話の中で，3人が職業の目的についてそれぞれどんな発言をしているのかに着目しよう。

平成㉙年度　解答例・解説

━━━━━━《解答例》━━━━━━

① 問1．長野…C　福井…B　熊本…D　青森…A　　問2．E．神奈川　F．富山　G．山梨　H．鹿児島
問3．(1)エ　(2)かつては田として利用されていたが，現在は住宅地が増え，市街地化が進んでいる。　　問4．ウ
問5．I．秋田　J．東京　K．島根　L．沖縄

② 問1．1．御家人　2．守護　3．御恩　4．奉公　5．北条　6．執権　　問2．[1]エ　[2]イ
問3．①ウ　②カ　　問4．①ア　②カ　　問5．ある場所…イ／江戸幕府の初代将軍である徳川家康がまつられている日光東照宮を参詣させ，幕府の権力の強さを示すため。　　問6．洋服を着ている人と和服を着ている人が混じっているところ。　　問7．人物…イ／武力ではなく言論で政府に抵抗する自由民権運動を進め，民主的な国をつくるべきだから。　　問8．ある国…イギリス／1902年に日本はロシアの南下政策に対抗するためイギリスと日英同盟を結び，ロシアとの戦争に備えたから。

③ 問1．A．(4)　B．①の選挙では，満20歳以上の男女に選挙権が与えられた。　C．③　　問2．30

問3．11　　問4．イ　　問5．エ　　問6．山　　問7．a．イ，ウ　※b．ア　※2017年1月時点　　c．イ
d．福島　　e．伊勢志摩サミットに参加すること。　　f．5

――――――――――――――――――――《解　説》――――――――――――――――――――

1　問1　長野は，最も暑い月と最も寒い月の平均気温の差が激しく，1年を通して降水量が少ない内陸性気候(中央高地の気候)に属するから，Cがあてはまる。福井は，冬の降水量(降雪量)が多い日本海側の気候に属するから，Bがあてはまる。熊本は，夏の降水量が多い太平洋側の気候に属するから，Dがあてはまる。青森は，4地点の中で最も北に位置するから，最も平均気温が低いAがあてはまる。

問2　それぞれの県の農産物や農業形態の特徴をとらえよう。富山は米づくり，鹿児島は豚や肉用牛などの畜産，山梨はぶどう，なし，ももなどの果実栽培，神奈川は東京などの大都市に向けて毎日出荷する近郊農業による野菜づくりがさかんである。

問3(1)　郵便局(〒)，高等学校(⊗)，博物館(🏛)，図書館(📖)

問5　東京は人口密度から判断する。沖縄は人口増加率から判断する。人口増加率がマイナスの秋田と島根については，面積の広いほうが秋田，せまいほうが島根と判断する。

2　問1　1・3・4．将軍と主従関係を結んだ武士を御家人といい，土地を仲立ちとした将軍と御家人の，御恩と奉公による主従関係を封建制度という。　　2．国ごとにおかれた守護は軍事・警察の役割を，荘園や公領ごとにおかれた地頭は年貢の取り立てなどを行った。　　6．鎌倉幕府の重要な執権として，2代義時(承久の乱のときの執権)，3代泰時(御成敗式目を制定した執権)，8代時宗(元寇のときの執権)は覚えておこう。

問2〔1〕ア．鎌倉幕府は武士による支配で朝廷とは異なるしくみだから誤り。イ．鎌倉幕府の第2代将軍は源頼家だから誤り。ウ．鎌倉幕府は場所を動かしていないから誤り。　　〔2〕ア．平氏を倒そうとしたのは，源氏を棟梁とする関東武士だから誤り。ウ．御家人には，大番とよばれる京都の御所の警備に当番であたる職務があったから誤り。エ．防衛戦であった元寇では，活躍した武士たちに恩賞としての領地はほとんど与えられず，それが武士の反感を買い，幕府滅亡の原因になったから誤り。

問3①　11世紀中頃，社会に対する不安(末法思想)から，阿弥陀如来にすがって死後に極楽浄土へ生まれ変わることを願う浄土信仰(浄土の教え)が広まり，平等院鳳凰堂をはじめとする多くの阿弥陀堂がつくられた。

②　足利義満は，鹿苑寺金閣を建てた，南北朝を合一した，観阿弥・世阿弥親子を保護した，日明貿易(勘合貿易)を始めたなど，さまざまなことを行った。

問4①　解体新書は，オランダ語で書かれた医学書「ターヘル・アナトミア」を，杉田玄白と前野良沢が翻訳したものである。蘭学は，江戸幕府8代将軍徳川吉宗がヨーロッパの書物の輸入禁止をゆるめたあとに発達した学問であり，本居宣長が大成させた国学がおこったころと重なる。　　②　第一次世界大戦は日本が韓国を併合した4年後の1914年に始まった。

問6　「ちょんまげを結った人とざんぎり頭の人が同じ牛なべを食べている」でもよい。

問7　アを選んだ場合には西南戦争の内容を書くことになるが，結果が敗戦とわかっているだけに書きづらいから，イを選んだほうがよい。

問8　右図参照。

ロシア　日本　イギリス　アメリカ

3　問1　A　一度の選挙で全議員を選ぶ衆議院議員選挙を総選挙といい，一度の選挙で議員の半分を選ぶ参議院議員選

挙を通常選挙という。したがって，⑹は通常選挙だから，⑷を選ぶ。　　　　B　ポツダム宣言受諾が 1945 年 8 月 14

日だから，2 年は 1946 年である。選挙権

年齢の変遷については右表を参照。太平洋

戦争前の選挙権が，25 歳以上の男子であっ

たことから，選挙権年齢を 20 歳から 18 歳

選挙法改正年 （主なもののみ抜粋）	直接国税の要件	性別による制限	年齢による制限
1889 年	15 円以上	男子のみ	満 25 歳以上
1925 年	なし	男子のみ	満 25 歳以上
1945 年	なし	なし	満 20 歳以上
2015 年	なし	なし	満 18 歳以上

に引き下げたことよりも，女性に参政権が与えられた 1946 年の方が大きく変化したと判断できる。　　　C　衆議院

の優越によって，衆議院議員総選挙において，議席の過半数を占める政党が与党となるから，衆議院議員総選挙か

ら選ぶ。2017 年 5 月現在の安倍政権は長期にわたって政権をとっていること，東日本大震災のときには民主党政権

であったことなどから，③の衆議院議員総選挙を選ぶ。

問 2　昭和 50 年は 1975 年だから，ポツダム宣言受諾の 1945 年の 1975－1945＝30（年後）である。したがって，こ

の戦後暦では 30 年になる。

問 3　2011 年（平成 23 年）3 月 11 日が東日本大震災の起きた日であることは覚えておきたい。

問 4　物理学賞（湯川秀樹），生理学・医学賞（山中伸弥，大隅良典），文学賞（川端康成）

ロシアのロケットで宇宙に行ったことがある日本人宇宙飛行士は，大西卓哉と若田光一の 2 人，アメリカのスペー

スシャトルで宇宙にいったことがある日本人宇宙飛行士は，山崎直子，若田光一，向井千秋の 3 人である。

問 5　日米安全保障条約を初めて結んだ年に，48 か国と日本の間でサンフランシスコ平和条約を結んだ。また，日

本での冬季オリンピックは，1972 年の札幌，1998 年の長野の 2 回行われている。

問 7 a　イについて，天皇は国の象徴であり，その地位は主権の存する日本国民の総意に基（もとづ）くから誤り。ウにつ

いて，非核三原則は，1960 年代に岸信介や佐藤栄作らによって唱えられた政策である。日本国憲法は 1945 年の制

定以来，一度も改正されておらず，非核三原則は日本国憲法に定められていないから誤り。　　　b　南スーダンに

おける自衛隊による P K O 活動は，2017 年 5 月で終了した。　　　c　イについて，裁判員制度は，重大な刑事事件

の一審について，くじで選ばれた国民が裁判官とともに裁判に参加し，有罪か無罪か，有罪であればどのような量刑

が適当かを決定する制度だから，イは誤り。　　　d　東北地方太平洋沖地震によるゆれと津波の影響で，東京電力

福島第一原子力発電所では，炉心溶融（ろしんようゆう）（メルトダウン）や溶融貫通（ようゆうかんつう）（メルトスルー）などがおきた。　　　e　サミッ

トは，日本・アメリカ・カナダ・イギリス・フランス・イタリア・ドイツの 7 か国（G 7）および E U 内の欧州理事会の

議長・欧州委員会の委員長で構成される。2014 年に起こったウクライナ問題のため，ロシアがサミットのメンバーから

外されたので覚えておこう。　　　f　日本の真裏がブラジル・アルゼンチン沖の大西洋上にあることから，ブラジルと

日本の時差は，ほぼ 12 時間と判断できる。日本の位置する東経にある国のほうが，ブラジルのような西経にある国より

時刻が進んでいることから，開会式が始まったリオデジャネイロの時刻は，日本時間 8 月 6 日の 12 時間前の 8 月 5 日午

後 8 時と判断できる。

平成 ㉘ 年度　解答例・解説

━━━━《解答例》━━━━

1　問 1．東京…う　千葉…お　鹿児島…え　　問 2．米作りに適した広い平野があり，豊富な雪解け水を得やすいうえ，

日本海側に位置しているため夏の日照時間が長いから。　　問 3．a．鹿嶋　b．横浜　c．福岡　d．北九州

問 4．〔1〕エ　〔2〕ウ　〔3〕エ　〔4〕イ　〔5〕オ　　問 5．⑴か．ク　き．ウ　く．イ　⑵④　　問 6．④

問7. ⑤　　問8. ウ

2　問1. E→G→C→J→I→B→D→H→A→F　　問2. C. 聖武天皇　D. 織田信長　G. 中大兄皇子
　　J. 平清盛　問3. 太閤検地　問4. 承久の乱　問5. B　問6. イ　問7. ウ　問8. C
　　問9. C　問10. (1)津田梅子　(2)エ　問11. (1)ウ　(2)b　(3)生命線　(4)第一次世界大戦中，主戦場となった
　　ヨーロッパからの輸出が途絶えたアジアに綿織物，ヨーロッパに軍艦などを輸出していたが，戦後はヨーロッパで
　　の軍需物資の需要が激減し，ヨーロッパからアジアへの輸出が増加したため。
　　問12. (1)ウ　(2)自動車／クーラー／カラーテレビ

3　問1. [1]円安　[2]ふるさと　[3]ブラック　[4]厚生労働　[5]少子高齢　[6]辺野古　[7]NPT　[8]川内
　　問2. オ　問3. ①14　②国家の権力を制限し，国民の人権を守るため。　③ウ　④選挙権年齢が満20歳以上
　　から満18歳以上に引き下げられた。　問4. エ

═══════════════════《解　説》═══════════════════

1　問1. 「あ」は水田率の高さから秋田県，「い」は水田率の低さと15歳未満人口割合の高さから沖縄県，「う」は森
林率の低さと水田率の低さから東京都，「え」は豚飼養頭数の高さから鹿児島県，「お」はいわし類漁獲量の高さと鉄
鋼業出荷額の高さから千葉県と判断する。
　問2. 秋田県には，能代平野・秋田平野・横手盆地など米作りに適した土地が複数ある。また，日本海側に位置する
新潟県・秋田県などは，冬が終わり春になると気温が上がり，山に積もった雪が解けはじめるので，豊富な雪解け水
を稲作に利用することができる。さらに，日本海側には，夏は南東から乾いた風が吹き込むため，夏の降水量が少な
くなり，稲の生長に必要不可欠な日光を確保しやすいという利点がある。
　問3. Aは秋田県，Bは茨城県，Cは神奈川県，Dは福岡県，Eは滋賀県である。　a.「掘り込み港」より考える。
掘り込み港の鹿島港を中心に，鉄鋼業や石油化学工業がさかんな鹿島臨海工業地域が発達している。d.「官営の製
鉄所」は八幡製鉄所を指す。
　問4. [2]アは山形県天童市，イは宮城県，エは石川県，オは青森県・福島県・茨城県などでつくられている。
[3]アは山形県，イは大阪府など，ウは北海道，オは秋田県男鹿市の祭りである。
[4]千葉県・茨城県・神奈川県などでは，大消費地に向けて農作物を出荷する近郊農業がさかんに行われている。
[5]有明海は長崎県・佐賀県・福岡県・熊本県に囲まれた海域であり，主に海苔の養殖が行われている。
　問5. (2)最大水深から，アが「き」の霞ヶ浦，ウが「か」の十和田湖と判断する。十和田湖・田沢湖などのカルデラ
湖は，その成り立ちから，一般に最大水深は深くなる傾向にある。
　問6. 1月平均気温から，ウは秋田県の横手市と判断する。アとイで，イは1月日照時間が長いことから，太平洋側
に位置する三浦市と判断する。したがって，アは大津市となるから，④が正答となる。
　問7. 横手盆地に位置する横手市は農業がさかんだから，第一次産業就業者の割合が高いイと判断する。福岡市は九
州地方の地方中枢都市であり，サービス業などの第三次産業がさかんだから，アと判断する。鹿嶋市は製造業などの
第二次産業がさかんだから，イと判断する。よって，⑤が正答となる。第一次産業…農業・林業・漁業など，自然か
ら動植物を得る基礎的な産業。　第二次産業…建設業・鉱業・製造業など，第一次産業で得られたもの(原料)を加工
する産業。　第三次産業…サービス業・水道業・保険業など，ものの生産に直接かかわらない産業。
　問8. ウ.【X】の大潟村(八郎潟を干拓してできた村)では，主に米づくりがおこなわれてきたが，近年は野菜づく
りも行っている。

2 問1．人物A（天草四郎）／江戸時代初期　人物B（足利義政）／室町時代　人物C（聖武天皇）／奈良時代

　人物D（織田信長）／安土桃山時代前期　人物E（卑弥呼）／弥生時代　人物F（伊能忠敬）／江戸時代後期

　人物G（中大兄皇子）／飛鳥時代　人物H（豊臣秀吉）／安土桃山時代後期　人物 I（北条政子）／鎌倉時代

　人物J（平清盛）／平安時代末期

問2．G…中大兄皇子は，のちに天智天皇として即位した。

問3．豊臣秀吉によって行われた検地を特に太閤検地といい，これにより農民は土地の耕作権が認められたが，勝手

　に土地を離れられなくなった。

問4．1221年，源氏の将軍が3代で途絶えたのを契機に，後鳥羽上皇は鎌倉幕府打倒をかかげて挙兵した。鎌倉幕府

　方は，北条政子の呼びかけのもと，これを打ち破った（承久の乱）。この後，幕府は西国の武士の統率と朝廷の監視を

　目的に，京都に六波羅探題を置き，幕府の支配は九州〜関東に及んだ。

問5．写真は，京都の東山に建てられた銀閣である。

問6．アとエは江戸時代，イは室町時代，ウは平安時代の文化の説明である。

問7．アは江戸時代，イは弥生時代，ウは縄文時代，エは室町時代の説明である。

問8．図版は，『鑑真和上坐像』である。鑑真は，遣唐使に請われて何度も航海に失敗しながらついに来日を果たすと，

　聖武上皇に対して授戒を行い，正式な僧になるために必要な戒律（修行者が守るべき生活上のルール）を授けるための戒壇

　を東大寺に設けた。奈良時代に設けられた天下三戒壇として，東大寺（奈良県）・観世音寺（福岡県）・下野薬師寺（栃木県）

　がある。

問9．「説明」は，平安時代中頃にさかえた国風文化についてのものである。

問10.⑵アは版籍奉還・廃藩置県，イは徴兵令，ウは学制，オは地租改正の説明にあたる。

問11.⑴aは柳条湖事件をきっかけとする満州事変の勃発（1931年），bは甲午農民戦争（東学党の乱）をきっかけとす

　る日清戦争の勃発（1895年），cは盧溝橋事件をきっかけとする日中戦争の勃発（1937年）について述べた文である。

　⑵b．絵は，日清戦争直前の東アジア情勢を風刺したものである。朝鮮（魚）をめぐって対立する日本（左）と清（右），

　漁夫の利を狙うロシア（中央）が描かれている。

問12.⑴aは1956年，bは1946年，cは1964年のできごとである。　⑵三種の神器は東京オリンピック（1964年）ま

　でに一般家庭に広く普及し，3Cは東京オリンピックの後に一般家庭に広く普及した。

3 問1．〔1〕円安は輸出に有利にはたらき，輸入に不利にはたらく。　〔5〕「医療費や年金給付額」が増えるのは高

　齢化の影響であり，「働く人が減る」のは少子化の影響である。　〔7〕NPTは，核兵器拡散防止条約（核兵器不拡散

　条約）の略称である。　〔8〕川内原子力発電所の川内は「せんだい」と読む。

問2．オ．【B】竹島は現在韓国が実効支配している。

問3．②憲法によって，権力者（政府）の権力を制限し，国民の基本的人権を守ろうとする考え方を立憲主義という。

　立憲主義に基づき，日本国憲法は，天皇・国務大臣・国会議員・その他の公務員に憲法の尊重擁護義務を負わせてい

　る。　③ウ．日本では，男性が仕事・女性が家事という役割分担の意識が根強く，ほかの先進国に比べ，出産を機会

　に仕事をやめる人は依然として多い。

問4．エ．文章の最後の文の内容と一致する。

━━━━━━━━━━━━━━ 《解答例》 ━━━━━━━━━━━━━━

1 問1．エ　問2．1．ウ　2．イ　3．エ　問3．1．網走…ウ　東京…ア　クヤバ…イ　南極大陸…エ

2．南半球に位置するイは，7月が冬にあたるから。　3．イ　問4．1．A．エ　B．イ　C．ア　D．ウ

2．A．エ　B．イ　C．ア　D．オ　問5．あ．佐賀県　い．愛知県　う．群馬県　え．宮城県　お．千葉県

問6．しらせ

2 1．法隆　2．姫路　3．金閣　4．原爆　5．東大　6．日光東照宮　7．琉球　8．石見　9．平泉

10．富岡製糸場　問1．ウ　問2．ア　問3．エ　問4．イ　問5．都での10日間の労役に代えて，

都に布を納める税。(下線部は麻布でも可)　問6．エ　問7．イ　問8．ア　問9．イ　問10．ガス灯／

レンガ造りの洋館／馬車／人力車　などから2つ　問11．h

3 問1．1．天皇　2．民主　問2．①エ　②ア　③エ　④a．国民が生まれながらにして持つ基本的人権と

して，日本国憲法で保障されている。　b．兵役　⑤a－1．華族　a－2．貴族　b．ウ　c－1．軽い

c－2．公平性〔別解〕バランス　⑥a．平和主義〔別解〕戦争放棄　b．ア

━━━━━━━━━━━━━━ 《解　説》 ━━━━━━━━━━━━━━

1 問1．ア．南極大陸はどこの国にも属さないと，南極条約で定められている。　イ．アムンゼンはノルウェーの探検家である。　ウ．南極大陸の面積が拡大しているということはない。

問2．2．イ．三角州は，平野の河口付近で土砂が積もってできる地形であり，火山地形ではない。広島市の太田川河口付近などに見られる。　3．ア．非営利団体　イ．国立公園　ウ．国際協力機構

問3．1．南極大陸は，1年を通して気温が0度を下回るので，エである。南極大陸は寒帯に属している。クヤバは，1年を通して高温な熱帯に属しているので，イである。網走は，冬の気温が低く，梅雨がない北海道の気候に属しているので，ウである。北海道は冷帯(亜寒帯)に属している。東京は夏の降水量が多い太平洋側の気候に属しているので，アである。日本は，北海道と亜熱帯気候の沖縄をのぞき，四季のはっきりとした温帯に属している。

3．白夜は，ほぼ北緯66度以北(南緯66度以南)で見られる現象である。この白夜が起こる国として，北欧のノルウェー・スウェーデンなどがある。

問4．1．A．エ…北海道にある山で，太平洋戦争中の火山活動によって形成された。　B．イ…静岡県・山梨県にまたがる山で，2013年に世界文化遺産に登録された。　C．ア…鹿児島県にある山で，現在も火山活動が活発である。D．ウ…島根県にある山で，『出雲国風土記』における「国引き神話」で登場する。　オは青森県にある山で，津軽富士の異称を持つ。　2．ウは青森県について説明した文である。

問5．「あ」は，5県中，玉ねぎの生産量が最も多いから佐賀県である。佐賀県は，北海道に次いで玉ねぎの生産量が多い。「い」～「お」で，唯一キャベツの生産量が少ないえは宮城県である。キャベツは，愛知県のほか，近郊農業がさかんな県での生産量が多い。愛知県・群馬県・千葉県のうち，水稲の収穫量が多い「お」は千葉県である。「い」と「う」で，生乳の生産量が多い「う」は群馬県だから，残った「い」が愛知県となる。群馬県は，大消費地である東京に向けて牛乳などを出荷する酪農がさかんである。

2 問１．ウ．ワカタケル大王は，朝鮮半島南部の軍事的な指揮権や倭の王としての地位を認めてもらおうと，中国の南朝に使いを送った。

問２．ア．城のふすまや屏風には，狩野永徳やその弟子らが金箔を使った華やかな絵を描いた。狩野永徳の代表作に『唐獅子図屏風』がある。イの雪舟は室町時代，ウの大和絵は平安時代，エの歌川広重は江戸時代後期に活躍した人物である。

問３．長岡京に都が移された 784 年から，皇居が東京に移る 1868 年まで京都に天皇が住んでいたから，1868－784＝1084(年)より，エが正答。

問４．Ⅰ．1895 年(下関条約)　Ⅱ．1910 年　Ⅲ．1905 年(ポーツマス条約)　よって，イが正答。Ⅱは，ポーツマス条約で，韓国における日本の優越権が認められたことによる。

問６．エ．X…幕府は，参勤交代の際の大名行列の人数が多くなりすぎないように命じていた。　Y…妻子は江戸に住まわせるものとされた。

問７．イ．2014 年現在の紙幣に描かれている人物は，1000 円札－野口英世，5000 円札－樋口一葉，10000 円札－福沢諭吉である。

問８．ア．X…正しい。島原・天草一揆(1637～1638 年)を鎮圧した後，幕府はキリスト教への弾圧を強め，1639 年にポルトガル船の来航を禁止した。

Y…正しい。日本は生糸や絹織物など中国産の品物を中心に輸入し，主に石見銀山から採れた銀を輸出した。

問９．Ⅰ．1184 年　Ⅱ．1185 年３月　Ⅲ．1185 年２月　よって，イが正答。屋島(現在の香川県)での戦いに敗れた平氏は，壇ノ浦(現在の山口県)に逃れ，そこで源義経らに滅ぼされた。

問 10．明治時代，日本は進んだ欧米に追いつこうと，積極的に欧米の文化を取り入れた。

問 11．a．600 年(小野妹子の派遣…607 年)　b．1600 年　c．1052 年　d．1945 年　e．752 年　f．1635 年　g．1429 年　h．1543 年　i．1189 年　j．1872 年　これらを並べかえると，a→e→c→i→g→h→b→f→j→d の順となるから h が正答。

3 問１．２．ＧＨＱ(連合国軍最高司令官総司令部)の指令によって，農地改革・財閥解体・日本国憲法の制定などの民主化政策が実施された。

問２．①エ．1937 年，北京郊外の盧溝橋で日中両軍が衝突し，日中戦争が始まった。　②ア．日本の非軍事化を果たすうえで，日本の産業や経済を支配してきた三井・三菱などの財閥を解体することが必要不可欠とされた。

③エ．初代内閣総理大臣である伊藤博文，1888 年につくられた枢密院(すうみついん)(天皇の最高諮問機関／大日本帝国憲法の草案の審議を行った機関)の議長となるため，内閣総理大臣を辞め，その地位を黒田清隆にゆずった。したがって，1889 年２月 11 日時点での内閣総理大臣は黒田清隆である。　④a．日本国憲法において，国民の権利は基本的人権として公共の福祉に反しない限り認められている。一方，大日本帝国憲法では，国民は臣民とされ，その権利は法律の範囲内で認められていた。臣民とは，君主権の強い国家において君主に支配される人民のこと。日本国憲法は，長い間，人々の間で育ってきた権利意識を明確に保障したものといえる。

b．日本国憲法の三大義務は，「保護する子どもに普通教育を受けさせる義務」・「納税の義務」・「勤労の義務」である。　⑤a．貴族院は皇族・華族のほか，天皇が任命した議員で構成されたため，選挙でその議員は選ばれなかった。b．③の解説参照。　c．1．検察官の求めた刑罰より重い刑を科したことから，裁判所のくだす刑罰が国民には「軽すぎる」と認識されていたと考えられる。　2．最高裁判所，裁判員制度が取り入れられる前と後で大きく量刑(被告人に科す刑罰)が異なることは，過去の判例(裁判の先例)との公平性に欠けると判断した。

⑥ a ．憲法第9条では，戦争の放棄・交戦権の否認・戦力の不保持などについて規定している。

b ．憲法第99条に，憲法の尊重擁護義務を持つ者として，「天皇・摂政・国務大臣・国会議員・裁判官・その他の公務員」があげられている。憲法は，権力者が自由気ままに権力をふるうことを防ぐために制定されたものなので，一般的な国民に憲法の尊重擁護義務はない。

平成 ㉖ 年度 解答例・解説

《解答例》

1 　問1．ウ　　問2．1．奥羽　2．紀伊　3．飛騨　　問3．1．富士　2．イ　　問4．ア　　問5．ア
　問6．1．札幌…ウ　金沢…エ　高松…イ　宮崎…ア　　2．6月は梅雨の時期にあたり，アは梅雨前線の影響を強く受けるから。　　3．日本海側に位置するエは，北西から吹くつめたくしめった冬の季節風の影響を強く受けるから。　　問7．1．青森…ア　東京…エ　愛知…イ　鳥取…オ　鹿児島…ウ　　2．オ

2 　1．ウ　　2．600　　3．明智光秀　　4．京都府　　5．ア，ウ　　6．藤原道長　　7．1200　　8．ウ
　9．大和絵　　10．イ　　11．遣唐使が停止されたから　　12．エ　　13．福岡県　　14．鉄鉱石を中国から輸入しやすく，近くの炭田でとれる石炭の輸送に便利な　　15．d→b→e→a→c　　16．冠位十二階
　17．1500　　18．3，11　　19．福島県　　20．勝海舟　　21．イ

3 　問1．国民主権　　問2．国民投票　　問3．ウ　　問4．①a ．参議院議員通常選挙　b ．インターネット
　②エ　③エ　④a ．1925年に制定された普通選挙法により，納税額に関係なく，満25歳以上の男子に選挙権が与えられた。　b ．有権者数の全人口比が高くなるにつれて，投票率は低下している。

《解　説》

1 　問1．ウ　日本の面積は，ドイツやフィンランドとほぼ同じくらいである。
問2．奥羽山脈は東北地方，紀伊山脈は近畿地方，飛騨山脈は中部地方にそれぞれ位置する山脈である。
問3．(1)富士山は，静岡県・山梨県にまたがる山である。
(2)ア　阿蘇山：熊本県　ウ　浅間山：長野県・群馬県
問4．イ　耐震化工事の済んでいない建物も多い。　ウ　高潮ではなく津波。
問5．ア　木曽三川(木曽川・長良川・揖斐川)に囲まれた下流域では，古くから河川の氾濫による洪水が多かった。そのため，これらの地域では，輪中と呼ばれる堤防で周囲をめぐらせた地域をつくり，中でも家屋などの重要な建物は土を盛るなどして周囲より高いところに建てた。
問6．(1)札幌は，冬の気温が低く，明確な梅雨のない北海道の気候に属するから，ウ。金沢は，冬の季節風の影響で，冬の降水量が多い日本海側の気候に属するから，エ。高松は，1年を通して降水量が少なく，比較的冬に暖かい瀬戸内の気候に属するから，イ。宮崎は，夏の降水量が多い太平洋側の気候に属するから，ア。　(2)梅雨は北海道を除く都道府県にある長雨の季節。特に，宮崎市をはじめとする南九州は，梅雨の影響を強く受けるため，6月の降水量が極めて多い。　(3)季節風は，冬は北西から，夏は南東から吹く。冬の季節風は，標高の高い山地や山脈にぶつかり，日本海側に雨や雪を降らせて水分を失う。その結果，太平洋側には乾いた風が吹き，晴れの日が多くなる。
問7．(1)青森はりんごの生産量が多いから，ア。東京は日本で最も人口が多いから，エ。鳥取は日本で最も人口が少なく，なしの生産量が多いから，オ。鹿児島と愛知で，米の生産量が多く，人口の多いイが愛知。残ったウが鹿児島と

なる。　(2)千葉では化学工業がさかんであり，石油・石炭製品が多く作られる(A)。また，愛知の瀬戸市などでは窯業がさかんであり，陶磁器やセメントなどが多く作られる(D)。以上より，オが正答。なお，大阪や東京などの大都市には出版社が集中するため，印刷業(B)がさかんである。

2　1．昭和時代は，1926年に始まり1989年に終わった。

2～4．明智光秀が主君の織田信長を裏切り，自害に追いこんだ本能寺の変は，1582年に起こった。したがって，2200－1582＝618(年)より，①に入る数字は600が適当。

5．稲作は弥生時代から始まった。アの縄文土器，ウの土偶は，縄文時代のものである。イの銅鐸，エの石包丁，オの田下駄はいずれも弥生時代。

6．「この世をば」で始まる和歌は，娘が立后したことを喜んだ藤原道長が平安時代の1018年によんだものである。

7．2200－1018＝1182(年)より，②に入る数字は1200が適当。

8．ウ　聖武天皇が全国に国分寺を建てたのは奈良時代のこと。

9．大和絵の代表作として，紫式部が宮づかえの中で感じたことをつづった紫式部日記に絵を付けた『紫式部日記絵巻断簡』(10の選択肢イ)がある。

10．ア　唐箕(江戸時代)　ウ　『ポッピンを吹く女』(江戸時代)　エ　書院造の特徴を持つ東求堂同仁斎(室町時代)

11．遣唐使が停止された後，唐風の文化をもとにした，日本の風土や生活に合った文化(国風文化)が生まれた。

12．2200年の300年前は1900年である。　エ　日清戦争開始(1894年)・日露戦争開始(1904年)

13・14．政府は日清戦争の講和条約である下関条約で得た賠償金を使って，中国から鉄鉱石を輸入しやすく，近くの筑豊炭田などの炭田から石炭を輸送しやすい北九州市に八幡製鉄所をつくった。

15．a　金閣(室町時代)　b　正倉院(奈良時代)　c　日光東照宮(江戸時代)　d　法隆寺(飛鳥時代)　e　平等院鳳凰堂(平安時代)

16．冠位十二階の制度は，家がらによらず，功績や手がらに応じて役人に取り立てるため，603年に聖徳太子が制定した。

17．2200－603＝1597(年)より，③に入る数字は1500が適当。

19．福島第一原子力発電所が事故を起こしたことで，現在日本では，今後の原子力発電政策をどのようにしていくかの議論が行われている。

20．1867年，江戸幕府の15代将軍徳川慶喜が朝廷に政権を返上した(大政奉還)。その後，1868年に始まった戊辰戦争のさ中，幕府方の勝海舟と新政府方の西郷隆盛が江戸城の無血開城を決定したことで，江戸幕府の滅亡が決定的となった。

21．武士による政治は，12世紀末に源頼朝が鎌倉幕府を開いてから始まり，19世紀後半まで行われていたから，イの700年が正答。

3　問1．国民主権は，平和主義・基本的人権の尊重と並ぶ日本国憲法の三原則の1つである。

問2．国民投票は国会が憲法改正の発議をした際に行われ，過半数の賛成を得られると憲法は改正される(憲法第96条)。

問3．ア～エのうち，国民が選挙で選ぶことができるのはウのみである。

問4．①a　参議院議員通常選挙は，3年に1回行われる。　　b　2013年，公職選挙法が改正され，候補者や政党がtwitterなどのSNS(ソーシャルネットワークサービス)や動画などを用いて選挙活動を行うことができるようになった。

②エ　2013年現在，最高裁判所が選挙の結果について無効を宣言したことはない。

③エ　平成21年(2009年)に行われた選挙については正しいが，平成24年(2012年)に行われた衆議院議員総選挙では，民主党・国民新党から自民党・公明党に政権が変わったが，すべての年代で投票率が下がった。

④a　1925年，加藤高明内閣のとき，満25歳以上の男子に選挙権を与える普通選挙法が制定された。このとき，同時に治安維持法が制定されたので覚えておこう。　　b　投票できる人数が増えれば，それだけ政治に関心の薄い人も増えてくるので，投票率は下がる傾向にある。

■ ご使用にあたってのお願い・ご注意

（１）問題文等の非掲載

　著作権上の都合により，問題文や図表などの一部を掲載できない場合があります。

　誠に申し訳ございませんが，ご了承くださいますようお願いいたします。

（２）過去問における時事性

　過去問題集は，学習指導要領の改訂や社会状況の変化，新たな発見などにより，現在とは異なる表記や解説になっている場合があります。過去問の特性上，出題当時のままで出版していますので，あらかじめご了承ください。

（３）配点

　学校等から配点が公表されている場合は，記載しています。公表されていない場合は，記載していません。

　独自の予想配点は，出題者の意図と異なる場合があり，お客様が学習するうえで誤った判断をしてしまう恐れがあるため記載していません。

（４）無断複製等の禁止

　購入された個人のお客様が，ご家庭でご自身またはご家族の学習のためにコピーをすることは可能ですが，それ以外の目的でコピー，スキャン，転載（ブログ，ＳＮＳなどでの公開を含みます）などをすることは法律により禁止されています。学校や学習塾などで，児童生徒のためにコピーをして使用することも法律により禁止されています。

　ご不明な点や，違法な疑いのある行為を確認された場合は，弊社までご連絡ください。

（５）けがに注意

　この問題集は針を外して使用します。針を外すときは，けがをしないように注意してください。また，表紙カバーや問題用紙の端で手指を傷つけないように十分注意してください。

（６）正誤

　制作には万全を期しておりますが，万が一誤りなどがございましたら，弊社までご連絡ください。

　なお，誤りが判明した場合は，弊社ウェブサイトの「ご購入者様のページ」に掲載しておりますので，そちらもご確認ください。

■ お問い合わせ

　解答例，解説，印刷，製本など，問題集発行におけるすべての責任は弊社にあります。

　ご不明な点がございましたら，弊社ウェブサイトの「お問い合わせ」フォームよりご連絡ください。迅速に対応いたしますが，営業日の都合で回答に数日を要する場合があります。

　ご入力いただいたメールアドレス宛に自動返信メールをお送りしています。自動返信メールが届かない場合は，「よくある質問」の「メールの問い合わせに対し返信がありません。」の項目をご確認ください。

　また弊社営業日（平日）は，午前９時から午後５時まで，電話でのお問い合わせも受け付けています。

2025 春

株式会社教英出版

〒422-8054　静岡県静岡市駿河区南安倍３丁目 12-28

TEL　054-288-2131　　FAX　054-288-2133

URL　https://kyoei-syuppan.net/

MAIL　siteform@kyoei-syuppan.net

教英出版 2025　28 の 1　修道中７年分

2020年度

修道中学校　入学試験問題

【算数】

時間50分

表紙を除いて６ページ

田室　受験上の注意　テストが始まるまでによく読んでください。

1．テスト終了のチャイムが鳴るまで，テスト教室を出てはいけません。
2．腕時計のアラームを鳴らしてはいけません。
3．休憩時間に付添の人に会ってはいけません。
4．からだの具合が悪くなったら，監督の先生か腕章を着けた生徒に申し出てください。
5．問題用紙は回収しないので持ち帰ってください。
6．机の上に計算・下書き・落書きなどをしてはいけません。
7．自分の持ってきたメモ用紙，下敷きや電卓を使ってはいけません。
8．机の中に物を入れてはいけません。
9．テストはまじめな態度で受けてください。テスト中によそ見をしたり先生の指示が守れない人は合格になりません。
10．問題の内容についての質問はいっさいしてはいけません。もし，印刷のわからないところなどがあったら，静かに手を挙げてください。
11．筆記用具，ものさし，コンパスなど物の貸し借りをしてはいけません。
12．答えは全て解答用紙に書いてください。
13．解答用紙には名前は書かず，受験番号だけを算用数字で書いてください。
14．先生の「はじめなさい」の指示で鉛筆をとり「やめなさい」の指示があったらすぐに鉛筆を置いてください。
15．テスト中に物を落とすなど困ったことがあったら，静かに手を挙げてください。

1 次の問いに答えなさい。

(1) 次の □ にあてはまる数を答えなさい。

① $101 + 505 + 707 + 808 + 909 + 1010 + 2020 =$ □

② $\dfrac{1}{15} + \dfrac{1}{35} + \dfrac{1}{63} =$ □

③ $\left(2\dfrac{1}{8} - 0.75\right) \div 3 + \dfrac{1}{4} \div 1.6 =$ □

④ $3.8\,\text{m} + 752\,\text{cm} - 9500\,\text{mm} =$ □ cm

(2) 子どもにお菓子を配るのに，4個ずつ配ると22個余り，7個ずつ配ると38個足りません。お菓子は何個ありますか。

(3) ある仕事を30人で行うと，45分かかります。この仕事を27分で終わらせるためには，あと何人増やす必要がありますか。

— 1 —

(4) 修君が算数のテストを何回か受け，平均点は 75 点でした。残り 3 回のテストでがんばって，3 回とも 100 点をとったので，平均点は 80 点になりました。修君は全部で何回テストを受けましたか。

(5) 右の図の㋐の角の大きさを求めなさい。
ただし，点 A は円の中心です。

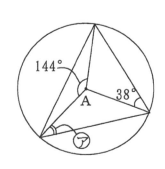

(6) 本屋で小説と問題集と図鑑をそれぞれ 1 冊ずつ買うと，合計 5000 円でした。問題集の値段は小説の値段の 2 倍よりも 360 円高く，図鑑の値段は問題集の値段の 3 倍よりも 490 円安いとき，問題集の値段は何円ですか。

2　次の問いに答えなさい。

(1) 右の図のように，高さ 10 cm と 20 cm の 2 つの仕切りで底が 3 つの長方形ア，イ，ウに分けられた 1 辺の長さが 30 cm の立方体の形をした水そうがあります。アの部分の上に付いた蛇口から水を注ぎ，水そう全体がいっぱいになったら水を止めます。グラフは図の中の「目盛り」の水の深さの変化を表す折れ線グラフの一部です。グラフの折れ線を完成させなさい。

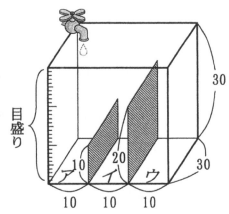

【グラフ】

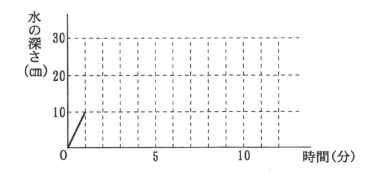

－ 2 －

(2) 右の図のように，立方体の頂点 D から辺 AB，辺 EF，
辺 HG を通って頂点 C まで，長さが最も短くなるように
ひもをかけます。このとき，ひもがかかるところを展開
図の中にかきなさい。

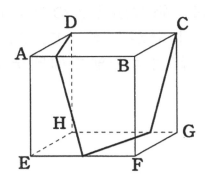

【展開図】

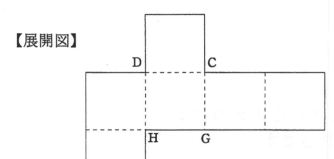

(3) 下の図のように，碁石を並べて，正方形をたくさんつなげていきます。

「正方形を 26 個作ったとき，使った碁石の個数を求めなさい。」という問
題が出されました。この問題に対して，A 君，B 君，C 君は下のように別々
の考え方で解きました。3 人の計算式は(ア)～(カ)のどれだと考えられますか。
それぞれ記号で答えなさい。

【考え方】

A 君　「最初の正方形1個に12個の碁石が必要で，そこから正方形が1個増え
　　　るごとに碁石の数は8個ずつ増えると考えたよ。」

B 君　「1個の正方形には12個の碁石が必要で，正方形が26個あるけど，正方
　　　形どうしが重なっているから，その部分を取りのぞいて考えたよ。」

C 君　「最初の正方形の左の列に4個必要で，正方形が1個できるごとに碁石の
　　　数は8個ずつ増えると考えたよ。」

【計算式】

(ア) $4+8\times25$　　　　(イ) $12+8\times25$　　　(ウ) $12\times26-4\times25$

(エ) $4+8\times26$　　　　(オ) $12+8\times26$　　　(カ) $12\times26-4\times26$

$-3-$

(4) 右の図のように，同じ大きさの立方体を，6個組み合わせて机の上に置きました。次の問いに答えなさい。

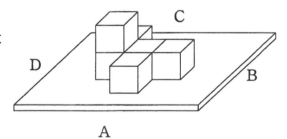

① A君，B君，C君，D君の4人が，この机に対して図のように座りました。4人の座っている方向からこの立体を見たとき，それぞれどのように見えますか。下の図の(ア)～(オ)から選び，記号で答えなさい。ただし，同じものを何度選んでもかまいません。

(ア)　　　　　(イ)　　　　　(ウ)　　　　　(エ)　　　　　(オ)

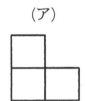 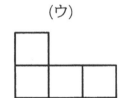 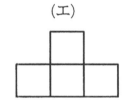 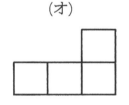

② C君が立ち上がって，真上からこの立体を見たとき，C君からはどのように見えますか。下の図の(カ)～(サ)から選び，記号で答えなさい。

(カ)　　　　(キ)　　　　(ク)　　　　(ケ)　　　　(コ)　　　　(サ)

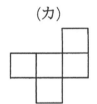 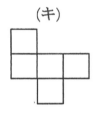 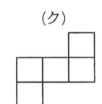 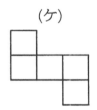 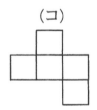 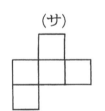

3　次の問いに答えなさい。

(1) 円周率とは何ですか。説明しなさい。

(2) 右の図は，正方形と，その正方形の1辺の長さと直径が等しい円です。もし，円周率が3であると考えたとき，この影を付けた円の面積と，下の図の(ア)～(オ)の図の影を付けた部分の面積が等しくなるものがあります。それらをすべて選び，記号で答えなさい。ただし，下の図の正方形は右の図の正方形と同じ大きさで，(イ)，(ウ)，(エ)の図では各辺を2等分，あるいは4等分した点を結んであります。

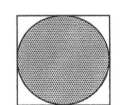

(ア)　　　　　(イ)　　　　　(ウ)　　　　　(エ)　　　　　(オ)

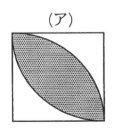 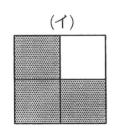 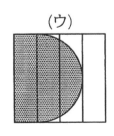 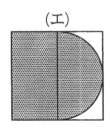 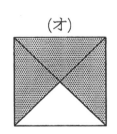

－4－

4   自動車で 50 km 離れた A 地点から B 地点まで移動します。A 地点を出発して しばらくは時速 40 km で走り，途中から時速 60 km に速度を上げて B 地点まで 走ります。次の問いに答えなさい。

(1) A 地点を出発してから 10 km のところまでは時速 40 km，そこからは時速 60 km で走るとき，A 地点から B 地点まで移動するのに何分かかりますか。

(2) A 地点から B 地点まで移動するのに 65 分かかったとき，時速 40 km で走っ た道のりは何 km ですか。

この自動車は時速 40 km で走るときと，時速 60 km で走るときとでは，同じ 距離を走るために消費するガソリンの体積の比が 5：6 です。A 地点を出発して 10 km のところまで時速 40 km，そこからは時速 60 km で走るとき，ガソリン を $3\frac{13}{15}$ L 消費しました。次の問いに答えなさい。

(3) 時速 40 km で走るときには 1 km 走るのに何 L のガソリンを消費しますか。

(4) A 地点から B 地点まで移動するのに 65 分かかったとき，消費したガソリン は何 L ですか。

－5－

5 次の修君と道夫君の会話を読み，ア～カにあてはまる数を答えなさい。

修　：「先週，遊園地に行ったんだけど，すごく楽しかったよ。もっとたくさん遊びたかったんだけど，あっという間に時間が過ぎてしまったよ。」

道夫：「楽しい時間って，あっという間だよね。そんなときいつも思うんだ。1日が30時間だったらいいのにって。」

修　：「えっ，1日が30時間？」

道夫：「そう。今の時間の進み方のまま，1日を30時間にしちゃうの！」

修　：「朝とか昼とか太陽がのぼっている時間とか，時間の感覚が無茶苦茶にならない？そのうち，昼なのに真っ暗ってことが起こるよね。でも，遊ぶ時間が増えるのはうれしいかも。」

道夫：「あっ，今持ってる24時間用の時計とか役に立たなくなっちゃうね。新しく30時間用の時計を作らなきゃ。」

修　：「30時間用の時計って…。長針は今持ってる時計と同じ速さで回転して，短針が15時間で1周する時計ってこと？」

道夫：「そうなるね。今のより短針がちょっとゆっくり回転することになるよ。時間の目盛りも1，2，3，4，…，14，15ってことになる。」

修　：「なるほど。でも，そうすると，長針の回転は変わらないんだから，『分』の読み方も変えなくちゃ。」

道夫：「どういうこと？」

修　：「今の時計では例えば，長針が『4』の目盛りを指すときに『20分』を表してるけど，新しい30時間時計だと長針が『ア』の目盛りを指すときが『20分』を表すことになるよね。」

道夫：「そうか。不思議な感じだね。分の目盛りは時間の目盛りをイ等分にすることになるんだね。」

修　：「あ，そうだ。この前の授業で時計の針の角度の問題あったよね。あれを，この30時間時計で考えてみたらどうなるかな。」

道夫：「あった，あった！『1時と2時の間で，長針と短針のつくる角度がはじめて90度になるのは1時何分ですか』っていう問題だったよね。」

修　：「それ！あのときの答えは1時ウ分だったよね。でも30時間時計で考えると…。」

道夫：「ちょっと待ってね…。答えは1時エ分だ！」

修　：「道夫くんすごい！じゃあ，僕から問題を出すよ。今の24時間時計と新しい30時間時計を重ねてどちらの時間も計ることができる時計を作ったとして，たがいの短針どうしがつくる角がはじめて45度になるのは何時何分ですか？」

道夫：「すごい時計だね…。長針は同じ動きだから1本でいいのか…。あっ，長針は考えなくていいや。午前0時に2つの短針が同じ位置から同時に動き始めたと考えて答えるね。えっと…。午前オ時カ分だ！」

修　：「道夫くんすごい！」

－6－

2020年度

修道中学校　入学試験問題

【理科】

時間40分

表紙を除いて５ページ

1　次の実験について，あとの問1～問7に答えなさい。

　　うすい塩酸にアルミニウムや鉄を加えると，気体が発生して金属がとけていきます。下の表は，うすい塩酸5 cm³に細かく切ったアルミニウム箔を，重さを変化させて加え，十分に反応させたときの実験結果をまとめたものです。

アルミニウム箔の重さ〔g〕	0.05	0.10	0.15	0.20	0.25	0.30
発生した気体の体積〔cm³〕	62.5	125.0	[X]	250.0	275.0	275.0

　　（注）　発生した気体の体積は，すべて同じ条件のもとで測定したものとする。

問1　アルミニウムや鉄について，正しいものを次のア～オからすべて選んで，記号で答えなさい。
　　ア　アルミニウムは磁石に引きつけられる。
　　イ　鉄は磁石に引きつけられる。
　　ウ　アルミニウム1 cm³あたりの重さは，鉄1 cm³あたりの重さより軽い。
　　エ　アルミニウムと鉄は，どちらも電気をよく通す。
　　オ　アルミニウムと鉄は，どちらも温度によって体積が変わらない。

問2　表の[X]に当てはまる数値を小数第1位まで答えなさい。

問3　上の表の「アルミニウム箔の重さ〔g〕」と「発生した気体の体積〔cm³〕」の関係を表すグラフを解答用紙に書きなさい。なお，定規を使わずに書いてもかまいませんが，特ちょうがよくわかるようにていねいに書きなさい。

問4　このうすい塩酸5 cm³からできるだけ多くの気体を発生させるためには，少なくとも何gのアルミニウム箔が必要ですか。小数第2位まで答えなさい。

問5　このうすい塩酸5 cm³にアルミニウム箔0.10 gを加え，十分に反応させた後，反応後の水溶液を蒸発皿にうつし弱火で熱して水を蒸発させると，水溶液にとけていたものが出てきました。出てきたものについて，次のア～エから正しいものを1つ選んで，記号で答えなさい。
　　ア　銀色のつやのある粉末で，塩酸を注ぐと気体が発生した。
　　イ　銀色のつやのある粉末で，塩酸を注いでも気体は発生しなかった。
　　ウ　白色のつやのない粉末で，塩酸を注ぐと気体が発生した。
　　エ　白色のつやのない粉末で，塩酸を注いでも気体は発生しなかった。

問6　この実験で用いたうすい塩酸と同じこさの塩酸を10 cm³用意し，アルミニウム箔0.35 gを加え十分に反応させたとき，発生する気体の体積は何cm³ですか。小数第1位まで答えなさい。

問7　このうすい塩酸5 cm³と，あるこさの水酸化ナトリウム水溶液15 cm³を混ぜ合わせた混合液に，少量のBTB溶液を加えると緑色になることがわかっています。いま，これと同じこさの塩酸および水酸化ナトリウム水溶液を用い，それぞれの体積を変化させて以下の①～③の混合液をつくりました。
　　①　塩酸10 cm³と水酸化ナトリウム水溶液20 cm³の混合液
　　②　塩酸15 cm³と水酸化ナトリウム水溶液50 cm³の混合液
　　③　塩酸20 cm³と水酸化ナトリウム水溶液60 cm³の混合液
　　①～③の混合液にアルミニウム箔を加えたときの変化として，考えられるものを次のア～カから1つ選んで，記号で答えなさい。
　　ア　①のみ気体が発生する。　　イ　②のみ気体が発生する。　　ウ　③のみ気体が発生する。
　　エ　①と②から気体が発生する。　　オ　②と③から気体が発生する。　　カ　①と③から気体が発生する。

2　人のからだのはたらきに関する次の文章を読んで，あとの問1～問4に答えなさい。
　　私たちが食べた食物は，①口の中で，（　a　）とよばれる消化液のはたらきでその一部が消化されたのち，②食道，胃，小腸，大腸へと運ばれていきます。その途中で，養分や水が血液中に取り入れられ，取り入れられなかったものは，（　b　）からからだの外へ出されます。血液中に取り入れられた養分は，（　c　）とよばれる臓器に運ばれ，その一部がそこにたくわえられます。たくわえられなかった養分をふくむ血液は，心臓に送られ，さらに全身に運ばれます。
　　血液中の不要なものは，（　d　）とよばれる臓器で血液から取り除かれたのち，（　e　）にたくわえられたあとで，（　f　）としてからだの外へ出されます。
　　私たちが生きるためには，食物だけでなく酸素も必要です。③鼻や口から吸った空気は，気管を通って肺に入ります。気管は肺の中で，次々に枝分かれしていき，その先にあるふくろ(肺ほう)の部分で，空気中の酸素は血液中に取り入れられます。

問1　文章中の（　a　）～（　f　）に適切な語を記入しなさい。
問2　下線部①に関して，ご飯をかんでいるとあまく感じるのは，ご飯の中の何が消化されたためですか。
問3　下線部②に関して，消化液を出している臓器はどれですか。次のア～エからすべて選んで，記号で答えなさい。
　　ア　食道　イ　胃　ウ　小腸　エ　大腸

1

問4　下線部③に関して，図1は人の肺のようすを表したものです。
　　　図1の矢印は血液が流れる向きを示しています。以下の(1)～(4)に
　　答えなさい。

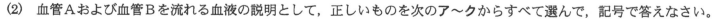

図1

血管A　気管

血管B

(1)　口や鼻から吸いこむ空気(吸気)とはき出す空気(呼気)の説明として，
　　正しいものを次のア～オからすべて選んで，記号で答えなさい。
　　ア　呼気は吸気よりもふくまれる窒素の割合が大きい。
　　イ　呼気は吸気よりもふくまれる酸素の割合が大きい。
　　ウ　呼気は吸気よりもふくまれる二酸化炭素の割合が大きい。
　　エ　呼気にふくまれる酸素の割合は二酸化炭素の割合よりも大きい。
　　オ　呼気にふくまれる二酸化炭素の割合は酸素の割合よりも大きい。

(2)　血管Aおよび血管Bを流れる血液の説明として，正しいものを次のア～クからすべて選んで，記号で答えなさい。
　　ア　血管Aには全身から直接肺に流れこむ血液が，血管Bには肺から心臓に向かう血液が流れている。
　　イ　血管Aには心臓から肺に流れこむ血液が，血管Bには肺から直接全身に向かう血液が流れている。
　　ウ　血管Aには心臓から肺に流れこむ血液が，血管Bには肺から心臓に向かう血液が流れている。
　　エ　血管Aには青色の血液が，血管Bには赤色の血液が流れている。
　　オ　血管Aには赤色の血液が，血管Bには青色の血液が流れている。
　　カ　血管Aを流れる血液は，血管Bを流れる血液よりも多くの酸素を含んでいる。
　　キ　血管Aを流れる血液は，血管Bを流れる血液よりも多くの二酸化炭素を含んでいる。
　　ク　血管Aを流れる血液は，血管Bを流れる血液よりも多くの水蒸気を含んでいる。

(3)　私たちが呼吸で吸う空気の一部は，気管の中にとどまったままはき出されるので，1回の呼吸で約150 mLの空気が肺ほう
　　の中に入らずにはき出されることになります。1回の吸気の量が400 mLで，1分間に15回呼吸を行った場合と，1回の吸気
　　の量が200 mLで，1分間に30回呼吸を行った場合のどちらが血液中により多くの酸素を取りこむことができるかを考え，
　　その考えをもとに次のア～エから正しいと判断できるものをすべて選んで，記号で答えなさい。ただし，**1分間あたりに肺を
　　出入りする空気の量は，すべて同じ**とします。
　　ア　運動をしていないときは，呼吸がゆっくりとできるので，1回の吸気の量が多くなる深い呼吸を行う方が，浅く速い呼吸を
　　　　行うよりも効率よく酸素を血液中に取りこむことができる。
　　イ　運動をしていないときも，空気が肺を出入りする回数が多いほど，気管にとどまる空気の影響が少なくなるので，浅く速い
　　　　呼吸を行った方が，効率よく酸素を血液中に取りこむことができる。
　　ウ　運動をして呼吸が速くなっているときは，1回の吸気の量が同じであれば，1回息を吸ってはくよりも，2回続けて息を吸
　　　　ってはく方が，効率よく酸素を血液中に取りこむことができる。
　　エ　運動をして呼吸が速くなっているときは，1回の吸気の量が同じであれば，1回息を吸ってはく呼吸をしても，2回続けて
　　　　息を吸ってはく呼吸をしても，血液中に酸素を取りこむ効率は変わらない。

(4)　空気のうすい上空を長時間飛ぶ鳥には，肺の前後に，肺と気管につながる気のう(前気のうと後気のう)とよばれる空気を一時
　　的にためることができるふくろがあります。図2は，鳥が息を吸うときと息をはくときの空気の移動のようすを矢印で示した
　　ものです。酸素を取りこむしくみにおいて，鳥が人よりも優れている点を説明した下の〔文〕の（　①　）と（　②　）
　　をそれぞれ5字以上10字以内でうめて，〔文〕を完成させなさい。

　　図2

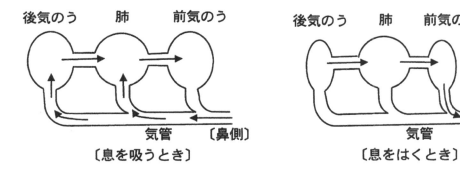

後気のう　肺　前気のう　　　　　後気のう　肺　前気のう

気管　〔鼻側〕　　　　　　気管　〔鼻側〕
〔息を吸うとき〕　　　　　　〔息をはくとき〕

　〔文〕　鳥は人と違って，（　①　）も（　②　）ことができるので，人よりも効率よく酸素を血液中に取りこめる。

2

3 川のはたらきについて，以下の問1～問3に答えなさい。

問1 川を流れる水のはたらきに関する，次の文章の（ a ）～（ d ）に適切な語を記入しなさい。

　　流れる水が地面をけずることを（ a ）といい，けずった石や土を運ぶことを（ b ）といいます。また，流れがゆるやかなところに運ばれた石や土が積もることを（ c ）といいます。このような川を流れる水が土地を変化させるはたらきは水量が増えた川では（ d ）なります。

問2 流れる川の水位が上がるのは，長い時間雨が降ったり，大雨が降ったりするなど雨が原因であること以外にどのような原因が考えられますか。原因となる自然の現象を1つ答えなさい。

問3 図1はある地域に流れる川を表したもので，A地点では気温と降水量を，B地点では川の水位を計測しています。次の表は，A地点，B地点で6月27日から6月29日の3日間に計測されたデータです。水位のデータは，6月27日の午前8時と午前9時が最も水位が低く，そこを基準にして，それよりどれくらい水位が高くなったかを表しています。表を参考にして，あとの(1)～(3)に答えなさい。

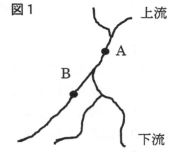

図1

A地点の気温（単位は℃）

日付		1時	2時	3時	4時	5時	6時	7時	8時	9時	10時	11時	12時
6月27日	午前	26.4	26.1	25.7	25.4	25.1	25.4	25.8	25.7	24.8	24.4	24.8	24.9
	午後	24.5	25.1	24.4	24.3	23.7	23.6	23.5	23.7	23.6	23.5	23.3	23.4
6月28日	午前	23.3	23.3	23.2	23.3	23.0	22.9	23.0	23.0	23.2	23.2	23.4	23.1
	午後	22.9	23.0	22.9	22.8	23.0	22.7	22.7	23.0	22.7	22.6	22.5	22.4
6月29日	午前	22.3	22.1	21.9	21.6	21.6	21.6	21.8	22.6	23.1	24.3	25.5	26.7
	午後	25.6	25.0	24.1	23.9	24.4	24.4	24.0	23.5	23.5	22.6	22.3	22.1

A地点の降水量（単位は mm）

日付		1時	2時	3時	4時	5時	6時	7時	8時	9時	10時	11時	12時
6月27日	午前	0	0	0	0	1	0	1	0	1	3	10	5
	午後	1	7	13	16	16	7	2	1	1	3	1	0
6月28日	午前	1	0	0	0	0	2	4	9	4	5	5	10
	午後	10	10	27	15	13	33	34	5	4	3	3	7
6月29日	午前	21	16	22	24	12	2	0	0	0	0	0	0
	午後	0	0	0	0	0	0	0	0	0	0	0	0

B地点の水位（単位はm）

日付		1時	2時	3時	4時	5時	6時	7時	8時	9時	10時	11時	12時
6月27日	午前	1.6	1.6	1.6	1.3	0.8	0.5	0.2	0.0	0.0	0.3	0.7	1.1
	午後	1.2	1.3	1.3	1.0	2.1	2.5	2.7	3.0	3.5	3.6	3.6	3.4
6月28日	午前	3.3	3.1	3.0	2.8	2.6	2.4	2.3	2.3	2.3	2.2	2.2	2.3
	午後	2.5	2.9	3.3	3.5	3.8	4.6	5.2	5.4	5.5	5.5	5.5	5.2
6月29日	午前	4.8	4.6	4.6	4.8	5.0	5.2	5.3	5.3	5.1	4.8	4.5	4.2
	午後	3.9	3.6	3.4	3.3	3.2	3.1	3.0	2.9	2.8	2.7	2.7	2.6

(1) 6月29日の午後の天気は晴れ，くもりのどちらと考えられますか。次の6月25日のA地点の気温の表を参考にして，理由とともに答えなさい。

6月25日のA地点の気温（単位は℃）

日付		1時	2時	3時	4時	5時	6時	7時	8時	9時	10時	11時	12時
6月25日	午前	24.7	24	23.6	23.1	22.6	22.4	22.8	24.3	26.5	28	28.5	28.8
	午後	29.9	30.1	30	29.7	29.3	28.7	28	27.8	26.9	25.8	25.1	24.4

(2) 降水量と水位の関係について，表から読み取れることとして，正しいものを次のア～カから2つ選んで，記号で答えなさい。
　ア　A地点で降水量が最大になる時刻より早く，B地点の水位は最大になる。
　イ　A地点で降水量が最大になる時刻より遅れて，B地点の水位は最大になる。
　ウ　A地点で降水量が最大になるのと同じ時刻に，B地点の水位は最大になる。
　エ　A地点で雨が降ってB地点の水位が上がる速さよりも，A地点で雨がやんでB地点の水位が下がる速さの方が速い。
　オ　A地点で雨が降ってB地点の水位が上がる速さよりも，A地点で雨がやんでB地点の水位が下がる速さの方が遅い。
　カ　A地点で雨が降ってB地点の水位が上がる速さと，A地点で雨がやんでB地点の水位が下がる速さはほぼ同じである。

(3) 川のはんらんを防ぐための取り組みとして，てい防や護岸を整備する以外にどのようなものがありますか。1つ答えなさい。

3

4 実験[A]および，実験[B]について，あとの問1～問7に答えなさい。

[A] 図1のように，軽い糸におもりをつけて天井からつるし，ふりこの運動を調べました。

問1 図1のOの位置からおもりを静かに放すと，おもりはどの高さまでふれますか。図1のX，Y，Zの中から最も適当なものを1つ選んで，記号で答えなさい。ただし，ふりこはスムーズに動くものとします。

図1

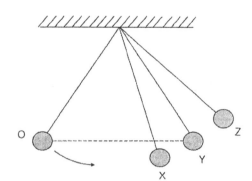

問2 次に，同じ長さの糸に大きさが同じで重さの異なるおもり1～3を用いてふりこの実験を行いました。下の表はおもり1～3の重さを表したものです。

	おもり1	おもり2	おもり3
重さ〔g〕	20	50	100

このとき，ふりこの周期について正しく述べられているものを次のア～エから1つ選んで，記号で答えなさい。ただし，周期とはふりこが1往復する時間です。

ア おもり1のときが，最も短かった。

イ おもり2のときが，最も短かった。

ウ おもり3のときが，最も短かった。

エ どのおもりのときも，ほぼ同じだった。

次に，糸の長さを変えてふりこの周期を測りました。下の表は糸の長さと周期の関係を表したものです。ただし，以下の問題ではすべて同じ重さのおもりを用いたものとします。また，ふりこのふれ角によらず表の関係は成り立つものとします。

糸の長さ〔cm〕	20	40	60	80	100	120	140	160	180
周期〔秒〕	0.9	1.3	1.6	1.8	2.0	2.2	2.4	2.5	2.7

問3 図2のように，つり下げる位置の真下のかべにくぎを打ち，Oの位置から静かに手を放したところ，糸はくぎにふれて，おもりはOと同じ高さのPで一瞬とまりました。Oで放してから初めてPに到達するまでの時間は何秒ですか。小数第3位まで答えなさい。ただし，ふりこはスムーズに動き，おもりはかべに当たらないものとします。

図2

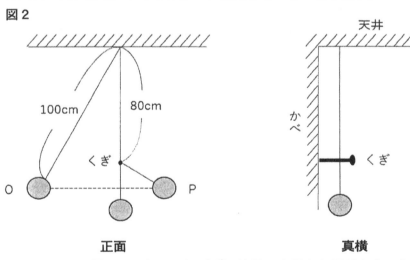

正面　　　　　　　　　　　　真横

問4 80cmのふりこと180cmのふりこを，図3のようにつり下げる位置の真下から同じ角度になるようにして，同時に静かに放しました。それぞれのふりこが同時に元の位置に戻ってくるのは，最短で何秒後になりますか。小数第1位まで答えなさい。

図3

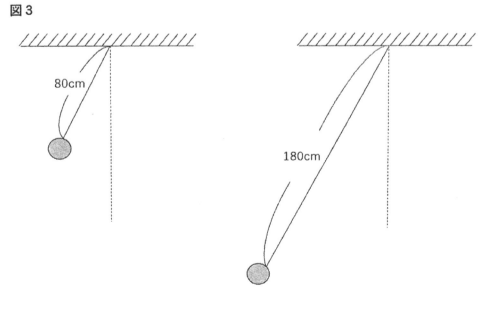

4

[B] かん電池と豆電球を使って回路を作り，いろいろな実験を行いました。

図4

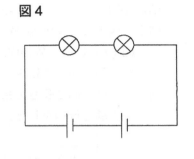

問5　図4のようにかん電池2個と豆電球2個で回路を作りました。このときの豆電球の明る
　　さと，下のア〜オの回路の豆電球の明るさを比べてみました。ただし，かん電池と豆電球
　　はすべて新しく，同じものを用いました。次の(1)〜(3)に答えなさい。
　(1)　下のイ，オのようなかん電池のつなぎ方を何といいますか。漢字で答えなさい。
　(2)　豆電球1個の明るさが図4と同じになる回路として，最も適当なものを下のア〜オから
　　　1つ選んで，記号で答えなさい。
　(3)　豆電球1個の明るさが図4より暗くなるものを下のア〜オからすべて選んで，記号で答
　　　えなさい。

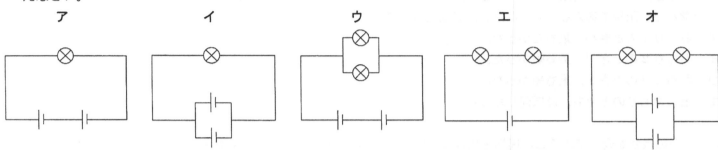

ア　　　　　　　　　イ　　　　　　　　　ウ　　　　　　　　　エ　　　　　　　　　オ

問6　かん電池と豆電球A，B，Cを使い，図5のような回路を作りました。　　図5
　　豆電球Bが切れて点灯しなくなったとき，豆電球A，Cはどうなりますか。
　　正しいものを次のア〜エから1つ選んで，記号で答えなさい。
　　ア　A，Cともに点灯したままである。
　　イ　A，Cともに消える。
　　ウ　Aは点灯しているが，Cは消える。
　　エ　Cは点灯しているが，Aは消える。

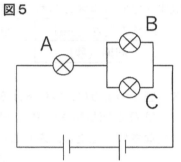

問7　修君は先生に次のような回路の製作をお願いされました。
　　『かん電池2個と豆電球3個を用いて，できるだけ豆電球が明るく点灯する回路を作ってみてください。ただし，どれか1個の
　　豆電球がつかなくなっても他の豆電球は点灯し続けるようにしてほしいな。』
　　あなたならどのような回路を作りますか。図4や図5を参考にして，回路用図記号を用いて解答用紙にていねいに作図しな
　　さい。

5

2020年度

修道中学校　入学試験問題

【社会】

時間40分

表紙を除いて６ページ

受験上の注意　テストが始まるまでによく読んでください。

1．テスト終了のチャイムが鳴るまで，テスト教室を出てはいけません。
2．腕時計のアラームを鳴らしてはいけません。
3．休憩時間に付添の人に会ってはいけません。
4．からだの具合が悪くなったら，監督の先生か腕章を着けた生徒に申し出てください。
5．問題用紙は回収しないので持ち帰ってください。
6．机の上に計算・下書き・落書きなどをしてはいけません。
7．自分の持ってきたメモ用紙，下敷きや電卓を使ってはいけません。
8．机の中に物を入れてはいけません。
9．テストはまじめな態度で受けてください。テスト中によそ見をしたり先生の指示が守れない人は合格になりません。
10．問題の内容についての質問はいっさいしてはいけません。もし，印刷のわからないところなどがあったら，静かに手を挙げてください。
11．筆記用具，ものさし，コンパスなど物の貸し借りをしてはいけません。
12．答えは全て解答用紙に書いてください。
13．解答用紙には名前は書かず，受験番号だけを算用数字で書いてください。
14．先生の「はじめなさい」の指示で鉛筆をとり「やめなさい」の指示があったらすぐに鉛筆を置いてください。
15．テスト中に物を落とすなど困ったことがあったら，静かに手を挙げてください。

修道生のトシノリくんは，今年11月に行われる FLP（注）でオーストラリアに行くことになりました。そこで，日本の国土と人々のくらしの様子を，現地でしっかり伝えたいと考えました。次の文章は，トシノリくんが書いた発表に使う原稿の一部です。これを読んで，下線部①〜⑫に対応するあとの問いにそれぞれ答えなさい。

日本は①けわしい山が多く，②限られた平地に多くの人が住んでいます。③工業や④小売業などが発達するにつれて，東京など大都市一帯に移り住む人が多くなり，さまざまな面で地方との差が大きくなっています。⑤少子高齢化もすすんでいます。地方では⑥特色ある農業が行われていますが，しだいに担い手が不足してきています。国民の生活に必要な⑦原料資源やエネルギー資源の大部分は輸入にたよっていますので，外国と友好を深め，⑧貿易を活発にする努力をしてきました。最近は，⑨外国から日本を訪れる人が年間3000万人を上回り，各地でにぎわいをみせるようになりました。

日本はまた，まわりを海にかこまれ，絶えず湿った空気が入り込みやすいため⑩降水量が多く，⑪水害や土砂災害を引き起こすこともあります。⑫大きな地震にも何度もおそわれました。しかしそのたびに，多くの人々が助け合い，手をさしのべて，歯を食いしばって立ち直ってきました。ぼくはそんな日本が大好きです。

（注）FLP …フューチャー・リーダーズ・プログラムの略。修道では中学3年生の11月に全員が，「未来のリーダー」としての資質と能力の向上をめざし，英語の技能をみがくだけでなく「思考力・判断力・表現力」を育むプロジェクトに挑戦するもので，UNSW コース（オーストラリア・シドニーのニューサウスウェールズ大学で行う）または SHUDO コース（修道の校内で行う）のどちらかを選んで参加することになっています。

① 次の写真A〜Cはそれぞれ，ある都道府県で最も高い山を撮影したものです。それぞれの山や都道府県についての説明を読んで，対応する都道府県の位置を，あとの《地図》のア〜キから記号で答えなさい。

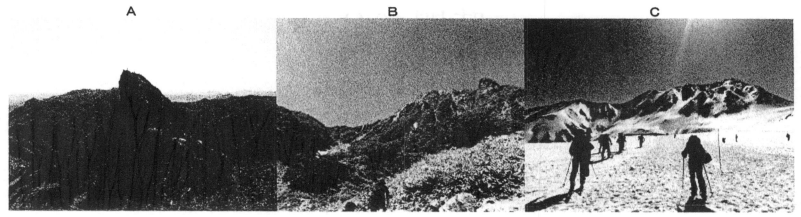

A 　B 　C

A 修行の山として古くから登られてきました。山頂のすぐ下にはくさり場があります。この山のある都道府県では，ミカンの収穫量が多いほか，真珠の生産量は全国一です。北部の都市はタオル生産地として有名で，東部の都市では製紙業がさかんです。

B 全国で2番目に高い山です。この山のある都道府県では「ほうとう」と呼ばれる郷土料理が有名です。この県を流れる御勅使川では，戦国時代の有名な武将によって，洪水の被害を食い止めるための工事が行われました。現在この県には果樹園が多く，ブドウやモモの収穫量が全国一です。

C 山頂には神社があり，雪に閉ざされる真冬以外には多くの人々が訪れます。この山から流れ下る常願寺川は急流として有名です。この都道府県の西部の平野ではチューリップ栽培がさかんであるほか，東部の都市ではアルミサッシやファスナーの生産がさかんです。近くの海ではホタルイカが多く水あげされます。

《地図》

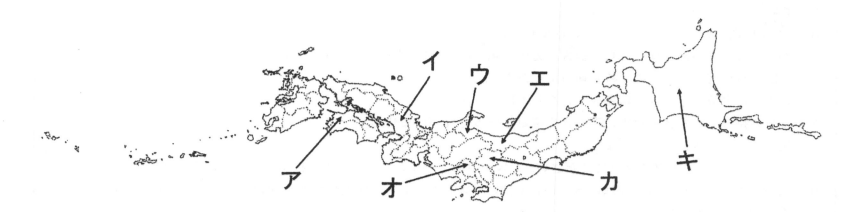

② 左下の表は，日本の地形と人が住んでいる場所の関係についてまとめたもので，**D～F**は低地・台地・山地のいずれかです。正しい組み合わせを，右下の表の**ア～カ**から選んで，記号で答えなさい。

	D	E	F
面積割合（%）	11	14	75
人口割合（%）	30	50	20

（日本統計年鑑　平成28年　ほかによる）

	ア	イ	ウ	エ	オ	カ
D	低地	低地	台地	台地	山地	山地
E	台地	山地	低地	山地	低地	台地
F	山地	台地	山地	低地	台地	低地

③ 次の表は，日本の製造品出荷額の業種別構成比（%）の推移を示したもので，**G～I**には繊維工業・化学工業・金属工業のいずれかがあてはまります。正しい組み合わせを，あとの**ア～カ**から選んで，記号で答えなさい。

	機械工業	G	H	I	食料品工業	その他
1960年	25.8	18.8	12.3	11.1	13.1	18.9
1980年	31.8	17.1	5.2	15.5	10.5	19.9
2000年	45.8	11.1	2.3	11.0	11.6	18.2
2016年	45.9	12.9	1.3	12.8	12.6	14.5

（『日本国勢図会2019/2020』による）

	ア	イ	ウ	エ	オ	カ
G	繊維工業	繊維工業	化学工業	化学工業	金属工業	金属工業
H	化学工業	金属工業	繊維工業	金属工業	繊維工業	化学工業
I	金属工業	化学工業	金属工業	繊維工業	化学工業	繊維工業

④ 次の**J～L**は，日本の代表的な小売業の三つのスタイルについて，1店舗あたりの年間販売額と，立地環境別の店舗割合を示したもので，あとの**ア～ウ**のいずれかがあてはまります。このうち，**J・K**に対応するものをそれぞれ選んで，記号で答えなさい。

	1店舗あたりの年間販売額（億円）	立地環境別の店舗割合（%）					
		駅周辺	市街地	住宅地	都市郊外の道路沿い	その他	合計
J	252.4	53.4	33.7	6.7	4.5	1.7	100.0
K	42.6	27.9	15.5	19.7	34.9	2.0	100.0
L	1.8	44.8	15.9	28.7	8.4	2.2	100.0

（平成26年　商業統計表による）

ア　コンビニエンスストア（セブンイレブン　ファミリーマート　ローソンなど）
イ　総合スーパー（ゆめタウン　イオン　イトーヨーカドーなど）
ウ　デパート（福屋　三越　そごうなど）

⑤ 次の**ア～エ**の文のうち，内容が**誤っているもの**を一つ選んで，記号で答えなさい。
ア　20世紀の100年間，第2次世界大戦の影響を受けた1940年代の一時期をのぞき，日本の人口は増加し続けた。
イ　21世紀に入ると，出生率より死亡率の方が高くなり，日本の人口は増加から減少に転じた。
ウ　都道府県別にみると，東京都では死亡率より出生率の方が高いため，現在も人口が増加している。
エ　都道府県別にみると，沖縄県では死亡率より出生率の方が高いため，現在も人口が増加している。

⑥ 次の表の**M～O**はそれぞれ，ある都道府県の農業に関する統計（2016年）です。それぞれに対応する都道府県の位置を，①の《地図》の**ア～キ**から選んで，記号で答えなさい。

	米収穫量（千トン）	小麦収穫量（百トン）	玉ねぎ収穫量（千トン）	キャベツ収穫量（千トン）
M	632	1	6	13
N	186	34	87	28
O	76	237	12	260

（『2019 データブック オブ・ザ・ワールド』ほかによる）

⑦ 次の表は，日本の主な資源の輸入先とその割合（2018年）を示したもので，**P～R**は，インドネシア・オーストラリア・ブラジルのいずれかです。正しい組み合わせを，あとの**ア～カ**から選んで，記号で答えなさい。

石炭	P61.3%	Q15.2%	ロシア9.9%	アメリカ合衆国6.1%	
液化天然ガス	P34.6%	マレーシア13.6%	カタール12.0%	ロシア8.1%	Q6.2%
鉄鉱石	P58.2%	R26.9%	カナダ4.9%	南アフリカ共和国3.3%	
銅鉱石	チリ45.7%	ペルー15.3%	Q11.9%	カナダ8.7%	P8.3%

（『日本国勢図会2019/2020』による）

	ア	イ	ウ	エ	オ	カ
P	インドネシア	インドネシア	オーストラリア	オーストラリア	ブラジル	ブラジル
Q	オーストラリア	ブラジル	インドネシア	ブラジル	インドネシア	オーストラリア
R	ブラジル	オーストラリア	ブラジル	インドネシア	オーストラリア	インドネシア

⑧　次の表は，日本の主な貿易相手国を示したもので，Ｓ～Ｕは，中国・韓国・アメリカ合衆国のいずれかです。正しい組み合わせを，あとの**ア～カ**から選んで，記号で答えなさい。

2000年	輸出額に占める割合	Ｓ29.7%	Ｔ 6.4%	Ｕ 6.3%
	輸入額に占める割合	Ｓ19.0%	Ｕ14.5%	Ｔ 5.4%
2010年	輸出額に占める割合	Ｕ19.4%	Ｓ15.4%	Ｔ 8.1%
	輸入額に占める割合	Ｕ22.1%	Ｓ 9.7%	Ｔ 4.1%

（『2012 データブック オブ・ザ・ワールド』ほかによる）

	ア	イ	ウ	エ	オ	カ
Ｓ	中　国	中　国	韓　国	韓　国	アメリカ合衆国	アメリカ合衆国
Ｔ	韓　国	アメリカ合衆国	中　国	アメリカ合衆国	中　国	韓　国
Ｕ	アメリカ合衆国	韓　国	アメリカ合衆国	中　国	韓　国	中　国

⑨　日本政府観光局（JNTO）のデータによると，日本を訪れる外国人は，中国や韓国などアジア諸国の人々が多く，訪れる時期はここ数年，桜が見ごろとなる４月が最も多くなっています。ところが，オーストラリアから訪れる人は，他の国とは時期が異なり，１月が最も多くなっています。これはなぜですか。その理由として考えられることを，解答らんにしたがってわかりやすく説明しなさい。

⑩　冬季，北西季節風の影響を受けやすい地域では，降水量に占める雪の割合が高くなっています。左下の表のＶ～Ｘは，日本海に近い都市である，鳥取市・新潟市・青森市のいずれかの，最深積雪量（ｃｍ）・年間降雪日数・１月の平均気温（℃）それぞれの平年値（30年間の平均値）を示したものです。都市名の正しい組み合わせを，右下の表の**ア～カ**から選んで，記号で答えなさい。

	最深積雪量	年間降雪日数	１月の平均気温
Ｖ	111	108.6	−1.2
Ｗ	36	70.8	2.4
Ｘ	46	44.7	4.0

（気象庁ホームページによる）

	ア	イ	ウ	エ	オ	カ
Ｖ	鳥取市	鳥取市	新潟市	新潟市	青森市	青森市
Ｗ	新潟市	青森市	鳥取市	青森市	鳥取市	新潟市
Ｘ	青森市	新潟市	青森市	鳥取市	新潟市	鳥取市

⑪　次の**ア～エ**の文のうち，内容が誤っているものを一つ選んで，記号で答えなさい。
　ア　大雨で河川の水位があがると，堤防がたえきれなくなって破壊されることがある。
　イ　大雨が降って海に大量の水が流れ込むと，海水があふれて高潮を引き起こすことがある。
　ウ　土砂災害の発生が予想されるときは，避難勧告などの情報を待たず，早めに避難することが大切である。
　エ　ハザードマップをみれば，土砂災害の危険度や避難場所などを調べることができる。

⑫　次の**ア～エ**の文のうち，内容が誤っているものを一つ選んで，記号で答えなさい。
　ア　熊本地震では，震源の益城町付近で震度７を２日間で２回観測したことで，亡くなる人が増えた。
　イ　東日本大震災では，福島第一原子力発電所が制御不能におちいり，今なお故郷にもどることができない人が多くいる。
　ウ　阪神淡路大震災では，野島断層を震源とする大規模な津波が発生し，多くの人が亡くなった。
　エ　関東大震災では，火事が燃え広がって被害が拡大し，多くのぎせい者が出た。

2　2019年は日本にとっても，修道にとっても大きなできごとのあった一年でした。その2019年にあったできごとについての３人の修道生の会話文を読んで，あとの問１～問15に答えなさい。

修君：2019年は，いろんなできごとがあったよね。
誠君：そうだね。ぼくたちが修道を受験して，合格して，入学式で出会って，こうして仲良くなった年だけど，入学式の前には新しい①元号（年号）が発表されて，５月１日から新しい時代になった節目の年だったね。元号が新しいものへと変わることを「改元」って言うんだって授業で習ったね。
勉君：うん。今回の改元によってぼくたちが生まれた「平成」という時代が終わって②「令和」という新しい時代が始まったね。いろんな儀式があって，ゴールデンウィークが長くなったからとてもうれしかったなぁ。
修君：そういえば，あの連休のときに，テレビで天皇陛下の退位の儀式と即位の儀式を見たよ。
誠君：ぼくも見た。新しい天皇の即位と同時に元号が変わったんだよね。③昔は天皇の在位中に元号が変わることが何度もあったみたいだけど，明治時代以降はそんなことはなくなったから，平成生まれのぼくたちにとっては初めてのことだったもんね。いろいろ勉強になったゴールデンウィークだったなぁ。
勉君：本当にそうだね。その連休が明けてからは，修道でも「修國戦」っていう大きなイベントがあったよね。
修君：たしか，④浅野氏の広島城入城400年の記念行事の一つだったね。修道は広島藩の藩校の流れをくむ学校だから，歴史も古いし，たくさんの有名な卒業生を出しているって先生から聞いたよ。
誠君：⑤総理大臣やオリンピック選手もいるんだよね。すごいなぁ。ぼくたちもそんな先輩たちに続けるように，「知徳併進」でがんばらなきゃだね。
修君：本当にそうだね。ところで，そのほかに2019年のできごとで思い出すものはあるかな。
勉君：うーん……。あ，⑥百舌鳥・古市古墳群が世界遺産に登録されたんじゃなかった？

誠君：そうだよ，思い出した。日本では23番目の世界遺産として7月に登録されたんだよ。世界遺産について以前調べたことがあるんだけど，日本では1993年に登録された世界遺産が最初で，その後2013年からは毎年世界遺産が誕生しているんだって。

修君：へぇ。そうなんだ。日本にもそんなにあるんだね。⑦<u>そのうちの二つがぼくたちが住む広島県にある</u>ってすごいことだね。

誠君：ただ，世界遺産に登録されたことによる問題もいろいろ起こっているらしいよ。

勉君：世界遺産って文字通り，世界にとって大切な，のちの時代まで残していかなきゃいけないものだから，その問題をぼくたちもしっかり考えていかなきゃいけないね。

問1　下線部①について，日本の歴史上で初めて定められたとされる元号は何ですか。

問2　下線部①について，問1の元号が定められたとき，中国の制度を手本にした政治の改革が進められました。このときに出された政治の方針として誤っているものを，次のア〜エから一つ選んで，記号で答えなさい。

　ア　天皇や豪族が所有していた土地や民は，これまでと変わらず天皇や豪族の所有とする。

　イ　都や地方の区画（国・郡）を定め，都から地方に役人を派遣して治めさせる。

　ウ　戸籍をつくり，人々に田を割りあてて耕作させる。

　エ　布などを納める税の制度を統一する。

問3　下線部①について，日本の歴史上では元号ができごとの名前に使われている例が多くあります。次のA〜Cのできごとの説明として正しいものを，それぞれ説明文のア〜エから一つずつ選んで，記号で答えなさい。また，A〜Cのできごとを年代の古い順にならべかえなさい。

　　A　応仁の乱　　　　B　保元の乱　　　C　承久の乱

【説明文】

　ア　このできごとによって，東北地方を中心にうえ死にする人が多数出た。

　イ　このできごとは，朝廷や貴族の政治の実権をめぐる争いで，源氏と平氏もこの争いに巻きこまれた。

　ウ　このできごとでは，幕府をたおそうとして朝廷が命令を出し，兵を集めた。

　エ　このできごとは，将軍のあとつぎなどをめぐって大名たちが二軍に分かれて対立し，京都で起こった。

問4　下線部②について，新たに定められた元号である「令和」は，日本最古の歌集を由来としています。この歌集の名前を答えなさい。

問5　問4の歌集がつくられた時代と同じ時代のものとして正しいものを，次のア〜エから一つ選んで，記号で答えなさい。

ア

イ

ウ

エ

問6　下線部③について，なぜ明治時代以降は天皇の在位中に元号が変わることがなくなったのですか，簡単に説明しなさい。

問7　下線部④について，浅野氏が広島城に入城したのは何世紀ですか。解答らんに合うように算用数字で答えなさい。

問8　下線部④について，浅野氏が広島城に入城する前に広島城の城主だった大名は誰ですか。正しいものを，次のア〜エから一つ選んで，記号で答えなさい。

　ア　毛利元就　　　　イ　加藤清正　　　　ウ　武田勝頼　　　　エ　福島正則

問9　下線部④について，問8の大名は江戸幕府が定めたきまりに違反したという理由で領地をとりあげられました。そのきまりとは何ですか。

問10　下線部⑤に関連して，今年2020年は夏に東京オリンピックがひかえていますが，東京でのオリンピック開催は56年ぶりのことです。前回の東京オリンピックが開催されたころの日本はどのような状況でしたか。説明文として正しいものを，次のア～エから一つ選んで，記号で答えなさい。

　　ア　工業を発展させるために，外国から機械を買い，技師を招き，製糸・紡績・兵器製造などで国が運営する官営工場が開かれた。

　　イ　洋服を着る人が増えるなど，都市を中心に生活の洋風化が進み，電車やバスなどの交通も整備された。

　　ウ　製鉄・火力発電・石油精製などの重化学コンビナートがつくられ，各地の港が整備されていった。

　　エ　政府によって中国の鉄鉱石と九州地方の石炭を使う製鉄所がつくられたり，政府の援助を受けて造船業もさかんになった。

問11　下線部⑤に関連して，1964年に開催された前回の東京オリンピックは，日本に良い影響と悪い影響をそれぞれもたらしましたが，このときもたらされた良い影響，悪い影響についてあなたはどのようなことだと考えますか。解答らんにしたがってそれぞれ簡単に説明しなさい。

問12　下線部⑤に関連して，次にあげるA～Cの人物はすべて総理大臣を経験したことのある人物です。これらの人物の説明として正しいものを，下のア～オからそれぞれ一つ選んで，記号で答えなさい。

　　　A　原敬　　　　　　B　吉田茂　　　　　　C　伊藤博文

　　ア　総理大臣として第5次にわたり内閣を組織し，サンフランシスコ平和条約の調印式にも出席して署名した。

　　イ　米騒動の後に，総理大臣となり，初めて本格的な政党内閣を組織した。

　　ウ　総理大臣だったときに「非核三原則」を国の方針として定めたことで，ノーベル平和賞を受賞した。

　　エ　憲法の調査のためにヨーロッパに行き，帰国した後で初代の総理大臣となって政治をおこなった。

　　オ　満州事変が起こった後に総理大臣となったが，五・一五事件で青年軍人たちに殺害された。

問13　下線部⑥の百舌鳥・古市古墳群には，日本最大とされる古墳がふくまれています。この古墳の名前を答えなさい。

問14　下線部⑥に関連して，下の写真は，古墳に並べられていたものです。この名前を答えなさい。

問15　下線部⑦について，広島県にある二つの世界遺産とはどことどこですか。それぞれ答えなさい。

3　次の文章を読んで，あとの問1～問4に答えなさい。

　昨年，平成の時代が終わり，令和の時代が始まりました。この機会に平成がどのような時代であったかをふりかえることは，令和の時代を日本でともに過ごすわたしたちにとって，とても大切なことだと思います。平成は約【ａ】年続きました。日本が戦場にならず，平和が保たれたという意味では，平成の時代は，文字通り，平らかに成ったのかもしれません。しかし，平成の時代，日本は，いろいろな場面で困難な状況に直面しました。

　はやくも平成3年には，①バブルが崩壊して，銀行がつぶれるなど，経済の停滞が続くことになりました。経営が苦しい銀行が《……》，中小企業の倒産もあいつぎました。生き残った企業も働く人を減らしたり，工場の海外進出を進め，それによって大量の失業者が生み出されました。また，平成10年ごろから「格差」が重大な社会問題となりました。経済のグローバル化が進んで，外国の企業とも競争する必要にせまられた日本の企業は，正社員よりも賃金の安い非正社員を多くやとうようになりました。さらに，平成20年に起きた（　1　）・ショックにより，日本の景気が後退して，派遣労働者などが大量に会社をやめさせられました。

　災害も目立ちました。日本は地震がよく起こるところですが，特に平成7年の阪神淡路大震災，平成23年の東日本大震災は大きな被害をもたらし，防災など，日本社会の課題をうきぼりにしました。また，②地球温暖化の影響も疑われていますが，平成30年の西日本の豪雨災害は今も生々しい爪あとを残しています。

　テロの脅威にもさらされました。平成7年には（　2　）サリン事件が起き，日本もテロとは無縁ではないことが明らかになりました。平成13年にはアメリカ同時多発テロにより，世界貿易センタービルで働いていた日本人も亡くなりました。その後も海外ではテロがなくなりません。外国で活躍している日本人もテロに巻きこまれました。

　少子高齢化も進みました。日本は，平成6年に総人口にしめる65歳以上の人の割合が14％をこえた高齢社会に，平成19年には同じ割合が21％をこえた超高齢社会になりました。高齢化が進んで年金や医療，介護など③社会保障にかかるお金が増えるのに，少子化でそれを支える現役世代の数が減少するため，国民一人あたりの経済的負担が重くなるのです。そして，社会保障や少子化対策のため，消費税が導入されました。消費税は，平成元年に3％でスタートし，平成9年には5％に引き上げられ，平成26年には8％になりました。令和元年に10％に引き上げられたのは記憶に新しいところです。

　一方，平成という時代は日本を大きく変化させました。そういう意味でも平成は，皮肉なことに，④平らかに成ったとはいえ

ない時代だったと思います。

　まずは，国内政治の面で大きな変化がありました。汚職事件が続くなか，政治改革を求める声が高まり，平成5年の⑤衆議院総選挙では自民党が議席の過半数を失って，38年ぶりに政権が交代し，非自民8党派の連立政権が成立しました。今と同じように自民党がずっと政権をになってきたという印象があるかもしれませんが，平成21年にも「政治主導」などの公約をかかげた民主党が政権を獲得しました。

　国際政治の面でも，（3）が平成元年に終結し，平成2年には東西ドイツが統一され，平成3年に社会主義諸国の中心的存在であったソ連が崩壊するなど，日本が平成をむかえたとたんに，国際情勢は激変しました。その後も民族紛争が続き，⑥国際情勢の変化は日本にもいろいろな影響をあたえました。また，イギリスが平成29年に離脱を表明した（4）も，発足したのは平成5年でした。

　（5）化も大きく進展しました。平成7年にはウィンドウズ95が発売されて，インターネットの急速な普及にもつながり，（5）技術革命に大きな役割を果たしました。また，携帯電話の変化は象徴的です。平成前は持ち運びに不便な大型のものでしたが，平成も10年を過ぎると携帯電話はインターネットにつながるようになり，平成20年をこえると多機能携帯電話，いわゆるスマホの利用が日本でも広がっていきます。それはそれでいろいろな問題をはらんでいますが，今では携帯を操作する人が街にあふれています。

　グローバル化も進みました。スーパーに行けば，外国産の食料品が目立ちます。海外でくらす日本人の数も増えましたし，日本でくらす外国人の数も増えました。人手不足を解消するためもあって，政府は平成30年に（6）法を改正し，外国人労働者を増やそうとしています。しかし，技能実習生として日本で働いていた外国人の過酷な労働状況が問題視されており，引き続き外国人の受け入れに際し，官民問わず，配慮が求められています。さらに，外国人観光客が日本の名所におしよせています。

　このように，平成は困難な状況に直面するとともに，変化の激しい時代でした。日本で暮らす私たちは，これから令和という時代を共有し，ともに令和という時代をつくっていくわけですが，令和はどのような時代であるべきでしょうか。令和の「令」の字は，「善い」という意味があるそうです。たしかにいろいろな意味で「善い」時代にしたいものです。ただ，令和の「令」は，命令の「令」でもあります。令和はだれかの命令でむりやり「和」が保たれるような時代であってはなりません。昨年の参議院選挙の投票率は【b】％を少し割りこみましたが，政治に無関心でいると，そうなってしまう可能性もあります。そうならないように，わたしたちは政治にも強い関心をもって，令和を，多様な人々が自由でのびのびと過ごしながらも和やかに暮らす「善い」時代にしなければなりません。

問1　（1）〜（6）にあてはまる語をそれぞれ書きなさい。
問2　【a】・【b】にあてはまる数字を，次のア〜コからそれぞれ一つずつ選んで，記号で答えなさい。
　　ア　10　　イ　20　　ウ　30　　エ　40　　オ　50　　カ　60　　キ　70　　ク　80　　ケ　90　　コ　100
問3　《……》にあてはまる理由として適切なものを，次のア〜クから二つ選んで，記号で答えなさい。
　　ア　貸し出しを増やしたため　　　　　　　イ　大企業を優遇したため
　　ウ　政府の指導に従ったため　　　　　　　エ　貸付金を強引に回収しなかったため
　　オ　貸し出しをおさえたため　　　　　　　カ　個人を優遇したため
　　キ　政府の指導に従わなかったため　　　　ク　貸付金を強引に回収したため
問4　下線部①〜⑥に対応する，次の各問いに答えなさい。
　①　「バブルが崩壊」したとは，何がどうなったことを表していますか。具体的にわかりやすく説明しなさい。
　②　地球温暖化をくいとめるために結ばれたパリ協定の内容として適切でないものを，次のア〜エから一つ選んで，記号で答えなさい。
　　ア　締約国のうち，発展途上国は削減目標を定めて対策を進める必要はない。
　　イ　産業革命前からの気温上昇を2度未満にすることを目的としている。
　　ウ　今世紀後半に世界の温室効果ガス排出量を実質的にゼロにすることをめざしている。
　　エ　先進国から発展途上国への資金援助が義務づけられた。
　③　社会保障を担当する政府の役所はどこですか。
　④　この文章では，どのような意味で，平成が「平らかに成った時代とはいえない」とされていますか。
　⑤　衆議院に関する説明として最も適切なものを，次のア〜エから一つ選んで，記号で答えなさい。
　　ア　衆議院議員に立候補できるのは，30歳になってからである。
　　イ　衆議院議員の任期は6年である。
　　ウ　衆議院は内閣を信任しないことを決めることができる。
　　エ　衆議院には解散がない。
　⑥　平成3年に外国で起きた戦争で，日本が国連の平和維持活動に参加するきっかけになったものを，次のア〜エから一つ選んで，記号で答えなさい。
　　ア　朝鮮戦争　　イ　中東戦争　　ウ　ベトナム戦争　　エ　湾岸戦争

算　数　解答用紙

200150

↓ここにシールをはってください。

受験番号

※125点満点
（配点非公表）

1

(1) ①	(1) ②	(1) ③

(1) ④	(2) 個	(3) 人

(4) 回	(5) 度	(6) 円

2

(1)

水の深さ（cm）

30
20
10

O　　　5　　　10　　時間（分）

(2)

D　　C

H　　G

(3)

A君　　　　　B君　　　　　C君

(4) ①

A君　　　　B君　　　　C君　　　　D君

(4) ②

3

(1)

(2)

4

(1) 分	(2) km	(3) L	(4) L

5

ア	イ	ウ

エ	オ	カ

2020年度　修道中学校入試問題

理　科　解答用紙

200140

↓ここにシールをはってください。

受 験 番 号

※100点満点
（配点非公表）

1

問1		問2	

問3

発生した気体の体積〔cm³〕

| 300 |
| 250 |
| 200 |
| 150 |
| 100 |
| 50 |
| 0 |

0　　0.05　　0.10　　0.15　　0.20　　0.25　　0.30

アルミニウム箔の重さ〔g〕

問4	g	問5		問6	cm³	問7	

2

問1	a		b		c	
	d		e		f	

問2		問3	

問4	(1)		(2)		(3)	
	(4)①					
	②					

3

問1	a		b		c		d	

問2	

問3	(1)	
	(2)		(3)	

4

問1		問2		問3	秒	問4	秒後

問5	(1)	つなぎ	(2)		(3)		問6	

問7

社 会 解答用紙

200120

↓ここにシールをはってください。

受 験 番 号

※100点満点
（配点非公表）

1

①			②	③
A	B	C		
④		⑤		
J	K			
⑥			⑦	⑧
M	N	O		
⑨ オーストラリアは１月が,				だから。
⑩	⑪	⑫		

2

問　　1		問　　2	

問			3	
A	B	C	古い順　　　　　→　　　　　→	

問　　4	問　　5

問	6

問　7	問　8	問　9	問　10
	世紀		

問	11
良い影響は,	こと。
悪い影響は,	こと。

問		12	問　13
A	B	C	

問　14	問　15

3

問		1
1	2	3
4	5	6　　　　　　　法

問　　2		問　　3	
a	b		

問		4	
①			②
③	④ 省		
⑤	⑥		

2019年度

修道中学校　入学試験問題

【算数】

時間50分

表紙を除いて４ページ

受験上の注意　テストが始まるまでによく読みなさい。

1. テスト終了のチャイムが鳴るまで，テスト教室を出ることはできません。
2. 腕時計のアラームを鳴らしてはいけません。
3. 休憩時間に付添の人に会ってはいけません。
4. からだの具合が悪くなったら，監督の先生か腕章を着けた生徒に申し出なさい。
5. 問題用紙は回収しないので持ち帰りなさい。
6. 机の上に計算・下書き・落書きなどをしてはいけません。
7. 自分の持ってきたメモ用紙，下敷きや電卓を使ってはいけません。
8. 机の中に物を入れてはいけません。
9. テストはまじめな態度で受けなさい。テスト中によそ見をしたり先生の指示が守れない人は合格になりません。
10. 問題の内容についての質問はいっさいしてはいけません。もし，印刷のわからないところなどがあったら，静かに手を挙げなさい。
11. 筆記用具，ものさし，コンパスなど物の貸し借りをしてはいけません。
12. 答えは全て解答用紙に書きなさい。
13. 解答用紙には名前は書かず，受験番号だけを算用数字で書きなさい。
14. 先生の「はじめなさい」の指示で鉛筆をとり「やめなさい」の指示があったらすぐに鉛筆を置きなさい。
15. テスト中に物を落とすなど困ったことがあったら，静かに手を挙げなさい。

1 次の問いに答えなさい。

(1) 次の □ にあてはまる数を答えなさい。

① $(1＋7＋49＋343)÷20－(2×5×8－16÷4)×31÷124＝$ □

② $2.8÷0.7×0.25＋4.5÷0.3×0.6＝$ □

③ $\left(\dfrac{3}{7}＋\dfrac{1}{35}\right)×1.75－2\dfrac{1}{3}÷\dfrac{7}{9}÷4＝$ □

④ $1.125×\dfrac{4}{7}＋1\dfrac{2}{3}÷\left\{\left(1.6－\dfrac{3}{10}\right)×\dfrac{14}{13}\right\}＝$ □

⑤ $\dfrac{169}{2019＋\boxed{}}＝\dfrac{13}{168}$

(2) ある中学校の1年生全員に，サッカーと野球それぞれで「好き」か「好きではない」かのどちらかを答えるアンケートを行いました。サッカーを「好き」と答えた生徒は全体の $\dfrac{3}{5}$ で，そのうちの $\dfrac{2}{3}$ が野球も「好き」と答えました。サッカーが「好き」で野球が「好きではない」と答えた人は44人いました。中学1年生は全員で何人いますか。

(3) 8％の食塩水200gがあります。この食塩水から何gかを取り出し，取り出した食塩水と同じ重さの水を加えたところ，7％の食塩水になりました。何gの食塩水を取り出しましたか。

(4) 文化祭に向けてA班，B班の2班が作業の計画を立てています。同じ作業をするのに，B班だけで作業をすると15時間，A班とB班が協力して作業をすると6時間で終わります。A班だけで作業をすると，終わるまでに何時間かかりますか。

(5) 右の図の円周上の点は，円周を5等分する点です。
このとき，印をつけた部分の角の大きさを求めなさい。

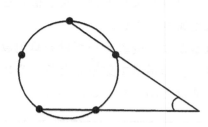

(6) 右の図のように，半径 6 cm の半円があり，その曲線の部分を 6 等分する点に・の印をつけました。
このとき，図の斜線をつけた部分の面積を求めなさい。
ただし，円周率は 3.14 とします。

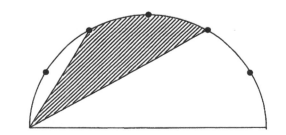

(7) 右の図は，円柱 A に円柱 B をひっつけて，それから円柱 C の部分をくりぬいてできた立体を表しています。
この立体の体積と表面積をそれぞれ求めなさい。
ただし，円周率は 3.14 とします。

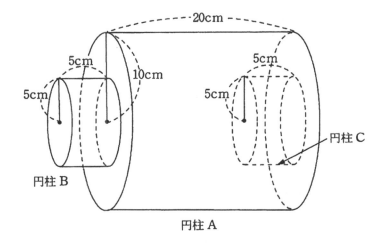

(8) 私たちは，日々たくさんの紙を使用しています。使用後の紙は古紙と呼ばれ，捨てられるか，スーパーなどで「古紙リサイクル」として回収されています。下の表は，2011 年から 2016 年までの古紙回収量と古紙回収率をまとめたグラフです。古紙回収率は，
（古紙回収量）÷（紙の消費量）で計算します。
この表から，6 年間で紙の消費量は増えたと考えられますか，減ったと考えられますか。増えた，減ったのどちらかを答え，その理由も書きなさい。

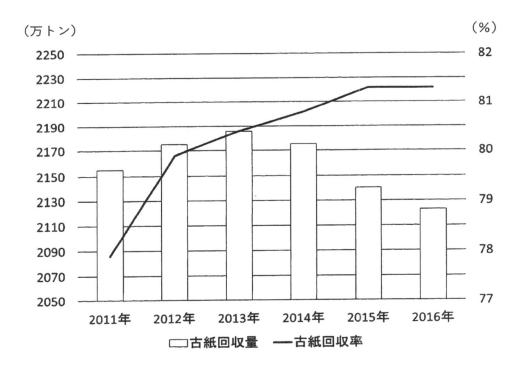

（『公益財団法人・古紙再生促進センター』のデータより作成）

2 修道中学校3年生の修くんは，11月にFLPという研修でオーストラリアに行きます。修くんは，オーストラリアでお金を使うために，お小遣いの一部をオーストラリアの通貨である「オーストラリアドル」に両替をすることにします。

「1オーストラリアドル＝82円」として，次の問いに答えなさい。

ただし，両替をするときに手数料はかからないものとし，小数点以下の端数は出ないように両替をするものとします。

(1)　1000円をできるだけ多く両替しようとすると，何オーストラリアドルになるか答えなさい。

(2)　修くんは，現地でのおみやげや観光で必要になるお金として30000円前後のお金を持っていこうと考えています。

30000円に最も近い金額になるように「オーストラリアドル」に両替する場合，何オーストラリアドルになるか答えなさい。

3 修くんは，次のように480ページの冊子を作ります。まず，同じ大きさの紙120枚を用意して，図aのようにこの紙を4枚重ねて2つに折ったものを1セットとします。こうしてできた30セットを図bのように同じ方向に積み重ねていき，折り目側をとじて図cのように1つの冊子にします。

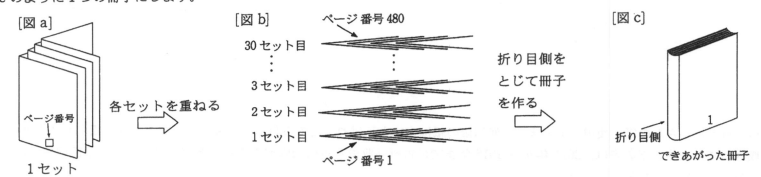

できた冊子は左にめくっていくと，ページ番号1から始まりページ番号480で終わるように，あらかじめそれぞれの紙にページ番号をつけておきます。すると，1枚の紙には，表面の左側と右側，裏面の左側と右側の4か所にページ番号がつくことになります。

たとえば，1セット目の4枚の紙の中には，ページ番号1，2，15，16が次のように書かれたものが含まれます。また，2セット目はページ番号17から始まります。

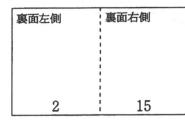

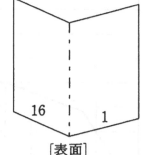

このとき，次の問いに答えなさい。

(1)　下の文章を，（　　）に表，裏，左，右のどれかを入れて，正しいものにしなさい。

「ページ番号12は，紙の（　　）面（　　）側に書かれています。」

(2)　下の文章を，最初の（　　）には数字を，その他の（　　）には表，裏，左，右のどれかを入れて，正しいものにしなさい。

「ページ番号59は，（　　）セット目に含まれる紙の（　　）面（　　）側に書かれています。」

(3)　ページ番号300が書かれた紙に書かれている300以外の3つのページ番号をすべて答えなさい。

4 大人気のアトラクションのあるS遊園地は，開園時間が午前9時です。S遊園地の入園口には全部で9か所のゲートがあって，入園しようとする客は，開いているゲートの前に進み均等に並ぶものとします。どのゲートも入園待ちの客がいる間は一定のペースで客が入園できますが，いつもすべてのゲートが開いているわけではありません。また，午前9時の開園から正午までの時間には，一定のペースで客が集まって来るものとします。

　ある朝，午前9時の開園時間前に，すでに全体で300人の客が並んでいました。午前9時ちょうどに3か所のゲートを開けて入園を始めましたが，午前9時5分に列の人数が全体で520人になったときに，ゲートをもう2か所開けました。しかし，このままの状態を続けると，午前9時22分30秒に列が全体で800人になることがわかったので，午前9時15分に，さらに4か所のゲートを開けました。

　このとき，次の問いに答えなさい。

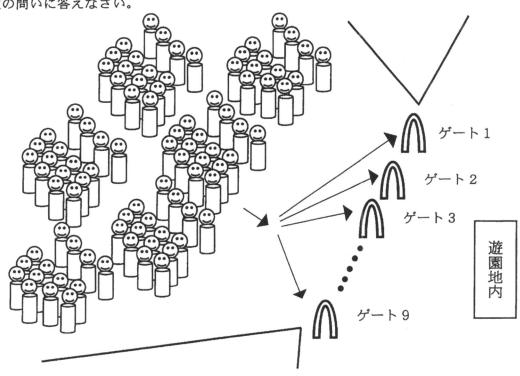

(1)　午前9時15分には，全体で何人の人が並んでいますか。

(2)　1つのゲートでは，1分間あたり何人の客が入園できますか。

(3)　入園待ちの客がいなくなるのは午前何時何分ですか。

2019年度

修道中学校　入学試験問題

【理科】

時間40分

表紙を除いて４ページ

1 次の文章を読んで，あとの問1〜問5に答えなさい。

　日本付近は，火山活動や地しんが多く起こります。それは地下にあるプレートとよばれる岩石のかたまりと大きな関係があります。下図に示すように，プレートは地表からの厚さが数10kmから100kmくらいまでのかたい板状の部分で，大陸プレートと海洋プレートの2種類があります。地球は十数枚のプレートでおおわれており，それがあるところではなれたり，別のあるところではぶつかったりしています。プレートがはなれていくところでは，そのすき間を埋めるように下からマグマが上昇し，新しく海洋プレートがつくられています。このため，海洋プレートは毎年数cmという非常にゆっくりした速度で大陸プレートに向かって移動し，日本付近でこの2つのプレートがぶつかります。そのとき，海洋プレートは大陸プレートよりも重たいので，大陸プレートの下にしずみこみ，このプレートの動きがさまざまな現象を引き起こします。

　その1つである火山活動のしくみは次のように考えられています。海洋プレートのしずみこんだ部分でマグマが発生し，このマグマはしだいに上昇していき，マグマだまりをつくります。そしてこの中のマグマが急げきに地表にあふれ出す現象を（　a　）といい，地下のマグマが火口から（　b　）となって流れ出したり，①小さな粒，大きなかたまり，火山ガスなどがふき出したりします。

　一方，プレートの動きによって地しんが起こることがあります。大陸プレートの下に海洋プレートがしずみこむと，（　あ　）プレートが（　い　）プレートに押されてゆがみ，このゆがみにたえきれず，（　う　）プレートがずれ動いて地しんが起こります。地しんによる土地のずれを（　c　）といい，大きな地しんが起こると，地表に（c）が現れたり，地しんによる地すべりや地割れによって，土地のようすが大きく変化したりすることがあります。このように，②日本は火山の（a）や地しんが多くおこる地域にあります。

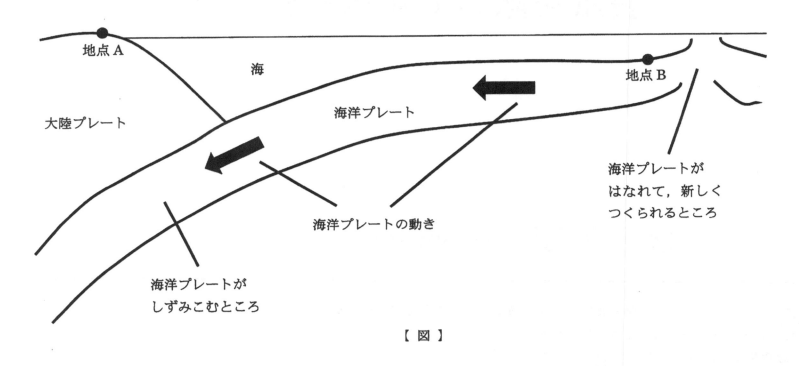

【　図　】

問1　ある地点A（大陸プレートにあり，移動はしない）と地点Aから5000kmはなれたところにある地点B（海洋プレートにあり，地点Aに向かって毎年8cm移動する）があります。5000万年後，地点Aと地点Bの距離は何kmになりますか。最も適当なものを，次のア〜オから1つ選んで，記号で答えなさい。

　　ア　1km　　イ　40km　　ウ　100km　　エ　1000km　　オ　4000km

問2　下線部①について，火口からふき出す小さな粒を何といいますか。漢字3文字で答えなさい。

問3　（　a　），（　b　），（　c　）に，あてはまる適当な語を答えなさい。

問4　（　あ　），（　い　），（　う　）にあてはまるものを，下のア，イからそれぞれ選んで，記号で答えなさい。

　　ア　大陸　　　　イ　海洋

問5　100年前，ある半島から100mほどはなれたところに島がありましたが，現在ではこの半島と島は地続きになっています。下線部②に関連して，地続きになった原因として考えられることを答えなさい。

2 次の文章を読んで，あとの問1〜問3に答えなさい。

てこの性質を調べるために，下の図1のような実験用てこを作りました。

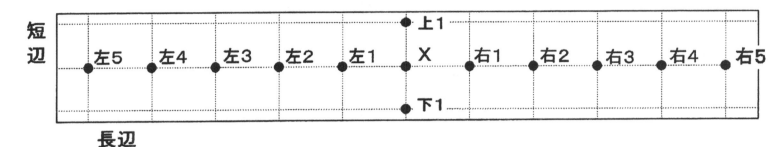

【 図1 】

このてこは，どこも同じ材質でできた，どこも同じ厚さの長方形の板でできています。また，このてこの重さを計ると20g でした。てこの中央には穴Xが開けてあり，長方形の長辺と平行に，Xから左右に等しい間かくで**左1（右1）**から**左5（右5）**の穴が開けてあります。

また，穴Xの上下にも，長方形の短辺と平行に**上1**と**下1**の穴が開けてあります。それぞれの穴は，支点として使用することもできるし，おもりや，糸に付けた皿をつり下げることもできるものとします。また，てこはどの穴を用いたときもスムースに回転できるものとします。

問1　はじめに中央の穴Xを支点として実験を行いました。次の（1），（2）に答えなさい。

（1）**左2**の穴に40gのおもりをつり下げました。**右4**の穴に何gのおもりをつり下げればてこはつり合いますか。

（2）**左4**の穴に30gのおもりを，**右1**の穴に40gのおもりをそれぞれつり下げました。さらに20gのおもりをつり下げてつり合わせるには，20gのおもりをどの穴につり下げればよいですか。

問2　次にこの実験用てこの20gの重さが，てこのどこにはたらいているかを調べるために，実験1〜実験3を行いました。あとの（1）〜（6）に答えなさい。

実験1：　**右2**を支点として，**右4**の穴に20gのおもりをつり下げると，てこは水平な状態でつり合った。

実験2：　穴Xを支点とすると，何もつり下げない状態でもてこはつり合った。また，てこを右の図2のようにかたむけても，てこは止まったままで回転しなかった。

実験3：　**上1**の穴を支点とすると，何もつり下げない状態でてこはつり合った。てこを図2のようにかたむけたら**ア**の方向に回転して水平になった。

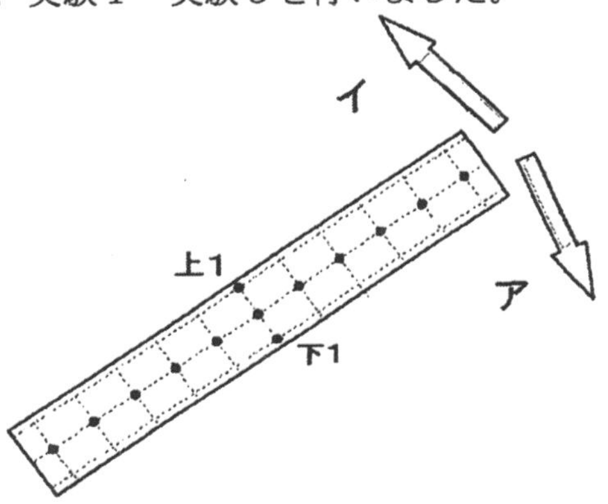

【 図2 】

（1）実験1〜実験3の結果から，てこの20gの重さは，どの穴の位置にはたらいていると考えることができますか。

（2）**右1**の穴を支点とした時，10gのおもりをどの穴につり下げれば，てこはつり合いますか。

（3）**右5**の穴に80gのおもりをつり下げて，てこをつり合わせるには，支点をどの穴にすればよいですか。

（4）実験3で，てこが**ア**の方向に回転した理由を考えました。次の文中の（ ① ）と（ ② ）にあてはまる適当な語を，（ ① ）は 右・左，（ ② ）は 上・下 から1つずつ選んで，それぞれ答えなさい。

　　てこをななめにすると，支点となる上1の穴よりも，てこの20gの重さがはたらく穴の方が（ ① ）側になる。てこの重さのはたらく位置は支点の真（ ② ）にある方が安定するので，てこは**ア**の方に回転する。

（5）実験4として，**下1**の穴を支点として，何もつり下げない状態で，てこを図2のようにかたむけました。てこはどう動くと考えられますか。次の**ア**〜**ウ**から1つ選んで，記号で答えなさい。

　　ア　図2の**ア**の向きに回転を始める

　　イ　図2の**イ**の向きに回転を始める

　　ウ　止まったままで回転しない

（6）実験1〜実験4の結果から考えると，**左右**の穴におもりをつり下げて実験を行うとき，支点にするのに最も適当な穴は 上1・X・下1 のうちのどの穴にしたときと考えられますか。

-2-

問3　次に、このてこに糸と合わせた重さが10gの皿をつり下げて、皿の上に物体やおもりをのせて、色々な物体の重さを計る実験をしました。次の（1）、（2）に答えなさい。

（1）物体やおもりは、皿から落ちないようにのせれば、皿の中央に置く必要はありません。その理由として、最も適当なものを次のア〜ウから1つ選んで、記号で答えなさい。

ア　てこに重さがあるから。

イ　糸でつり下げられているので、物体やおもりの重さが、つり下げられている穴にはたらくことになるから。

ウ　てこがななめになっても、支点から物体やおもりまでの距離は変化しないから。

（2）支点を上1にして、左2に重さを計りたい物体Aをのせた皿を、右4に50gのおもりをのせた皿をつり下げたところ、てこはつり合いました。物体Aの重さは何gですか。

3　次の文章を読んで、問1〜問7に答えなさい。

植物は葉にある①小さな穴（気孔）から空気中の二酸化炭素を葉の内部に取りこみ、でんぷんをつくっています。植物が二酸化炭素を取りこむ速さは、葉の量と葉がでんぷんをつくる速さに比例します。したがって、植物の葉の量が同じ場合、葉がでんぷんをつくる速さを求めるには、植物が二酸化炭素を取りこむ速さを調べればよいことになります。

植物がでんぷんをつくる速さは、温度と②光の強さの影響を受けることが知られています。③熱帯を原産地とする多くの植物は、低温の状態が続くと二酸化炭素の取りこみの速さが小さくなることから、低温によりでんぷんをつくる速さが小さくなることがわかります。

植物が二酸化炭素を取りこめば、それにともなって植物の周囲の二酸化炭素は減ります。そして、この変化は空気中の*二酸化炭素濃度にも影響します。④日本のある地点の観測結果によると、近年、二酸化炭素濃度は季節による変化をくり返しながらしだいに上昇しています。

*二酸化炭素濃度とは、1m³に含まれる二酸化炭素の量を示す。

問1　下線部①に関連して、強い光が当たっているとき、気孔から出ている気体は何ですか。2つ答えなさい。

問2　下線部②に関連して、光が当たっていないとき、二酸化炭素はどうなりますか。最も適当なものを次のア〜オから1つ選んで、記号で答えなさい。

ア　光が当たっているときよりも取りこまれる量が増える　　イ　光が当たっているときよりも取りこまれる量が減る

ウ　光が当たっているときと取りこまれる量は変わらない　　エ　取りこまれずに葉から排出される

オ　取りこみも排出も行われない

問3　下線部③の原因が、気孔が閉じることによるものなのか、それとも葉のでんぷんをつくる能力が下がることによるものなのかを明らかにしたいと思います。そのために、植物を気温の高い場所から低い場所へ移す実験をしました。移す前と後の何を比べればよいですか。最も適当なものを次のア〜エから1つ選んで、記号で答えなさい。

ア　光が当たらないところにおいた葉の内部の二酸化炭素濃度

イ　光が当たらないところにおいた葉の周囲の二酸化炭素濃度

ウ　光を当てたときの葉の内部の二酸化炭素濃度

エ　光を当てたときの葉の周囲の二酸化炭素濃度

問4　下線部④において、空気中の二酸化炭素濃度は過去5年間でどのように上昇してきたと思いますか。そのようすを、季節変化も考えて、解答用紙の図中の○からはじめて●で終わるように描きなさい。

問5　日本から北に向かって次のような植物の分布がみられます。沖縄から九州南端には常緑（年中葉がついている）のガジュマルなどの亜熱帯の森林、九州・四国および関東平野までの本州西南部の低地には常緑のシイなどの森林、本州東北部から北海道西南部の低地には冬に落葉するブナなどの森林、北海道東部には常緑のエゾマツなどの森林が分布しています。さらに北のシベリア北部では寒さのため森林はできず、植物はまばらです。次のうち、季節による二酸化炭素濃度の変動が最も大きいと考えられるのはどこですか。最も適当なものを次のア〜エから1つ選んで、記号で答えなさい。

ア　四国　　イ　本州東北部　　ウ　北海道東部　　エ　シベリア北部

問6　二酸化炭素濃度が近年上昇している原因として考えられることを2つあげなさい。

ただし、1つは二酸化炭素の取り込みに関連したことを答えること。

問7　現在の空気中の二酸化炭素濃度の平均値として、最も適当なものを次のア〜エから1つ選んで、記号で答えなさい。

ア　0.02%　　イ　0.03%　　ウ　0.04%　　エ　0.05%

- 3 -

4　修君と先生の会話を読んで，あとの問1〜問5に答えなさい。ただし，水に気体を溶かすとき，気体はじゅうぶん用意してあるものとします。

修君：水そうのメダカは口をいつもパクパクしています。ずっとえさを食べているのですか。

先生：えさも食べていますが，水の中の①酸素を取り込んでいるのです。

修君：そういえば，酸素は水の中にどれくらい溶けるんですか。

先生：この実験室で調べてみると，②20℃で水10Lに，酸素は0.066L溶けました。

修君：20℃より温度を上げると，溶ける酸素の量は多くなりますか。

先生：40℃では水10Lに，酸素は0.052L溶けて，20℃のときよりも少ないです。

修君：40℃の酸素が0.014Lほど少ないのか・・・。

先生：修君，ちょっと待ってください。20℃と40℃で温度がちがいます。20℃の酸素を40℃にすると体積は（　a　）します。2つの体積を比べるときは同じ温度で比べる必要がありますよ。

修君：はい，わかりました。では，重さで比べればもっと簡単ですね。水に溶ける酸素の重さはどのくらいになりますか。

先生：20℃の酸素0.066Lは0.09g，40℃の酸素0.052Lは0.06gになります。

修君：それで夏に，水中の酸素の量が（　b　）して，メダカが酸素不足になりやすいのですね。気体をたくさん溶かす方法は他にありますか。

先生：修君，炭酸ジュースのふたを開けるとシュッと音がするのを思い出して・・・。

修君：あっ，そうか。炭酸ジュースの容器にふたをして，二酸化炭素の割合を空気中より（　c　）させているんですね。

先生：そのとおり。気体などが面を押す力を圧力といいますが，炭酸ジュースでは，二酸化炭素の圧力を大きくすることによって二酸化炭素をたくさん溶かしています。

修君：なるほど。温度や圧力が，水に溶ける気体の量に関係していることがわかりました。

問1　下線部①の酸素の説明として適当なものを，次のア〜オからすべて選んで，記号で答えなさい。

　　ア　火のついたろうそくを入れると，激しく燃える。

　　イ　空気中に約78％含まれている。

　　ウ　光が当たっている水草から発生する。

　　エ　石灰水を加えてふると，白くにごる。

　　オ　植物も動物と同じように取り入れている。

問2　下線部②で，温度測定に使う温度計について，あやまっているものを，次のア〜オから2つ選んで，記号で答えなさい。

　　ア　ビーカーの水溶液をかき混ぜるときにも使う。

　　イ　液だめには色をつけた灯油が入っている。

　　ウ　液だめがあたたまると，液だめの液の体積が大きくなり，液だめとつながった管の中の液の先が上がる。

　　エ　目盛りを読むとき，温度計と目線の交わる角度を垂直に保つ。

　　オ　液だめとつながった管の中の液の先が目盛りと目盛りの間にあるときは，いつも目盛りの値が小さい方を読む。

問3　（　a　），（　b　），（　c　）に，前後の会話につながるように，"増加"か"減少"の語をそれぞれ答えなさい。

問4　この実験室で，空気と接している20℃の水25Lがあります。次の（1）〜（3）に答えなさい。

　（1）水に溶けている酸素の体積は20℃で何Lですか。答えは小数第3位まで答えなさい。

　（2）水の温度を40℃にしました。水から出てくる酸素は何gですか。答えは小数第3位まで答えなさい。

　（3）（2）のとき水から出てくる酸素の体積は40℃で何Lですか。答えは小数第3位まで答えなさい。

問5　この実験室で，空気中と比べて，圧力を3倍にした酸素と接した40℃の水40Lがあります。次の（1），（2）に答えなさい。ただし，接している気体の圧力と水に溶ける気体の重さは比例するものとします。

　（1）水に溶けている酸素は何gですか。答えは小数第2位まで答えなさい。

　（2）圧力を3倍にしたままで，水の温度を20℃にしました。新しく溶けた酸素は何gですか。答えは小数第2位まで答えなさい。

- 4 -

2019年度

修道中学校　入学試験問題

【社会】

時間40分

表紙を除いて５ページ

受験上の注意　テストが始まるまでによく読みなさい。

1. テスト終了のチャイムが鳴るまで，テスト教室を出ることはできません。
2. 腕時計のアラームを鳴らしてはいけません。
3. 休憩時間に付添の人に会ってはいけません。
4. からだの具合が悪くなったら，監督の先生か腕章を着けた生徒に申し出なさい。
5. 問題用紙は回収しないので持ち帰りなさい。
6. 机の上に計算・下書き・落書きなどをしてはいけません。
7. 自分の持ってきたメモ用紙，下敷きや電卓を使ってはいけません。
8. 机の中に物を入れてはいけません。
9. テストはまじめな態度で受けなさい。テスト中によそ見をしたり先生の指示が守れない人は合格になりません。
10. 問題の内容についての質問はいっさいしてはいけません。もし，印刷のわからないところなどがあったら，静かに手を挙げなさい。
11. 筆記用具，ものさし，コンパスなど物の貸し借りをしてはいけません。
12. 答えは全て解答用紙に書きなさい。
13. 解答用紙には名前は書かず，受験番号だけを算用数字で書きなさい。
14. 先生の「はじめなさい」の指示で鉛筆をとり「やめなさい」の指示があったらすぐに鉛筆を置きなさい。
15. テスト中に物を落とすなど困ったことがあったら，静かに手を挙げなさい。

1 次の文章を読んで，あとの問1～問7に答えなさい。

A君：昨年の夏は暑かったねぇ，数年ぶりに日本国内の最高気温が更新されたね。

B君：一番暑かったのは？どこだっけ？

A君：（1）県の（2）市だよ。

C君：それまでは岐阜県の多治見市が最高気温の記録を持っていたんだよね。

B君：気温の高さも異常だったけど，降水量も異常だったよね。

A君：たしかに。昨年7月の広島県内では，降り始めからの雨量が400mmをこえた地域もあったよね。

B君：特に①土石流や河川の氾濫などが原因で，主要幹線道路やJRなどの②交通網が寸断されたから，大変だったよね。

C君：想定外ってこと？

A君：そうだねぇ。

B君：想定外ではないでしょ！

C君：なぜ？だって被害が大きかったのは，僕たちが知らない，経験したことのないレベルだったからでしょ？

A君：そうだよ。あんなの誰も予測なんてできないよ。

B君：過去にも同じような被害が起きていたことが，きちんと石碑などに記録されていたんだよ。

C君：そうなんだぁ。

B君：知るか，知らないかは，意識するか，意識しないかの違いだと思うよ。

A君：他人事ではなく，自分のことだと思うかどうかってことだね。

C君：なるほど！③情報の多さや早さよりも，自分がどんな地形の上に住んでいるのかを意識するかどうかだね。

B君：でも情報も大事でしょ？

A君：そうだよね！自治体から配布される防災情報が書かれている（3）マップやパソコンのホームページから得られる情報だね。

B君：実際に見てみると，ものすごい情報量だよね。

C君：情報があふれているのに，活用しようとしない人がいるかもね。

A君：そんな人たちには，どうすれば早く行動してもらえるのかなぁ？

B君：どんな方法があるのかなぁ？C君なら何かいい案があるんじゃない？

C君：たとえば　　　　　　　4　　　　　　　のがいいんじゃないかなぁ？

問1　（1）・（2）にあてはまる都道府県と市の名前をそれぞれ，解答らんにしたがって漢字で書きなさい。

問2　（3）にあてはまる語を，解答らんにしたがってカタカナで書きなさい。

問3　次の表は国内5カ所の観測地点の気温（上段℃）と降水量（下段mm）の数値（1981年～2010年の平均値）である。表中a～eにあてはまる都市名をそれぞれ，あとの語群から選んで，書きなさい。

	1月	2月	3月	4月	5月	6月	7月	8月	9月	10月	11月	12月	全年
a	2.7	3.0	6.3	12.1	17.0	20.9	24.9	26.6	22.3	16.4	10.8	5.7	14.1
	259.5	172.1	158.5	122.2	134.2	182.6	240.4	168.3	220.2	160.7	234.4	247.0	2300.0
b	6.3	7.5	10.8	15.6	19.7	22.9	26.7	27.5	24.7	19.3	13.8	8.5	17.0
	58.6	106.3	190.0	244.3	292.0	346.4	328.3	282.5	350.0	165.7	125.1	58.4	2547.5
c	1.6	2.0	4.9	10.3	15.0	18.5	22.2	24.2	20.7	15.2	9.4	4.5	12.4
	37.0	38.4	68.2	97.6	109.9	145.6	179.4	166.9	187.5	122.0	65.1	36.6	1254.1
d	17.0	17.1	18.9	21.4	24.0	26.8	28.9	28.7	27.6	25.2	22.1	18.7	23.1
	107.0	119.7	161.4	165.7	231.6	247.2	141.4	240.5	260.5	152.9	110.2	102.8	2040.8
e	5.2	5.7	8.7	13.9	18.2	21.4	25.0	26.4	22.8	17.5	12.1	7.6	15.4
	52.3	56.1	117.5	124.5	137.8	167.7	153.5	168.2	209.9	197.8	92.5	51.0	1528.8

2018データブックオブ・ザ・ワールドより作成

【　語群：　仙台　富山　東京　高知　那覇　】

問4　　　　　　4　　　　　　にあてはまる適切な文を書きなさい。

問5　下線部①の土石流について，人間がもたらした原因によって被害が大きくなる場合があります。その原因とは，どのようなものですか。簡単に説明しなさい。

- 1 -

問6 下線部②に関する次の表（輸送機関別の平均輸送距離，2016年，単位 km）を見て，表中a～cにあてはまる輸送機関をそれぞれ，あとのア～ウから一つずつ選んで，記号で答えなさい。

	国 内 旅 客 輸 送	国 内 貨 物 輸 送
a	17.6	482.3
b	13.1	47.0
船	35.7	495.0
c	923.1	1066.6

日本国勢図会 2018/19 より作成

　ア　航空　　イ　自動車　　ウ　鉄道

問7 下線部③に関して，次の(1)・(2)に答えなさい。

(1) あとの図は，情報通信メディアの利用時間と情報行動に関して，総務省情報通信政策研究所が調査をしたデータからつくったものです。図中a～cにあてはまる情報通信メディアとして正しい組み合わせを，次のア～カから一つ選んで，記号で答えなさい。

　ア　a：LINE　　　　b：Facebook　　c：Twitter
　イ　a：Facebook　　b：LINE　　　　c：Twitter
　ウ　a：Twitter　　　b：Facebook　　c：LINE
　エ　a：Twitter　　　b：LINE　　　　c：Facebook
　オ　a：LINE　　　　b：Twitter　　　c：Facebook
　カ　a：Facebook　　b：Twitter　　　c：LINE

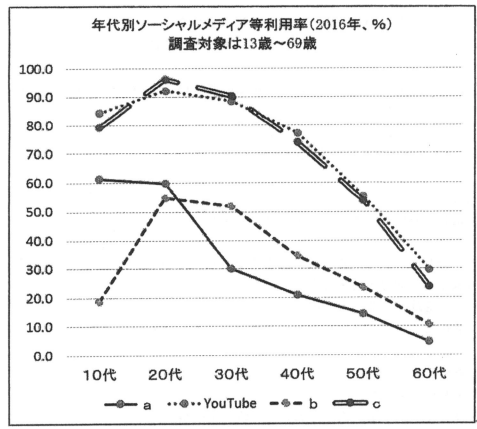

日本国勢図会 2018/19 より作成

(2) 情報を有効に活用できるような環境に必要な条件として適切でないものを，次のア～エから一つ選んで，記号で答えなさい。

　ア　より多くの国民が情報をすぐに入手できる通信手段を所有し，国や地方自治体と相互に情報の交換ができるようにすること。

　イ　海外から日本に旅行や研修で来ている人たちにも，無料で通信することができる場所などを広範囲に設置すること。

　ウ　公共機関の施設内などで，自由に通信手段を利用することができること。

　エ　誤った情報が出回ることは少ないので，利用する個人は多くの情報をそのまま信用すること。

- 2 -

2 　次のＡ～Ｊの文章を読んで，あとの問１～問 12 に答えなさい。

Ａ　私の名前はお市。（１）の妹なの。兄は夫の浅井様を自害に追いこみ，今，争いのあとを見ながら，悲しみに暮れているの。せめて三人の娘には，日本だけでなく，①中国をも征服するくらいの強い男にとつがせないと気がすまないわ。

Ｂ　私の名前は（２）。世の男性が頼りなく，②争いが絶えないものだから，占いが得意な私が女王になってあげたの。周辺の国々も私に従って，中国に使いを送ったら，その返答に今，中国から織物や銅の鏡をもらったところなのよ。

Ｃ　私の名前は（３）。やっぱり恋愛って楽しいものよね。はやりのかな文字を使って，恋の物語を想像で書いていたら，周りから読ませてほしいとお願いをうけたの。今，この世をば　わが世とぞ思ふ　望月なんちゃらかんちゃらといって，政治を動かして③優雅な生活をしているあの方に，続きの物語を届けに行くの。

Ｄ　私の名前は（４）。今の私には怒りの感情しかないの。なぜ幕府が悪くいわれないといけないの。きっと朝廷のまわりに，幕府の悪口をいっているやつがいるに違いないの。もう我慢の限界。今こそ立ち上がりなさい。おまえたちに④頼朝どのが与えた恩は山よりも高く，海よりも深いのですよ。

Ｅ　私の名前は（５）。女性は男性よりも低くみられていて納得いかないわ。近頃の女性は生活や文化などあらゆる面で社会に貢献しているのよ。この現状を変えるため，今，友達の房枝ちゃんと協会を設立し，女性も⑤政治に参加できるよう訴えているのよ。

Ｆ　私の名前は日野富子。皆さんは私のことを知らないかもしれないけれど，私の夫は８代将軍（６）なの。ただ夫は優柔不断で後継者を決めきれないものだから，今，有力者が軍勢を率いて，京でにらみ合いを始めているの。京が焼け野原になって困るのは⑥農民などの庶民なんだけどね。

Ｇ　私の名前は春日局。皆さんは私のことを知らないかもしれないけれど，３代将軍（７）の乳母，簡単に言うと，育ての母親をしていたの。そんな子どもが，今では立派に教養や文化を身につけ，生まれながらの将軍として，⑦幕府の威厳をご家来衆に見せつけているの。

Ｈ　私の名前は推古天皇。皆さんは私のことを知らないかもしれないけれど，女性なのに天皇になったの。すごいでしょ。ただ一人で政治をするのは不安なので甥の（８）に摂政として政治を助けてもらっているの。甥は役人の心構えを十七個にまとめようとはりきっているの。ただ同じく⑧政治をまかせている蘇我氏は最近ずうずうしくなってきて，争いにならないか不安なの。

Ｉ　私の名前は（９）。たった今，弟が⑨戦争に旅立つのを見送ったところなの，こんなに悲しいことがありますか。今の私にはせめて弟の生還を祈って，歌をつくることしかできないわ。君死にたまふことなかれ。

Ｊ　私の名前は（10）。今は大きな船に乗って，使節団の一員として⑩アメリカに留学しに行く途中なの。使節団の団長の髪型や衣装がアメリカの人に驚かれないかちょっと心配。日本に帰ったら，将来英語教育の学校でも開こうかしら。

問１　（１）～（10）にあてはまる人物名をそれぞれ書きなさい。
問２　下線部①について，この頃の中国の国名として正しいものを，次のア～エから一つ選んで，記号で答えなさい。
　　　ア　魏　　イ　唐　　ウ　元　　エ　明
問３　下線部②に関連して，二重の堀やさくに囲まれ，矢じりがささった人骨が出土するなど，争いがたえなかったことを示す遺跡として最も適切なものを，次のア～エから一つ選んで，記号で答えなさい。
　　　ア　岩宿遺跡　　イ　三内丸山遺跡　　ウ　吉野ヶ里遺跡　　エ　大仙古墳
問４　下線部③について，この頃の貴族の生活を示す次の文Ｘ・Ｙの正誤の組み合わせとして正しいものを，あとのア～エから選んで，記号で答えなさい。
　　　Ｘ　貴族の男性は束帯を着用し，女性は十二単を着用しました。
　　　Ｙ　七夕などの年中行事が行われ，和歌やけまりを楽しみました。
　　　ア　Ｘ－正　Ｙ－正　　イ　Ｘ－正　Ｙ－誤　　ウ　Ｘ－誤　Ｙ－正　　エ　Ｘ－誤　Ｙ－誤
問５　下線部④に関わりのある人物について，次の文Ｘ・Ｙの正誤の組み合わせとして正しいものを，あとのア～エから選んで，記号で答えなさい。
　　　Ｘ　源義朝は保元の乱で平清盛に敗れました。
　　　Ｙ　源義経は倶利伽羅峠の戦いで平氏に勝利しました。
　　　ア　Ｘ－正　Ｙ－正　　イ　Ｘ－正　Ｙ－誤　　ウ　Ｘ－誤　Ｙ－正　　エ　Ｘ－誤　Ｙ－誤
問６　下線部⑤について，この時期に女性の政治参加は認められませんでしたが，普通選挙法が制定されたことで，政治への参加者が増えました。この時期に制定された普通選挙法の内容を説明しなさい。

- 3 -

問7　下線部⑥に関連して，この頃の農民のようすとして最も適切なものを，次のア～エから一つ選んで，記号で答えなさい。
　　ア　狩りや漁をしたり，木の実などを採集して暮らしていました。
　　イ　村の長老を中心に，生活上のおきてをつくったり，領主に一揆を起こしたりしました。
　　ウ　田畑をすてて武士や町人になることを禁止されました。
　　エ　備中ぐわを使ったり，干したイワシを肥料にして，農産物の生産をあげました。
問8　下線部⑦に関連して，この幕府があった頃の文化についての説明として誤っているものを，次のア～エから一つ選んで，記号で答えなさい。
　　ア　本居宣長は『古事記伝』をあらわし，古くからの日本人の文化を研究しました。
　　イ　近松門左衛門は歌舞伎や人形浄瑠璃の台本を書き，町人のいきいきとした姿を表現しました。
　　ウ　歌川広重は西洋画家ゴッホの絵を参考にして，『東海道五十三次』などの浮世絵を完成させました。
　　エ　杉田玄白と前野良沢はオランダ語で書かれた本を翻訳し，『解体新書』を出版しました。
問9　下線部⑧に関連して，推古天皇の政治よりあとに起きた出来事について，次の文Ⅰ～Ⅲを年代の古い順にならべかえるとどうなりますか。あとのア～カから正しいものを選んで，記号で答えなさい。
　　Ⅰ　中大兄皇子や中臣鎌足が蘇我氏をたおしました。
　　Ⅱ　聖武天皇が東大寺に大仏をつくるよう命じました。
　　Ⅲ　都が奈良の平城京にうつされました。
　　ア　Ⅰ→Ⅱ→Ⅲ　　イ　Ⅰ→Ⅲ→Ⅱ　　ウ　Ⅱ→Ⅰ→Ⅲ　　エ　Ⅱ→Ⅲ→Ⅰ　　オ　Ⅲ→Ⅰ→Ⅱ　　カ　Ⅲ→Ⅱ→Ⅰ
問10　下線部⑨に関連して，これ以降に起こった戦争について，次の文Ⅰ～Ⅲを年代の古い順にならべかえるとどうなりますか。あとのア～カから正しいものを選んで，記号で答えなさい。
　　Ⅰ　日中戦争が始まりました。
　　Ⅱ　第二次世界大戦が始まりました。
　　Ⅲ　太平洋戦争が始まりました。
　　ア　Ⅰ→Ⅱ→Ⅲ　　イ　Ⅰ→Ⅲ→Ⅱ　　ウ　Ⅱ→Ⅰ→Ⅲ　　エ　Ⅱ→Ⅲ→Ⅰ　　オ　Ⅲ→Ⅰ→Ⅱ　　カ　Ⅲ→Ⅱ→Ⅰ
問11　下線部⑩に関連して，アメリカから夏休みに友人のエマが日本にやって来ることになりました。彼女に中国地方の世界遺産を案内してほしいと頼まれました。あなたなら，どの世界遺産に彼女を連れて行きますか。また，その場所のアピールポイントを彼女に話しかける口調で説明しなさい。
問12　Ａ～Ｊの文章を年代順にならべかえたとき，6番目にあたる文章はどれですか。Ａ～Ｊの記号で答えなさい。

3　次の2人の会話文を読んで，あとの問1～問3に答えなさい。

たいち：うーん，中学校に入学したら，どの部活動に入ろうかなあ。
やまと：ぼくはサッカーを始めようかな。去年の（1）ワールドカップで選手のプレーしている姿が本当にかっこよくて，いつかワールドカップで活躍できるような選手になりたいな。
たいち：優勝した①フランスやほかの国もすごかったけど，日本も負けてなかったよね。けど去年なら（2）オリンピックも盛り上がったよね。それに，②障がいのあるアスリートたちが活躍したパラリンピックも感動したな。③2020年の東京オリンピックとパラリンピックも楽しみだな。
やまと：東京オリンピックってたしか以前にもあったんだよね。
たいち：そうだよ。聞いた話だと，そのときの日本は④高度経済成長期でとっても景気がよかったんだって。⑤三種の神器って言葉も60年前に流行したって言っていたよ。
やまと：へえーそうなんだ。ところで最近の日本の景気はどうなのかな。
たいち：うーん，景気のことはよくわからないけど，今はスマホとかタブレットがあるから，昔よりも便利な世の中にはなっているんじゃないかな。
やまと：そうかなあ。最近⑥ネットで個人の情報が流出したり，SNSのトラブルも増えているから，スマホを持つのも少し不安だよね。
たいち：中学生や高校生がたくさん被害を受けているみたいだから，ぼくたちも気をつけないといけないね。ぼくは将来弁護士になって，いじめで悩む子どもや経済的に苦しんでいる人たちが豊かな生活が送れるように手助けしたいな。じつは最近，⑦日本国憲法や法律の勉強を始めたんだ。

- 4 -

やまと：それはすごいね。ぼくなら弁護士よりも⑧裁判官のほうがいいかな。悪を裁くってイメージがあってカッコイイし，公務
　　　　員だから安定していそうだよね。

たいち：でも裁判官はみんなの⑨税金を使っているし，責任は重いよ。

やまと：たしかにそうだね。そうだ，今度の⑩祝日にいっしょに裁判の見学に行ってみようよ。一度裁判を見てみたいと思ってい
　　　　たんだ。

たいち：あれ？でも祝日は裁判やっていないんじゃないの？

やまと：あっ，そうだった。

問1　（1）・（2）にあてはまる語をそれぞれ書きなさい。

問2　下線部①〜⑩に対応する，次の各問いに答えなさい。

①　フランスに本部を置くNGOに「国境なき医師団」があります。NGOを日本語で何といいますか。解答らんにしたがって書きな
　　さい。

②　障がいや年齢，性別，国籍などに関係なく，すべての人にとって使いやすい形や機能を考えたデザインを何といいますか。
　　解答らんにしたがって書きなさい。

③　2020年の東京オリンピックで追加された競技として適切でないものを，次のア〜エから一つ選んで，記号で答えなさい。
　　ア　ソフトボール　　イ　空手　　ウ　スポーツクライミング　　エ　スカッシュ

④　1960年に所得倍増計画を打ち出した内閣総理大臣を，次のア〜エから一つ選んで，記号で答えなさい。
　　ア　吉田茂　　イ　岸信介　　ウ　池田勇人　　エ　佐藤栄作

⑤　三種の神器にあたるものを，次のア〜エから一つ選んで，記号で答えなさい。
　　ア　自動車，クーラー，カラーテレビ
　　イ　白黒テレビ，冷蔵庫，洗濯機
　　ウ　デジタルカメラ，DVDレコーダー，薄型テレビ
　　エ　ラジオ，携帯電話，掃除機

⑥　個人の情報や私生活をみだりに他人の目にさらされない権利のことを何というか書きなさい。

⑦　日本国憲法の内容について述べた文として誤っているものを，次のア〜エから一つ選んで，記号で答えなさい。
　　ア　天皇の国事行為は，すべて内閣の助言と承認にもとづいて行わなければなりません。
　　イ　憲法第9条は，戦争の放棄などの平和主義について定めた条文です。
　　ウ　国会の主な仕事は，法律を定めることや，外国との条約を結ぶことです。
　　エ　内閣総理大臣には，各省の国務大臣を任命する権限が与えられています。

⑧　裁判の説明として適切でないものを，次のア〜エから一つ選んで，記号で答えなさい。
　　ア　同じ事件について5回まで裁判を受けることができます。
　　イ　広島には全国に8カ所ある高等裁判所の一つが設置されています。
　　ウ　裁判員制度では，刑罰が重い犯罪の裁判に限って国民が裁判に参加します。
　　エ　裁判所に与えられている国家の権限を，司法権といいます。

⑨　現在の日本の消費税は，1989年に初めて導入された際の消費税より何％上がっていますか。解答らんにしたがって書きなさ
　　い。

⑩　国民の祝日について述べた文として正しいものを，次のア〜エから一つ選んで，記号で答えなさい。
　　ア　国会がつくる法律によって定められます。
　　イ　内閣総理大臣によって定められます。
　　ウ　すべて慣習によって定められます。
　　エ　国民投票によって定められます。

問3　二重下線部について，現在日本では，ベーシックインカムと呼ばれる制度に注目が集まっています。この制度はどのような
　　制度か説明しなさい。ただし，“国民”と“政府”という語句を必ず用いること。

２０１９年度　修道中学校入学試験　算数　解答用紙

受　験　番　号

※125点満点
（配点非公表）

1

(1)①	(1)②	(1)③
(1)④	(1)⑤	(2)　　　　　　人
(3)　　　　　　g	(4)　　　　時間	(5)　　　　　°
(6)　　　　cm²	(7)体積　　　cm³	表面積　　　cm²
(8)	(8)【理由】	

2

(1)　　　　　オーストラリアドル	(2)　　　　　オーストラリアドル

3

(1)（　　　）面（　　　）側	(2)（　　　）セット目に含まれる紙 の（　　　）面（　　　）側
(3)	

4

(1)　　　　　　人	(2)　　　　　　人
(3)　午前　　　時　　　分	

K 教英出版

２０１９年度　修道中学校入試問題　理科　解答用紙

※100点満点
（配点非公表）

受験番号

1

問 1	問 2	問 3		
		(a)	(b)	(c)

問 4			
(あ)	(い)	(う)	

問 5

2

問 1	
(1)	(2)
g	

問 2						
(1)	(2)	(3)	(4) ①	(4) ②	(5)	(6)

問 3	
(1)	(2)
	g

3

問 1	問 2	問 3

問 4

二酸化炭素量

春 夏 秋 冬 ／ 春 夏 秋 冬 ／ 春 夏 秋 冬 ／ 春 夏 秋 冬 ／ 春 夏 秋 冬
1　　　　　2　　　　　3　　　　　4　　　　　5
年

問 5	問 6	問 7

4

問 1	問 2	問 3		
		(a)	(b)	(c)

問 4			問 5	
(1)	(2)	(3)	(1)	(2)
L	g	L	g	g

K 教英出版

２０１９年度　修道中学校入学試験　<u>社会</u>　解答用紙

受験番号

※100点満点
（配点非公表）

1

問	1			問	2	
（1）	（2）県		（3）市			マップ

問		3		
a	b	c	d	e

問	4

問	5

問	6		問	7	
a	b	c	（1）	（2）	

2

問			1	
（1）	（2）	（3）	（4）	
（5）	（6）	（7）	（8）	
（9）	（10）			

問　2	問　3	問　4	問　5

問	6

問　7	問　8	問　9	問　10

問	11
世界遺産の名前	

問　12

3

問	1
（1）	（2）

問			2	
①	②　　　　組織	デザイン　③	④	
⑤	⑥	⑦	⑧	
⑨	⑩　　　　％			

問	3

2018年度

修道中学校　入学試験問題

【算数】

時間50分

表紙を除いて４ページ

受験上の注意　テストが始まるまでによく読みなさい。

1．テスト終了のチャイムが鳴るまで，テスト教室を出ることはできません。
2．腕時計のアラームを鳴らしてはいけません。
3．休憩時間に付添の人に会ってはいけません。
4．からだの具合が悪くなったら，監督の先生か腕章を着けた生徒に申し出なさい。
5．問題用紙は回収しないので持ち帰りなさい。
6．机の上に計算・下書き・落書きなどをしてはいけません。
7．自分の持ってきたメモ用紙，下敷きや電卓を使ってはいけません。
8．机の中に物を入れてはいけません。
9．テストはまじめな態度で受けなさい。テスト中によそ見をしたり先生の指示が守れない人は合格になりません。
10．問題の内容についての質問はいっさいしてはいけません。もし，印刷のわからないところなどがあったら，静かに手を挙げなさい。
11．筆記用具，ものさし，コンパスなど物の貸し借りをしてはいけません。
12．答えは全て解答用紙に書きなさい。
13．解答用紙には名前は書かず，受験番号だけを算用数字で書きなさい。
14．先生の「はじめなさい」の指示で鉛筆をとり「やめなさい」の指示があったらすぐに鉛筆を置きなさい。
15．テスト中に物を落とすなど困ったことがあったら，静かに手を挙げなさい。

1　□ にあてはまる数を求めなさい。

(1) $2018 \div 1009 \div 2 + 2019 \div 673 \div 3 + 2020 \div 404 \div 5 = \boxed{}$

(2) $(2.5 + 4.7) \times (3.1 - 1.6) + (8.3 - 2.8) \times (1.9 + 2.9) = \boxed{}$

(3) $100 - 32.2 \div 0.07 \times 0.03 = \boxed{}$

(4) $(2016 + 2017 + 2019 + 2020) \div 2018 = \boxed{}$

(5) $\dfrac{3}{4} - 0.25 \times \left\{ 2\dfrac{1}{3} \times \left(0.2 - \dfrac{1}{8} \right) + 0.7 \right\} = \boxed{}$

2　次の各問いに答えなさい。

(1) 修くんはある金額を持って買い物に行きました。はじめに、文房具を買って持っていた金額の $\dfrac{1}{6}$ を使ったところ、1250 円残りました。次に本を買ったところ、残った金額が、出かけるときに持っていた金額の $\dfrac{2}{5}$ になりました。本の値段はいくらですか。

(2) 6 ％ の食塩水 200 g に何 g の水を加えると 4.8 ％ の食塩水になりますか。

(3) 今、修くんは縮尺が 25000 分の 1 の地図を持っています。この地図上では 1 cm となる道のりを 2 分 30 秒で歩きました。このとき、修くんが歩いた速さは毎時何 km ですか。

(4) 縦、横、高さがそれぞれ 10 cm の立方体の形をしたふたのない容器があります。この容器は、底の部分もふくめて厚さが 1 cm の板でできています。この容器の表面積を求めなさい。

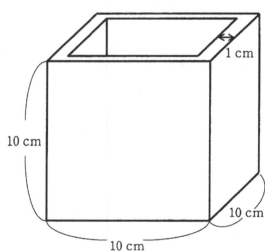

1 cm

10 cm

10 cm

10 cm

- 1 -

(5) 右の図は、長方形 ABCD の紙を、EF を折り目として折り返したものです。
角アの大きさを求めなさい。

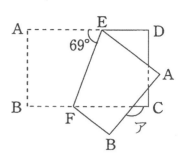

(6) 中学生の修くんと道男くんが先週行われた英語、数学、国語、理科、社会の 5 科目のテストについて話をしています。
テストは各科目 100 点満点で、得点は整数でつけられていました。

> 修くん　「僕は 5 科目の合計点が 375 点だったから、5 科目の平均点は・・・ちょうど 75 点だ。」
> 道男くん「僕もだいたい同じくらいだったよ。合計点は忘れちゃったけど、5 科目の平均点はたしか 74.3 点だったよ。」
> 修くん　「あれ、それはおかしいはずだよ。だって、⬚　　　　　　　　　　　　　　　　　　　　　」
> 道男くん「なるほど、そりゃあそうだ。もう一回計算し直してみるよ。」

修くんは道男くんの各科目の得点を知りませんでしたが、道男くんの平均点がおかしいことにすぐに気がつきました。
その理由を考えて、⬚　　　　に当てはまる適切な修くんの会話を答えなさい。

3 ある中学校で、全校生徒を対象に、家から学校までの通学距離を調べました。その結果、次の ① ～ ⑤ のことがわかりました。
　① 「3 km 未満」の生徒は全校生徒の 30 ％
　② 「3 km 以上 ～ 6 km 未満」の生徒と「12 km 以上 ～ 15 km 未満」の生徒の人数の比は　5 : 1
　③ 「6 km 以上 ～ 9 km 未満」の生徒と「9 km 以上 ～ 12 km 未満」の生徒の人数の比は　8 : 5
　④ 「9 km 以上 ～ 12 km 未満」の生徒と「12 km 以上 ～ 15 km 未満」の生徒の人数の比は　5 : 2
　⑤ 「3 km 以上 ～ 6 km 未満」の生徒と「9 km 以上」の生徒の人数は同じ

(1) 「3 km 以上 ～ 6 km 未満」の生徒と「9 km 以上 ～ 12 km 未満」の生徒の人数の比を求めなさい。ただし、できるだけ
簡単な整数の比で答えなさい。

(2) 右の表のアの枠に入る数を答えなさい。

通学距離	全校生徒に対する生徒の割合	
3 km 未満	30	％
3 km 以上 ～ 6 km 未満		％
6 km 以上 ～ 9 km 未満		％
9 km 以上 ～ 12 km 未満		％
12 km 以上 ～ 15 km 未満	ア	％
15 km 以上		％

(3) 「15 km 以上」の生徒について、1 年生と 2、3 年生の人数の比が 3 : 8 でした。「15 km 以上」の 1 年生が 18 人のとき、
全校生徒は何人ですか。

4. 1辺の長さが8cmの正方形の折り紙を図のように八つに折って、そのはしを図アのように3か所を切り落としました。次の各問いに答えなさい。ただし、本当に紙を切ったりして考えてはいけません。

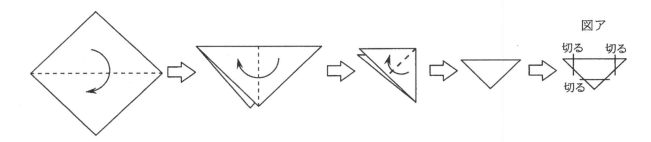

図アの拡大図

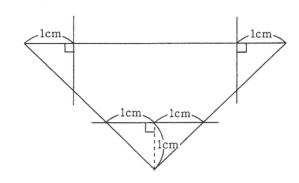

(1) この折り紙を広げたときの図形はどのようになりますか。次の①～④から選びなさい。

①　　　　　②　　　　　③　　　　　④

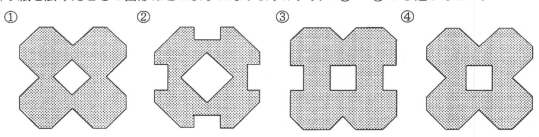

(2) この折り紙を広げたときの図形の面積は何cm²ですか。

- 3 -

K 教英出版

5 図のように、1周400mのトラックにA地点とそこからそれぞれ20mはなれたB地点、C地点があります。
修くんをリーダーとする修チームと、道男くんをリーダーとする道男チームで、以下のような競技を行いました。

[1] A地点をスタート地点として、修チームの走者はグランドを時計回りに、道男チームの走者は反時計回りに走る。

[2] 競技開始と同時にそれぞれの第1走者が走り始める。

[3] 両チームの走者が出会ったところでじゃんけんをし、勝者は再び走り始め、負けたチームは次の走者がA地点からスタートする。

[4] [3]をくりかえして、修チームの走者がB地点を通過すれば修チームの勝利、道男チームの走者がC地点を通過すれば道男チームの勝利とし、競技を終了する。

各走者の走る速さを毎秒5m、じゃんけんにかかる時間を5秒とし、各チームの走者はたくさんいて走者がいなくなることはないものとします。以下の問いに答えなさい。

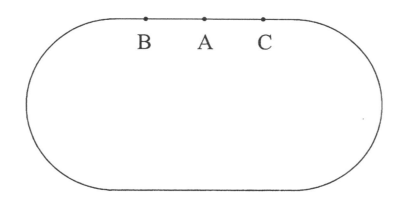

(1) 修チームが1回目と2回目のじゃんけんに勝ったとき、3回目のじゃんけんが行われるのは、修チームの走者がB地点まであと何mのところですか。

(2) 修チームが1回目と2回目のじゃんけんに勝ったあと、3回目のじゃんけんで道男チームが勝ちました。このあと最も早く競技が終了するのは、競技開始から何秒後ですか。

修チームが1回目と2回目のじゃんけんに勝った後、特別に短距離選手の先輩が道男チームの第3走者として走り始めました。先輩はじゃんけんにも強く、全てのじゃんけんに勝ってそのままC地点を走り抜けて道男チームを勝利に導きました。先輩は毎秒10mの速さで走ります。

(3) 短距離選手の先輩が最後にじゃんけんをしたのは、C地点から時計回りに何mのところですか。

2018(H30) 修道中
K教英出版

2018年度

修道中学校　入学試験問題

【理科】

時間40分

表紙を除いて４ページ

1 次の文章を読んで，あとの各問いに答えなさい。

　人のからだは，一対の手と一対のあし，そして頭が胴体から伸びている構造になっているのに対して，昆虫のからだは，頭・胸・腹の三部にわかれており，このうち，（　a　）から（　b　）対のあしが生えています。はねは基本的には二対ですが，一対のものや，もたないものもいることが知られています。また，幼虫と成虫の間に（　c　）という，移動せずえさもとらない時期があるものもいます。

　生物は，様々な物質を作り出して生活しています。例えば，昆虫のつくるクチクラという物質は，からだの表面に分布し，からだの表面を固く保つはたらきをもっています。クチクラは，キノン硬化という作用を受ければ受けるほど固くなることが知られています。そのため，昆虫の成虫の関節部分ではキノン硬化の度合いを【　A　】に，そのほかの部分では【　B　】にすることで，関節を容易に曲げ伸ばしすることができます。このようなしくみでからだがつくられているので，昆虫のからだは変化に富んでいます。例えば①口器は，吸うため，かじるため，なめるためなど様々な目的に合わせた形になっています。

　人は，いろいろな生物が作り出す物質を利用して生きています。毎日の食事もそのうちの一つです。五大栄養素には，炭水化物，脂質，（　d　），無機質，ビタミンがあり，食事ではこれらをバランス良く摂る必要があります。炭水化物を多く含む食品に米がありますが，我々が普段食べる精白米とは，イネのもみの（　e　）の部分です。（　d　）は，魚や肉，卵，およびマメの仲間である（　f　）に多く含まれています。このため，（　f　）と塩と麹などの材料から作る味噌は，（　d　）を多く含む食品ということになります。

　ところであなたはユーグレナという生物を聞いたことがありますか。淡水に生活する，ミドリムシとも呼ばれるこの生物は，明るいところに集まり，②光を利用して栄養分を作り出すことができます。また，ユーグレナの作り出す栄養素は，とてもバランスがとれています。ユーグレナは消化もしやすいので，クッキーやラーメンの麺などに練り込まれて販売もされています。

問1　文章中の（　a　）～（　f　）にあてはまる語または数字を答えなさい。

問2　文章中の（　c　）の時期のある昆虫を，次のア～エから**すべて**選んで，記号で答えなさい。
　　ア　ミツバチ　　　イ　モンシロチョウ　　　ウ　ショウリョウバッタ　　　エ　アキアカネ

問3　【A】，【B】に入る言葉の組み合わせとして，正しいものを次のア～エから1つ選んで，記号で答えなさい。

	ア	イ	ウ	エ
【A】	多め	多め	少なめ	少なめ
【B】	多め	少なめ	多め	少なめ

問4　下線部①に関して，口器が吸うために適したつくりになっているものを次のア～エから**すべて**選んで，記号で答えなさい。
　　ア　モンシロチョウの幼虫　　　　　イ　モンシロチョウの成虫
　　ウ　ショウリョウバッタの成虫　　　エ　アブラゼミの成虫

問5　下線部②のような生命活動を光合成といいます。日光を当てた葉が，光合成をしたかどうかを確かめるにはどのような実験を行えばよいですか。次のア～エから3つ選んで，正しい順番にならべなさい。
　　ア　ろ紙をビニールシートにはさみ，木づちでたたく　　　　　イ　ろ紙をはがして，葉をヨウ素液につける
　　ウ　葉をはがして，ろ紙をヨウ素液につける　　　　　　　　エ　葉を熱い湯に1～2分間入れた後，ろ紙にはさむ

問6　問5の実験で確認できた，光合成によってつくられる栄養素は何ですか。次のア～エから1つ選んで，記号で答えなさい。
　　ア　炭水化物　　　イ　脂質　　　ウ　無機質　　　エ　ビタミン

問7　上の文章から考えられる，ユーグレナがもっている感覚を，次のア～エから1つ選んで，記号で答えなさい。
　　ア　においを感じる　　　イ　音を感じる　　　ウ　光を感じる　　　エ　味を感じる

2018(H30) 修道中
K 教英出版

2 次の文章を読んで，あとの各問いに答えなさい。

　酸性の水よう液とアルカリ性の水よう液を混ぜ合わせると，たがいの性質を打ち消し合う中和という変化が起こります。例えば，塩酸と水酸化ナトリウム水よう液をちょうど中性になるように混ぜ合わせると，できた混合液は食塩水になっています。

　ある濃さの塩酸Aと水酸化ナトリウム水よう液Bがあります。塩酸A 10 cm³ に対して，水酸化ナトリウム水よう液Bを 2 cm³～10 cm³ の範囲で体積を変えながら混ぜ合わせ，ア〜オの混合液をつくりました。これらの混合液を赤色のリトマス紙につけて色の変化を調べた後，それぞれを蒸発皿に入れておだやかに加熱し，水分を完全に蒸発させた後に残った固体の重さを調べました。次の表は，この実験結果をまとめたものです。なお，混合液から水を蒸発させる操作は危険をともなうので，先生の指導のもとで安全に実験を行いました。

	ア	イ	ウ	エ	オ
塩酸A〔cm³〕	10	10	10	10	10
水酸化ナトリウム水よう液B〔cm³〕	2	4	6	8	10
赤色のリトマス紙の変化	変化なし	変化なし	青色に変化	青色に変化	青色に変化
残った固体の重さ〔g〕	0.14	0.28	0.40	0.50	0.60

問1　食塩水や水酸化ナトリウム水よう液から水を蒸発させると，どちらも白い固体が出てきますが，塩酸から水を蒸発させたときは何も出てきません。この理由を説明した次の文の◻◻◻を10字以内で補いなさい。
　　　塩酸は，◻◻◻◻◻◻水よう液だから。

問2　混合液ア〜オのうち，水を蒸発させた後に残った固体が食塩だけのものを**すべて**選んで，記号で答えなさい。

問3　水酸化ナトリウム水よう液B 1 cm³ には，水酸化ナトリウムが何gとけていますか。

問4　塩酸A 10 cm³ に対して，水酸化ナトリウム水よう液Bを何cm³加えるとちょうど中性になりますか。

問5　問4でできた混合液から水分を完全に蒸発させた後に残る固体の重さは何gですか。

問6　水酸化ナトリウム水よう液B 10 cm³ に対して，塩酸Aの体積を変えながら混ぜ合わせ，それぞれの混合液から水分を完全に蒸発させた後に残った固体の重さを調べる実験を行いました。このとき，加えた塩酸Aの体積〔cm³〕と，残った固体の重さ〔g〕の関係をグラフに表しなさい。加えた塩酸Aの体積が 0 cm³ 〜30 cm³ の範囲でグラフをかくこと。必要であれば，ものさしを使ってもかまいません。

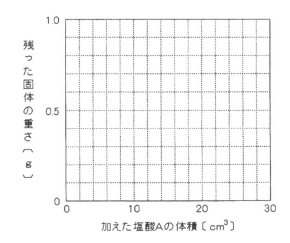

残った固体の重さ〔g〕

加えた塩酸Aの体積〔cm³〕

3 次の文章を読んで，あとの各問いに答えなさい。

　物質は，条件によって固体・液体・気体にすがたが変わります。どんな物質も目には見えない小さな粒（粒の大きさと重さは物質ごとに決まっています）が集まってできており，この粒の集まり方が変化することによって，固体・液体・気体の違いが生じると考えることができます。粒の集まり方は，粒が自由に運動してばらばらになろうとする力（以下，この力をXとします）と，近くの粒どうしがたがいに引き合う力（以下，この力をYとします）の強弱の関係で決まります。例えば，XよりもYの方がはるかに強ければ，粒は定まった位置でわずかに振動しています。これが固体の状態で，右図は，ある物質が固体の状態にあるときの粒の集まり方のようすを部分的に示したものです。固体の ※ を高くしていくとXが強まり，粒の振動がしだいに激しくなります。そして，ある ※ に達すると液体に変化します。また，気体の場合は，YよりもXの方がはるかに強くなっているので，すべての粒がばらばらになって空間を自由に飛びまわるようになります。

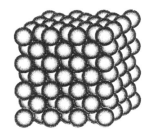

問1　文章中の ※ にあてはまる語句を漢字で答えなさい。

問2　固体の形はほぼ一定で変化しにくいのに対し，液体や気体の形が自由に変わるのはなぜでしょうか。この理由を説明した次の文の◻◻◻を12字以内で補いなさい。（粒という語を必ず用いること。）
　　　液体や気体の場合は，◻◻◻◻◻◻◻◻から。

問3　固体や液体の体積はほぼ一定で変化しにくいのに対し，気体の体積が変わりやすいのはなぜでしょうか。この理由を説明した次の文の◻◻◻を12字以内で補いなさい。（粒という語を必ず用いること。）
　　　気体の場合は，◻◻◻◻◻◻◻◻から。

- 2 -

問4　前のページの文章を参考にして，次の**ア～カ**の文から**誤りを含むもの**を**2つ**選んで，記号で答えなさい。

ア　固体の状態でXが強まり，粒の振動が激しくなると，固体のままでも少しだけ体積が大きくなる。

イ　固体のときのXよりも液体のときのXの方が強いので，すべての物質は，固体から液体に変化するとき少しだけ体積が大きくなる。

ウ　気体をあたためると体積が大きくなるのは，Xが強まるからである。

エ　ビーカーに入れた水をふっとうさせたあとに水の量が減っているのは，粒がXによって空気中に出ていくためである。

オ　湯気は液体の状態であり，粒がYによって多数集まり，目に見える大きさになっている。

カ　Yが強い物質とYが弱い物質を比べると，Yが強い物質の方が蒸発しやすい。

4　次の文章を読んで，あとの各問いに答えなさい。

　風のはたらきを調べることにしました。そこで，帆を箱に取り付け，風の力で床の上をすべるようにした帆かけ箱と，電池とモーターで直線上を一定の速さでゆっくり進む電動車に，送風機をのせた送風車を作りました。図1のように，送風車と帆かけ箱を直線上にならべ，送風車を一定の速さでゆっくりと帆かけ箱に近づけると，帆かけ箱は送風機からの風を受け，その直線上を進みました。このとき，帆かけ箱は送風車との距離が15cmになるごとにすべり出し，少し進んでは止まる運動をくり返しました。

図2は送風車が動きだした時刻を0としたときの，帆かけ箱の運動のおおよそのようすを表すグラフです。

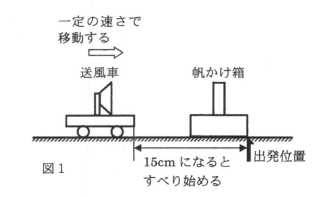

図1

問1　次の①～③にあてはまる時刻を，図2の**ア～エ**から1つずつ選んで，記号で答えなさい。
①　送風車と帆かけ箱の距離が最も近い時刻
②　送風車と帆かけ箱の距離が最も遠い時刻
③　帆かけ箱が動いている時刻

問2　帆かけ箱が初めて動きだした時刻が6秒で，1秒すべって2秒止まる運動をくり返したとします。これについて，次の（1）～（3）に答えなさい。

（1）送風車の速さは毎秒何cmですか。

（2）送風車の出発位置（時刻0秒のときの位置）は，帆かけ箱の出発位置から左に何cmのところですか。

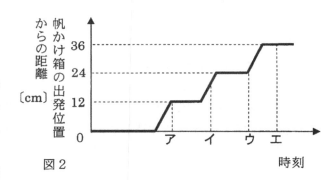

図2

（3）送風車の速さを半分にすると，帆かけ箱の運動はどうなりますか。次の**ア～エ**から最も適当なものを1つ選んで，記号で答えなさい。

ア　帆かけ箱は，2秒すべって4秒止まる運動をくり返す。

イ　帆かけ箱は，2秒すべって2秒止まる運動をくり返す。

ウ　帆かけ箱は，1秒すべって5秒止まる運動をくり返す。

エ　帆かけ箱は，1秒すべって4秒止まる運動をくり返す。

問3　送風車と帆かけ箱との距離を縦軸に，時刻を横軸にしたときのグラフのおおよその形として最も適当なものを次の**ア～エ**から1つ選んで，記号で答えなさい。

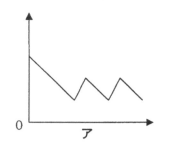
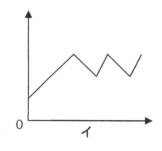
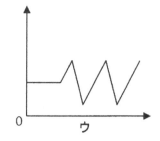
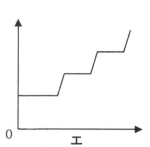

- 3 -

5 日本国内のある場所で，透明半球（プラスチックでできた透明な半球）を利用して太陽の動きを調べました。図1はその方法を示す図です。ある時刻の太陽の位置を記録するには，透明半球のA，B，C，Dを東西南北の方角に合わせ，太陽の光でできるペン先の影が透明半球の中心の位置にくるようにして，透明半球上の位置に目印をつけます。このようにして1日の太陽の動きを透明半球上に記録します。図2の①～③は異なる季節の記録結果を並べて示したものです。

次に，棒を地面に垂直に立て，その棒の先端の影の位置がどのように移動するかを調べました。図3のあ～えは東西南北の方角を表し，5つの点はそれぞれ午前8時，午前10時，正午，午後2時，午後4時の棒の先端の影の位置です。次の問1～問3に答えなさい。

問1　図2のA，Bが示す方角を答えなさい。また，太陽の移動の向きを，ア，イの記号で答えなさい。

問2　図3の観測結果を説明する次の文のうち，正しいものはどれですか。ア～エから1つ選んで，記号で答えなさい。

　　ア　あは北を表し，午前8時の影の位置はaです。
　　イ　あは北を表し，午前8時の影の位置はbです。
　　ウ　あは南を表し，午前8時の影の位置はaです。
　　エ　あは南を表し，午前8時の影の位置はbです。

問3　図3の観測をした時期はいつですか。次のア～ウから最も適当なものを1つ選んで，記号で答えなさい。

　　ア　夏至のころ　　　　イ　春分（秋分）のころ　　　ウ　冬至のころ

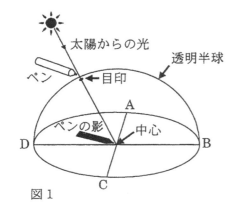
図1

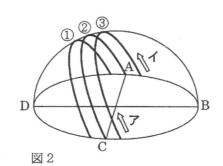
図2

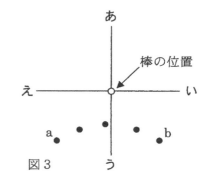
図3

次に，壁に取り付けられた照明によってできる影について調べました。図4のように，照明を高さ2mの位置に取り付け，壁から1.5m離れた位置に，長さ1mの棒を地面に垂直に立てると，長さ1.5mの棒の影ができました。この影の長さは図4のように，照明から棒の先端を通る直線をかくことで求めることができます。次の問4～問7に答えなさい。

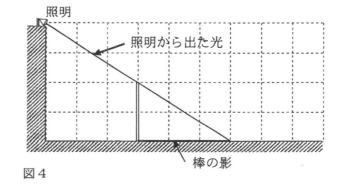
図4

問4　棒を立てる位置はそのままで，棒の長さを50cmにしたとき，棒の影の長さは何cmになりますか。

問5　壁から2m離れた位置に，長さ1mの棒を地面に垂直に立てると，棒の影の長さは何mになりますか。

問6　長さ1mの棒を毎秒1mの速さで壁から遠ざけたとき，棒の先端の影の位置は，毎秒何mの速さで壁から遠ざかりますか。ただし棒が移動する間，棒は地面に対し常に垂直で，棒の下端は地面に接しているものとします。

問7　「かげふみ」という遊びを知っていますか。おに役の人が，他の人の影をふむと，おに役が交代する遊びです。さて，あなたが「かげふみ」のおに役になったとします。あなたは，太陽の光でできた影と図4のような照明の光でできた影とではどちらの影がふみやすいと思いますか。ふみやすいと思う方の影を，下のア，イから1つ選び，なぜそう考えたのか，ア，イの影の性質の違いを理由として25字以内で説明しなさい。

　　ア　太陽の光でできた影　　イ　照明の光でできた影

- 4 -

2018年度

修道中学校　入学試験問題

【社会】

時間40分

表紙を除いて５ページ

受験上の注意　テストが始まるまでによく読みなさい。

1. テスト終了のチャイムが鳴るまで，テスト教室を出ることはできません。
2. 腕時計のアラームを鳴らしてはいけません。
3. 休憩時間に付添の人に会ってはいけません。
4. からだの具合が悪くなったら，監督の先生か腕章を着けた生徒に申し出なさい。
5. 問題用紙は回収しないので持ち帰りなさい。
6. 机の上に計算・下書き・落書きなどをしてはいけません。
7. 自分の持ってきたメモ用紙，下敷きや電卓を使ってはいけません。
8. 机の中に物を入れてはいけません。
9. テストはまじめな態度で受けなさい。テスト中によそ見をしたり先生の指示が守れない人は合格になりません。
10. 問題の内容についての質問はいっさいしてはいけません。もし，印刷のわからないところなどがあったら，静かに手を挙げなさい。
11. 筆記用具，ものさし，コンパスなど物の貸し借りをしてはいけません。
12. 答えは全て解答用紙に書きなさい。
13. 解答用紙には名前は書かず，受験番号だけを算用数字で書きなさい。
14. 先生の「はじめなさい」の指示で鉛筆をとり「やめなさい」の指示があったらすぐに鉛筆を置きなさい。
15. テスト中に物を落とすなど困ったことがあったら，静かに手を挙げなさい。

1 次のA～Eはそれぞれ，湖がある県について説明した文章です。これを読んで，あとの問1～問6に答えなさい。

A 南西部に湖があります。県庁所在都市は県の名前と同じ政令指定都市で，県内には，この市とは別にもう一つ①政令指定都市があります。県の東部に位置する②熱海市は，明治時代に尾崎紅葉が書いた小説の舞台となったことでも知られる有名な温泉地です。また，（1）山脈を源流とする大井川が県内を流れて海に注いでいます。

B 県の中央に湖が大きく広がっています。この湖の水は，瀬田川となり，さらに桂川や木津川と合流して（2）川となって海に注いでいます。県の東部にある彦根城には，全国に5ヵ所しかない国宝の天守閣があります。また，県の南部に位置する甲賀市の③信楽は，伝統的な焼き物の産地として有名です。

C 県の中部に湖があります。この湖の水は天竜川となって，となりの県で海に注いでいます。県庁所在都市は県の名前と同じで，県の北部にあります。県の中部にある（3）城の天守閣は，彦根城と同じように国宝となっています。

D 県の中部に湖があります。この湖の水は，日橋川となり，これが（4）川と合流して新潟県で日本海に注いでいます。湖の東と西にはいずれも盆地が広がっていますが，このうち西側の盆地にある会津若松市には，白虎隊で有名な城があります。県庁所在都市は県の名前と同じで，県の北部にありますが，県内で最も人口が多いのは別の都市です。

E 県の北東部にシジミ漁で有名な湖があり，県庁所在都市はこの湖に面しています。この都市にある城の天守閣も，彦根城と同じように国宝となっています。また，この県を流れる江の川はこの地方で最も長い河川で，となりの県から流れこんできます。県の中部に位置する④石見銀山遺跡は世界文化遺産に指定されています。

問1 （1）～（4）にあてはまる地名を，解答らんにしたがって書きなさい。

問2 下線部①～④に対応する，次の各問いに答えなさい。
① 都市の名前を書きなさい。
②～④ 地名の読みをそれぞれ，ひらがなで書きなさい。

問3 次の表は，文章A～Eに対応する県の農業についての統計をまとめたものです。このうち，A～Dに対応する統計をそれぞれ選んで，ア～オの記号で答えなさい。

	耕地にしめる田の割合（％）	農業産出額にしめる畜産の割合（％）	玄米収穫量（千トン）	りんご収穫量（千トン）	茶収穫量（百トン）
ア	92.2	20.2	166	0	31
イ	80.4	40.1	94	0	7
ウ	69.8	25.9	382	28	0
エ	49.6	13.0	202	163	1
オ	33.4	23.3	86	0	1490

『データブック オブ・ザ・ワールド2017』による。統計年次はいずれも2014年。

問4 次の表は，文章A～Eに対応する県の，工業や人口・交通などについての統計をまとめたものです。このうち，A～Dに対応する統計をそれぞれ選んで，ア～オの記号で答えなさい。

	情報通信機械器具出荷額（十億円，2014年）*	輸送用機械器具出荷額（十億円，2014年）*	人口増減率（％，2010～15年）**	65歳以上人口割合（％，2016年）	新幹線の駅の数
ア	802	371	△2.5	29.5	5
イ	752	401	△5.7	28.1	3
ウ	523	4225	△1.7	27.3	6
エ	131	74	△3.2	32.0	0
オ	38	923	0.2	24.0	1

『データブック オブ・ザ・ワールド2017』ほかによる。

* 「情報通信機械器具」とは，例えば，スマートフォン，パソコン，テレビなどを指し，「輸送用機械器具」とは，例えば，自動車，オートバイ，鉄道車両，船などを指します。

** △は，人口が減少したことを示します。

問5 文章A～Eに対応する湖をそれぞれ，次のア～カから一つずつ選んで，記号で答えなさい。ただし，一つだけあてはまらない選択肢がありますので注意しなさい。

ア 猪苗代湖　　イ 琵琶湖　　ウ 浜名湖　　エ 宍道湖　　オ 十和田湖　　カ 諏訪湖

問6　次の写真Ⅰ～Ⅲは，文章Ａ・Ｃ・Ｄのいずれかで紹介された湖とその周辺を撮影したものです。これについて，あとの(1)・(2)の問いに答えなさい。

Ⅰ

Ⅱ

Ⅲ

(1)　Ⅰ～Ⅲと，Ａ・Ｃ・Ｄの正しい組み合わせを，次の表の**ア**～**カ**から選んで記号で答えなさい。

	ア	イ	ウ	エ	オ	カ
Ⅰ	A	A	C	C	D	D
Ⅱ	C	D	A	D	A	C
Ⅲ	D	C	D	A	C	A

(2)　あなたが(1)のように判断した理由をわかりやすく説明しなさい。

2　外国との関係の中で，日本の国のあり方は大きく変わってきました。文章Ａ～Ｅは，日本の国のあり方が変わったときのできごとをあらわしています。これを読んで，あとの問１～問５に答えなさい。

Ａ　元軍が２度にわたり九州北部にせめてきました。全国から集められた武士たちは，執権（１）の指示のもと，①土地などの恩賞を得るために必死に戦いました。元軍は結局，大きな損害を受けて大陸に引き上げました。しかし，幕府は活躍した武士たちに新しい領地をあたえられなかったため，生活に苦しむ武士の不満がしだいに高まり，やがて幕府はたおされました。

Ｂ　アメリカ合衆国の使者は，４せきの軍艦を率いて浦賀に現れ，幕府にアメリカ大統領の手紙をわたして開国を求めました。幕府は，翌年，条約を結んで国交を開きましたが，倒幕運動が進められると，将軍（２）が政権を朝廷に返し，幕府の支配は終わりました。新しくつくられた政府は，ヨーロッパの国々に追いつくため，②工業をさかんにし，強い軍隊をもつことに力をいれました。

Ｃ　③天皇中心の新しい国をめざし，仏の力で平和な国になることを願ったある皇子の死後，豪族の（３）氏が天皇をしのぐほどの勢力をもちました。そのため，（３）氏はたおされ，唐から帰国した留学生や留学僧らとともに，天皇を中心とする国づくりが始められました。中央にいた豪族は，朝廷の役人として政治をおこなうようになりました。

Ｄ　④日本を占領した連合国軍の指導により，日本の政府は，⑤女性の選挙権を認めるなど，⑥多くの改革をおこないました。その後日本は，⑦（４）への加盟が認められて国際社会に復帰しました。そしてアメリカとの軍事や経済の結びつきのもとで高度経済成長がすすみ，⑧東京オリンピックが開かれ，日本の国民総生産（ＧＮＰ）がアメリカに次いで世界第２位となり，

- 2 -

大阪で万国博覧会が開かれました。

E　ポルトガル人を乗せた船が種子島に流れ着いたとき，鉄砲が日本に伝えられ，その後，堺などで大量につくられるようになりました。鉄砲の力に目をつけた尾張のある戦国大名は，長篠の戦いなどで鉄砲を利用しながら，天下統一をすすめました。この戦国大名の死後は，その家臣だった人物が勢力をひろげ，⑨天下統一をなしとげました。

問1　A～Eを時代の古い順に並べかえて，解答らんにしたがって記号で答えなさい。

問2　（1）～（4）にあてはまる語を書きなさい。

問3　下線部①～⑨に対応する，次の各問いに答えなさい。

①　このことを何といいますか。漢字4文字で答えなさい。

②　このことを何といいますか。漢字4文字で答えなさい。

③　次のア～オは，歴史上の人物の言葉・主張や，制定されたものの内容などです。現代風にわかりやすく書き直したものもあります。このうち下線部の「皇子」と最も関連が深いものを一つ選んで，記号で答えなさい。

> ア　この世をば　わが世とぞ思う　もち月の　欠けたることも　なしと思えば
>
> イ　これまでの天皇や豪族が所有していた土地や民は，すべて国家のものとする。都や地方の区画を定め，都から地方に役人を派遣（はけん）して治めさせる。布などを納める税の制度を統一する。
>
> ウ　天皇は神のように尊い存在であり，けがしてはならない。……天皇は，陸海軍を統率する。……国民は，法律に定められた範囲（はんい）内で，言論・出版・集会・結社の自由をもつ。
>
> エ　人の和を大切にしなさい。仏の教えをあつく敬いなさい。天皇の命令には，必ず従いなさい。裁判は公平に行いなさい。地方の役人が勝手にみつぎ物を取ってはいけません。
>
> オ　朝は早く起きて，草をかり，昼は田畑を耕し，晩は縄（なわ）や米俵をつくり，気をぬかずに仕事をすること。

④　この軍の最高司令官の名前を書きなさい。

⑤　歴史上有名な女性は多くいますが，次のア～オのうち，女性がのこした言葉あるいは作品にあたらないものを一つ選んで，記号で答えなさい。現代風にわかりやすく書き直したものもあります。

> ア　みな心を一つにして聞きなさい。これが最後の言葉です。頼朝様が平氏をたおして鎌倉に幕府を開いてからの御恩は，山よりも高く，海よりも深いものです。お前たちも御恩にむくいる気持ちがあるでしょう。
>
> イ　ああおとうとよ　君を泣く　君死にたまうことなかれ　末に生まれし君なれば　親のなさけはまさりしも　親は刃（やいば）をにぎらせて　人を殺せとおしえしや　人を殺して死ねよとて　二十四までをそだてしや
>
> ウ　着物のすそに取り付いて泣く子をおいてきてしまった。母もいないのに，今ごろどうしているのだろうか。
>
> エ　もとは，女性は太陽だった。しかし，今は月である。他の光によってかがやく，病人のような青白い顔色の月である。わたしたちは，かくされてしまった私たちの太陽を，取りもどさなければならない。
>
> オ　春は明け方。だんだん白くなっていく山ぎわの空が，少し明るくなって，紫（むらさき）がかった雲が細くたなびいているのがよい。

⑥　この改革についての説明として誤っているものを，次のア～オから一つ選んで，記号で答えなさい。

　　ア　自分の土地をもたない農民の多くが，自分の土地をもつようになりました。

　　イ　労働者に労働組合をつくることが認められ，働く者の権利が保障されました。

　　ウ　20歳以上の人には，男女とも選挙権があたえられました。

　　エ　政治に影響（えいきょう）をあたえていた大会社が解散させられました。

　　オ　地価の3％を税として現金で納めさせるようになりました。

⑦　この加盟は，その直前におこなわれた日本と「ある国」との国交回復が大きな理由となりました。この国交回復によって，「ある国」は日本の（4）加盟に賛成するようになったのです。「ある国」が日本と国交を回復したのは，他の多くの国々が日本と国交を回復したのより数年おそくなっていました。「ある国」の名前を書き，日本との国交回復がおそくなった理由を，当時の世界全体の動きをふまえて説明しなさい。なお，領土に関することは除いて考えなさい。

⑧　このオリンピックの開催（かいさい）直前に開通した高速鉄道の名前を答えなさい。

⑨　次の歌は，天下統一について江戸時代によまれたものです。解答らんにしたがって，□にあてはまるひらがなを答えなさい。□一つが1文字です。

> □□がつき　□□□がこねし　てんかもち　すわりしままに　くうは□□□□

問4　次の⑴はある人物の発言，⑵はある人物の言葉，⑶はある時代に建設された建造物をそれぞれあらわしています。⑴
　　〜⑶それぞれをＡ〜Ｅとあわせて時代の古い順に並べたとき，⑴〜⑶はＡ〜Ｅのどれとどれの間になりますか。解答ら
　　んにしたがって記号で答えなさい。文章は現代風にわかりやすく書き直しています。

⑴　軍人が大臣を殺害するような事件がおこったということは，憲法にしたがっておこなう政治がほろびてしまうばかりでな
　　く，国が乱れ，軍人が思いのままにことを決めるきっかけとなるので，軍人の政治運動は厳しくとどめなければならない。

⑵　わたしの祖父や父は，もとはみなと同じ大名だったので，将軍になってからも，みなをていねいにあつかった。しかし，
　　わたしは生まれながらの将軍である。これからは，みなを家来としてあつかう。

⑶

　　　　　　　　　　　　　　　　　　　　　　　　＊ただし，この建物は1955年に再建されています。

問5　次の⑴はある命令，⑵はある政策をあらわしています。それぞれが出された時代は，Ａ〜Ｅのいずれかと同じです。時
　　代が同じものをＡ〜Ｅからそれぞれ選んで，記号で答えなさい。文章は現代風にわかりやすく書き直しています。

⑴　百姓が刀・弓・やり・鉄砲，そのほかの武器を持つことをかたく禁止する。不必要な武器を持ち，年貢を納めず，一揆を
　　くわだてて武士に反抗すれば罰する。

⑵　政治は，広く会議を開き，多くの人々が意見を述べ合ったうえで決定しよう。国民が心を一つにして，新政策を盛んにお
　　こなおう。……新しい知識を世界から学び，天皇中心の国を盛んにしよう。

3　次の３人の小学生の会話を読んで，あとの問１〜問３に答えなさい。

つよし：まことって将棋強いらしいね。おれはへただけど，好きなんだ。今度いっしょにやろうよ。

まこと：いいよ。もちろん，去年２９連勝した【　】ほどじゃないけど，お父さんに勝ったことはあるよ。

けいこ：えっ，【　】さんの話。すごいよね。中学生でプロ入りしたんでしょ。もう職業が中学生で決まってるなんて。

つよし：おれももう将来の職業は決めてるよ。プロ野球選手になって，がっぽりお金をかせぐんだ。カープに入るのが夢な
　　　　んだ。

まこと：つよしもすごいね。ぼくにはそんなはっきりした夢なんてないよ。とにかく今は，修道中学に受かることだけを考
　　　　えてる。修道中学は勉強も部活もがんばっている文武両道の学校だから，いろんな道が選べると思うんだ。

けいこ：でも職業って何のためにあるのかなあ。①過労死で②高橋まつりさんって女の人が亡くなって③国会でもとりあげ
　　　　られたし，④裁判にもなったよね。いろいろ考えちゃった。

つよし：あんまり寝てなかったらしいね。おれは寝ないと絶対だめだ。職業って生活のためにあるんじゃないの。がっぽり
　　　　かせいで，おれは生活を楽しむんだ。

まこと：⑤憲法にも⑥働く人の権利が保障されているし，命は何より大事だよね。ただ，生活していくためにはお金が必要
　　　　だけど，職業ってそれだけのためにあるんじゃない気がする。お金はそんなにもらえないとしても，ぼくは好きな
　　　　職業につきたいな。職業は自分の能力を生かすためのものでもあると思う。

けいこ：へー，まこともいろいろ考えてるね。わたしは⑦公務員がいいな。人のために役立つ仕事ってすてきじゃない。職
　　　　業の目的のなかには，社会の役に立つというのも入ると思う。自分ががんばった仕事でだれかが喜んでくれるなん
　　　　て最高。

つよし：おれも将来ホームランをかっ飛ばして，カープファンの喜ぶ姿が見たい。

けいこ：国連で働く国際公務員なんてのもあるらしいわ。わたし海外のことにもけっこう興味があるし。イギリスが（１）
　　　　離脱を決め，アメリカのトランプ大統領が地球温暖化を防ぐための（２）協定から離脱することを宣言し，⑧核兵
　　　　器禁止条約ができて，イラク政府軍が（３）からモスルを奪還し……。くわしいでしょ。新聞を毎日読んでるから。

まこと：けいこはえらいよ。ぼくも新聞読もっと。受験対策にもなるしね。ただ，お父さんが言ってたけど，⑨<u>ＡＩの導入</u>で，今ある職業がいっぱいなくなっちゃうっていう予測が出てるらしいよ。⑩<u>今日の話で職業の目的が三つ出てきた</u>と思うけど，それもしっかり考えて自分の職業を選ばなくっちゃね。

つよし：えー，プロ野球選手っていう職業もなくなっちゃうのかな。そんなのいやだよ。

問１　【　】にあてはまる人物の名前を，次の**ア～エ**から一つ選んで，記号で答えなさい。
　　ア　羽生善治　　　**イ**　藤井聡太　　　**ウ**　加藤一二三　　　**エ**　井山裕太

問２　（１）～（３）にあてはまる語を書きなさい。

問３　下線部①～⑩に対応する，次の各問いに答えなさい。

①　過労死が起きないように監督する機関をとりまとめている役所はどこですか。

②　高橋まつりさんの説明として最も適切なものを，次の**ア～エ**から一つ選んで，記号で答えなさい。

　　ア　国会議員の秘書をつとめていたが，国会議員から暴言を吐かれるなどの仕打ちを受けていた。

　　イ　飲食チェーン店の店長として長時間労働を強いられ，脳に障害が出た。

　　ウ　大手服飾メーカーで売り上げをのばそうとして食事が不規則になり，栄養失調に陥った。

　　エ　大手広告代理店に勤めていたが，長時間労働などが原因で思い悩んでいた。

③　国会の仕事として**適切でない**ものを，次の**ア～エ**から一つ選んで，記号で答えなさい。

　　ア　内閣総理大臣を指名する。

　　イ　法律などを公布する。

　　ウ　外国と結んだ条約を承認する。

　　エ　裁判官を裁く裁判を行う。

④　全国４３８ヵ所に置かれ，罪の軽い事件をあつかう裁判所を何といいますか。

⑤　日本国憲法には三大原則があります。国民主権と平和主義と，あともう一つは何ですか。

⑥　労働者をめぐる現在の日本の状況として最も適切なものを，次の**ア～エ**から一つ選んで，記号で答えなさい。

　　ア　人手不足が深刻化しており，人手を要する再配達について見直しを行う宅配業者が出てきた。

　　イ　女性の社会進出が進んで，国会議員に占める女性の割合もおよそ半分近くを占めるようになった。

　　ウ　日本は外国人労働者の受け入れを限定していないので，外国人労働者がどんどん増えている。

　　エ　政府の対策も実を結んで，日本では正社員が９割近くを占めるようになった。

⑦　地方自治・通信などに関する仕事をしている役所はどこですか。

⑧　核兵器をなくすために，あなたが一番必要だと思うことは何ですか。理由をあげて書きなさい。

⑨　これを日本語であらわしなさい。

⑩　三つの目的とは何ですか。

- 5 -

※125点満点
（配点非公表）

受　験　番　号

1
(1)	(2)	(3)
(4)	(5)	

2
(1) 円	(2) g	(3) 毎時　km
(4) cm²	(5) 度	
(6)		

3
(1) ：	(2)	(3) 人

4
(1)	(2) cm²

5
(1) m	(2) 秒後	(3) m

２０１８年度　修道中学校入学試験　理科　解答用紙

受験番号

※100点満点
（配点非公表）

1

問1　(a)　(b)　(c)　(d)　(e)

(f)　問2　問3　問4

問5　　⇒　　⇒　　問6　問7

2

問1　塩酸は，　　　　　　　　　　　　水よう液だから。

問2

問3　　　　g

問4　　　　cm³

問5　　　　g

問6

残った固体の重さ〔g〕 — 縦軸（0, 0.5, 1.0）
加えた塩酸Aの体積〔cm³〕 — 横軸（0, 10, 20, 30）

3

問1

問2　液体や気体の場合は，　　　　　　　　　　から。

問3　　気体の場合は，　　　　　　　　　　から。

問4

4

問1　①　②　③

問2　(1)　毎秒　　　　cm　(2)　　　　cm　(3)　問3

5

問1　A　B　太陽の移動の向き　問2

問3　問4　　　　cm　問5　　　　m　問6　毎秒　　　　m

問7　選んだ影　　理由

２０１８年度　修道中学校入学試験　<u>社会</u>　解答用紙

受　験　番　号

※100点満点
（配点非公表）

1

問				1				
1		2　　　　山脈		3　　　　　　川		4　　　　城		川

問			2				
① 　　　市		②		③		④	

問		3		問		4	
A	B	C	D	A	B	C	D

問			5	
A	B	C	D	E

問	6
(1)　　　　(2)	

2

問	1
→　　　　→　　　　→　　　　→	

問			2			
1	2		3		4	

問					3			
①	②		③	④		⑤		⑥
⑦ 国名　　　　　　理由								
⑧	⑨　　　がつき　　　がこねし てんかもち すわりしままに くうは							

問		4		問	5
(1)　　　と　　　の間	(2)　　　と　　　の間	(3)　　　と　　　の間		(1)	(2)

3

問　1	問		2	
	1	2	3	

問			3	
①　　　　省	②	③	④　　　裁判所	
⑤		⑥	⑦　　　省	
⑧				
			⑨	
⑩				

2017年度

修道中学校　入学試験問題

【算数】

時間50分

表紙を除いて５ページ

受験上の注意　テストが始まるまでによく読みなさい。

1 次の問いに答えなさい。

(1) ☐ にあてはまる数を求めなさい。

① $736 + 584 + 621 + 379 + 264 = \square$

② $\left\{ 2 + 3 \div \left(\dfrac{1}{2} - \dfrac{1}{\square} \right) \right\} \times \dfrac{1}{10} = 2$

③ $\dfrac{1}{16} \div \left\{ \dfrac{1}{5} \div \left(1 - \dfrac{9}{25} \right) - \dfrac{1}{8} \right\} \times 9 = \square$

④ $9 + 99 + 999 + 9999 + 99999 + 999999 = \square$

⑤ $8.25 \times 25.5 - 8.25 \times 6.5 + 3.5 \times 12.75 - 3.25 \times 3.5 = \square$

(2) 3つの異なる整数があります。これらの中から2つずつ組み合わせて和を作ると，23，34，41 となりました。3つの整数のうち最も小さい数を求めなさい。

(3) 本日 2017 年 1 月 23 日は月曜日です。修道中学校の創立記念日は 11 月 4 日です。2017 年 11 月 4 日は何曜日になりますか。

(4) 次の時計の図のように，角アと角イの大きさが等しくなるのは 10 時何分ですか。

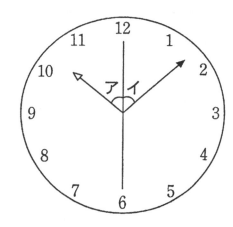

H29. 修道中
K 教英出版

(5) 次の図のように，正三角形ABCの辺BC上に点Dをとり，三角形ADEが正三角形となるように点Eをとります。角アの大きさを求めなさい。

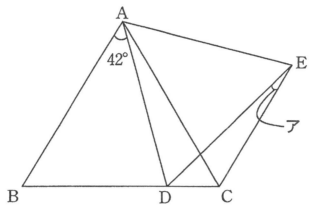

(6) 1辺が6cmの正方形が，円にぴったり入っています。また，その正方形に円がぴったり入っていて，さらにその小さい円に正方形がぴったり入っているとき，斜線部分の面積を求めなさい。ただし，円周率は3.14とします。

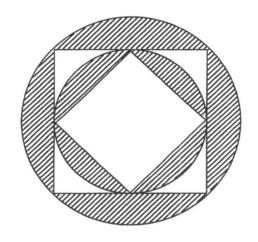

(7) 次の図形の周の長さを求めなさい。一部，長さのわからない辺もあります。2つの辺でつくられた角は，60°か300°です。また，図の数の単位はcmです。

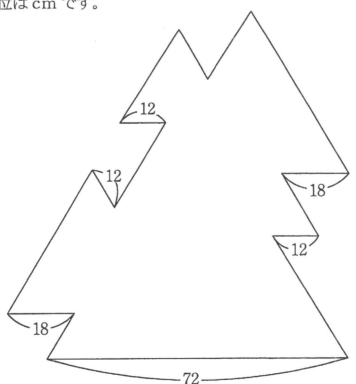

-2-

(8) 次の図のように，同じ正方形を4つ組み合わせて正方形を作り，できた正方形の9つの点にそれぞれ黒石か白石を置いていきます。そのとき，回転して同じになるものは同じ置き方とみなします。黒石2か所，白石7か所となる置き方は何通りありますか。

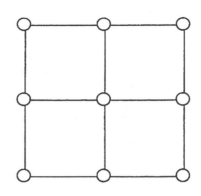

(9) 次の図のように，ます目の間隔が1cmの方眼紙に2辺の長さが3cm，4cmの直角三角形がかいてあります。このとき，残りの辺の長さが5cmとなります。このことを合同な直角三角形をいくつかかき加え，文章で説明しなさい。

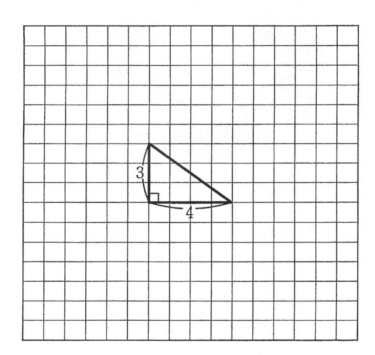

H29. 修道中
K 教英出版

2　1辺が1cmの立方体を216個はりあわせて，1辺が6cmの立方体を作りました。次の図の立方体の面の斜線部分を，反対側までまっすぐくりぬきます。

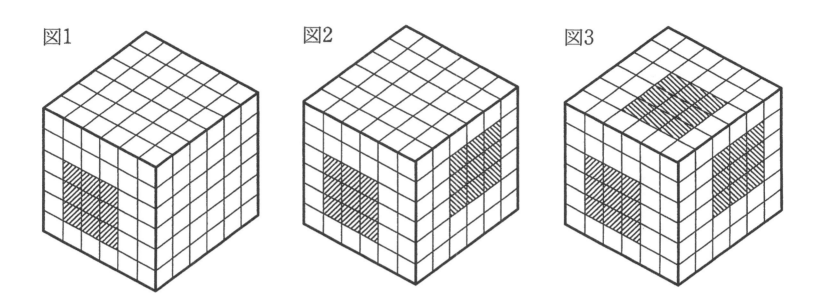

図1　　　　　図2　　　　　図3

(1)　図1において，くりぬいたあとに残る立体の体積と表面積を求めなさい。

(2)　図2において，くりぬいたあとに残る立体の体積を求めなさい。

(3)　図3において，くりぬいたあとに残る立体の体積を求めなさい。

3　青，黄，赤と1文字ずつ書かれた大きさが同じ正三角形の紙がたくさんあり，これらを次の図のような形に規則的に，上の段の左はしからすきまなく並べていきます。

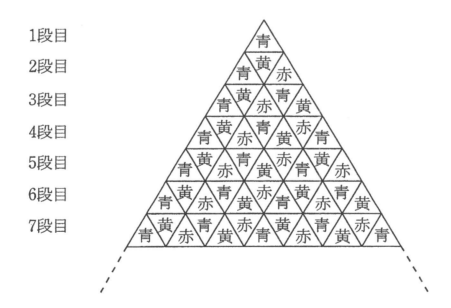

1段目
2段目
3段目
4段目
5段目
6段目
7段目

(1)　1段目から10段目の右はしまで並べると，正三角形の紙は全部で何枚になりますか。

(2)　25段目の右はしまで並べると，25段目には青と書かれた正三角形の紙は何枚ありますか。

(3)　1段目から25段目の右はしまで並べると，青と書かれた正三角形の紙は全部で何枚ありますか。

H29.修道中
K教英出版

4　次の図のように，B地点とC地点間の道のりがA地点とB地点間の道のりの2倍である坂道があります。坂道はA地点からB地点に向かっては上り坂になっており，B地点からC地点に向かっては下り坂になっています。最初，修君と道雄君はそれぞれA，C地点におり，2人は次のようなルールで歩きます。

[ルール]
① 上りは毎分50m，下りは毎分75mの速さで歩きます。
② A地点，C地点に到着したとき，または，2人が出会ったときは，反対向きに歩き始めます。

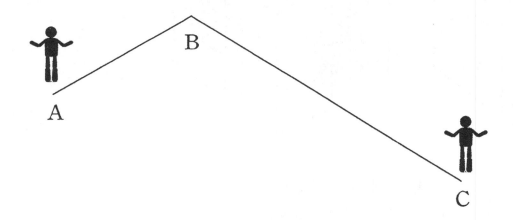

修君と道雄君が同時に出発して初めて出会ったのは，歩き始めて3分後でした。

(1) 道雄君が初めてC地点に戻るのは，歩き始めて何分後ですか。

(2) A地点からB地点までの道のりは何mですか。

(3) 初めて2人が同時に最初の地点に戻るのは歩き始めて何分後ですか。また，このとき修君は上り坂を合計何m歩きましたか。

2017年度

修道中学校　入学試験問題

【理科】

時間40分

表紙を除いて４ページ

$\boxed{\text{受験上の注意}}$　テストが始まるまでによく読みなさい。

1. テスト終了のチャイムが鳴るまで，テスト教室を出ることはできません。
2. 腕時計のアラームを鳴らしてはいけません。
3. 休憩時間に付添の人に会ってはいけません。
4. からだの具合が悪くなったら，監督の先生か腕章を着けた生徒に申し出なさい。
5. 問題用紙は回収しないので持ち帰りなさい。
6. 机の上に計算・下書き・落書きなどをしてはいけません。
7. 自分の持ってきたメモ用紙，下敷きや電卓を使ってはいけません。
8. 机の中に物を入れてはいけません。
9. テストはまじめな態度で受けなさい。テスト中によそ見をしたり先生の指示が守れない人は合格になりません。
10. 問題の内容についての質問はいっさいしてはいけません。もし，印刷のわからないところなどがあったら，静かに手を挙げなさい。
11. 筆記用具，ものさし，コンパスなど物の貸し借りをしてはいけません。
12. 答えは全て解答用紙に書きなさい。
13. 解答用紙には名前は書かず，受験番号だけを算用数字で書きなさい。
14. 先生の「はじめなさい」の指示で鉛筆をとり「やめなさい」の指示があったらすぐに鉛筆を置きなさい。
15. テスト中に物を落とすなど困ったことがあったら，静かに手を挙げなさい。

1　電流の流れ方に関する〔A〕・〔B〕について，後の各問いに答えなさい。

〔A〕電熱線の性質について，《実験1》～《実験3》を行いました。

《実験1》

　図1のような装置で，長さと太さがちがう同じ材質の3本の電熱線A（長さ5cm　太さ1mm²）・B（長さ5cm　太さ0.5mm²）・C（長さ10cm　太さ0.5mm²）に，電源装置を使って電流を流し，同じ体積の水（20℃）を温めました。図2のグラフは，電源装置の目盛りを同じにして電流を流した時間と水の温度との関係を示しています。ただし，電熱線の太さは，図3のように電熱線の断面の面積で表しています。

問1　電熱線での発熱量と電熱線の太さとの関係を調べるには，電熱線A，B，Cのうち，どれとどれを比べるとよいですか。

問2　電熱線に流れる電流の強さを調べるために，電流計をどのようにつなぐとよいですか。解答用紙の電源装置・電熱線・電流計を線でつなぎなさい。ただし，電流計は5Aの一端子（マイナスたんし）を使うものとします。

問3　《実験1》と同じ条件にして，次の電熱線（1）～（3）に電流を流します。
　　　5分後の水の温度はそれぞれ何℃になっていると考えられますか。
（1）長さ10cm　太さ1mm²の電熱線
（2）長さ20cm　太さ1mm²の電熱線
（3）長さ20cm　太さ2mm²の電熱線

《実験2》

　図4のように，電源装置，電熱線，豆電球をつないで，回路を作りました。クリップの位置をPからQの向きにずらしていったところ，豆電球はだんだん　① ア　明るく　イ　暗く　なりました。

《実験3》

　クリップの位置をQにして，同じ材質で太さの違う電熱線につけかえたところ，② ア　細い　イ　太い　電熱線の方が，豆電球は明るくつきました。

問4　《実験2》《実験3》の　①　②　について，適当な語句をそれぞれ選んで，記号で答えなさい。

問5　電熱線は，電気を熱に変えていますが，次の（1）～（3）の電気製品は，電気を主に何に変えて利用していますか。最も適当なものを次のア～エからそれぞれ1つずつ選んで，記号で答えなさい。
（1）モーター　　（2）アイロン　　（3）発光ダイオード
　　ア　光　　イ　音　　ウ　回転する動き　　エ　熱

〔B〕切りかえスイッチを使うと，電流の流れ方を変えることができます。例えば，図5の回路では，スイッチをアにつなぐ方が，イにつなぐときよりも豆電球にたくさん電流を流すことができます。

問6　図6の回路において，Aの豆電球が最も明るくなるのは，切りかえスイッチ1～3をどのようにつなぐときですか。記号ア・イでそれぞれ答えなさい。ただし，電池はすべて同じものを使っています。

問7　階段の電灯のスイッチは，切りかえスイッチを二つ使って1階と2階のどちらからでも電気をつけたり消したりすることができます。どのような回路になっているでしょうか。解答用紙の回路用図記号を使って，電灯がついている状態になるように線でつなぎなさい。

図1

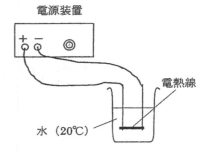

図2

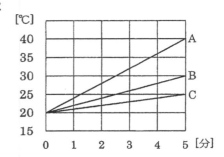

図3

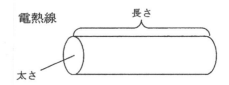

図4

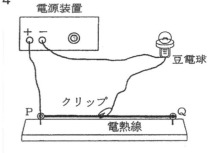

図5

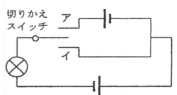

図6

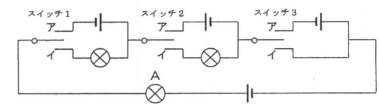

2 地面にパイプを打ち込んで土をほり取り，地下の地層のようすを調べることができます。これをボーリング調査といいます。

図1は，ボーリング調査を行った地点A～Dの位置と標高との関係を示した地図です。図2は，ボーリング調査でわかったA，B，Cの各地点の地下の地層のようすと，各層の地面からの深さの関係を表しています。また，A～Dの地下に見られる地層は，ずれたり曲がったりせず，各層が平行に重なり合い，それぞれが同じ方向に傾いているとして，後の各問いに答えなさい。

図1　　　　　　　　　　　　図2　　　　　　　　　　　　　図3

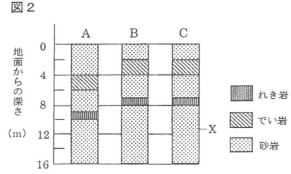

問1　図2のれき岩，でい岩，砂岩のうち，岩石をつくっているつぶの大きさが最も小さいのはどの岩石ですか。

問2　図2のXで示した砂岩の地層から，図3の化石が見つかりました。この化石になっている生物の名前を答えなさい。

問3　A～Dの地下に見られる地層が傾いている方向（低くなっていく方向）として最も適当なものを図1の矢印（ア～ク）から一つ選んで，記号で答えなさい。

問4　図1のDにおけるボーリング調査では，でい岩の層は地面から何mの深さで現れますか。整数で答えなさい。

問5　図2に示した地層は昔，川によって運ばれた土砂が海でたい積したことによってできたものです。地層を構成する岩石のつぶの大きさは，その地層がたい積した当時に起こっていたでき事によって変化します。図2に示した地層では，砂岩の層の間にれき岩の層がありますが，この部分が砂岩ではなく，れき岩の層になっているのはなぜだと思いますか。考えられる原因（自然現象）を一つ答えなさい。

3 次の文章は，修君と修道中学校に通う兄との会話です。文章を読んで，後の各問いに答えなさい。

修：お兄さん，今日，学校で植物のはたらきを調べる実験をしたよ。

兄：どんな実験？

修君が行った実験

【Ⅰ】　大きさや葉の面積が同じ鉢（はち）植えの植物（A，B）を，息をふきこんでふくらませたポリエチレンのふくろで包み，それぞれのふくろの中の気体の割合を測定する。

【Ⅱ】　AとBをポリエチレンのふくろで包んだまま，同じ温度のもとで，Aは明るい部屋に，Bは光が当たらない暗い部屋にそれぞれ24時間置く。

【Ⅲ】　24時間後，それぞれのふくろの中の気体の割合を測定し，【Ⅰ】の値と比かくする。

兄：それで，結果はどうだった。

修：【Ⅲ】の結果は，Aは二酸化炭素が減って，（　a　）が増えていたよ。逆に，Bは二酸化炭素が増えて，（　a　）が減っていた。

兄：うまくいったみたいだね。空気中に最も多くふくまれる（　b　）の割合はどちらも変化しなかったはずだよ。

修：それから，この実験の後で，AとBの葉にでんぷんがあるかを調べるために，㋐ヨウ素液を使う実験もやったよ。

兄：結果はどうだった。

修：　　　　　　　　　X

兄：これもうまくいったみたいだね。

修：次の理科の時間までに，今日の実験からわかったことをまとめないといけないんだけど，手伝ってよ。

兄：で，修はどう思ったの。

修：植物は明るいところでは，光合成で二酸化炭素を吸収してでんぷんをつくっているけど，暗いところでは光合成をせずに，でんぷんを養分にして動物と同じように呼吸をしていると思うんだ。

兄：植物は暗いところだけで呼吸をしていると思うかい？　植物も動物と同じように，明るいところでも暗いところでも呼吸をしているんだよ。実験のような結果になったのは，明るいところでは，呼吸によって出てくる二酸化炭素より，光合成によって吸収される二酸化炭素の方が多かったからだよ。植物は光合成によって二酸化炭素から養分となるでんぷんをつくり，呼吸をすると，それが分解されて二酸化炭素にもどるんだよ。光合成でつくったでんぷんのうち，呼吸に使って余ったものが，植物の成長に使われているんだ。

修：ということは，光合成でつくられるでんぷんの量が，呼吸で使われるでんぷんの量より多くないと，植物は成長できないということだね。

兄：よくわかったね。兄さんも学校で光合成と呼吸の関係を習っているから，その㋑グラフを見せてあげるよ。

-2-

問1　前ページの文章中の（　a　），（　b　）にあてはまる語をそれぞれ答えなさい。

問2　前ページの実験において，（　a　），（　b　）の【Ⅰ】における測定の結果として，最も適当なものを次のア～カからそれぞれ選んで，記号で答えなさい。

　　　ア　約0.04%　　イ　約5%　　ウ　約16%　　エ　約21%　　オ　約78%　　カ　約86%

問3　文章中の　　Ｘ　　にあてはまる修君のセリフとして，最も適当なものを次のア～エから選んで，記号で答えなさい。

　　　ア　Ａの葉には，でんぷんがあったけど，Ｂの葉にはなかったよ。

　　　イ　Ａの葉にはでんぷんがなかったけど，Ｂの葉にはあったよ。

　　　ウ　Ａの葉にもＢの葉にもでんぷんはなかったよ。

　　　エ　Ａの葉にもＢの葉にもでんぷんはあったよ。

問4　文章中の下線部⑦の実験に関して，その中で行う処理とその目的の組み合わせとして，適当なものを次のア～カから二つ選んで，記号で答えなさい。

【処　理】	【目　的】
ア　温めたエタノールに葉をつける。	葉の色をぬく。
イ　温めたエタノールに葉をつける。	葉をやわらかくする。
ウ　温めた塩酸に葉をつける。	葉の色をぬく。
エ　温めた塩酸に葉をつける。	葉をやわらかくする。
オ　熱い湯に葉をつける。	葉の色をぬく。
カ　熱い湯に葉をつける。	葉をやわらかくする。

問5　下線部④に関して，右のグラフはある植物に当てた光の強さと1時間あたりのでんぷんの増加量との関係を示したものです（気温が10℃の場合と20℃の場合が示されている）。縦軸（じく）の数値の前の－は，その数値の量だけでんぷんが減少したことを示しています。呼吸に使われるでんぷんの量は，光の強さによって変わることがないものとして，以下の各問いに答えなさい。ただし，縦軸と横軸の単位はそれぞれ省略しています。

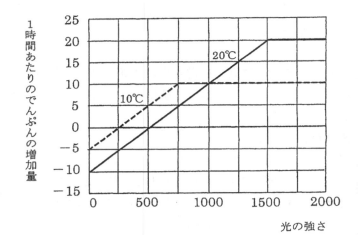

（1）このグラフからわかることとして，正しいものを次のア～オから二つ選んで，記号で答えなさい。

　　　ア　1000の強さの光を当て続けると，10℃のときの方が20℃のときよりもよく成長できる。

　　　イ　500の強さの光を当て続けると，10℃では成長できるが，20℃では成長できない。

　　　ウ　10℃で光の強さ250のときは，光合成も呼吸も行われていない。

　　　エ　10℃で光の強さ0のときと20℃で光の強さ250のときは，呼吸で使われるでんぷんの量が同じである。

　　　オ　呼吸に使われるでんぷんの量は，20℃のときは10℃のときの2倍である。

（2）10℃で500の強さの光を24時間当てたときに，光合成でつくられるでんぷんの量を求めなさい。

（3）20℃で光の強さ1500のもとに10時間置き，その後，10℃で真っ暗（光の強さ0）なところに14時間置きました。この1日で増加したでんぷんの量を求めなさい。

（4）この植物を二つ（Ｃ，Ｄ）用意し，Ｃは10℃，Ｄは20℃である強さの光を12時間当てました。その後，それぞれを同じ温度のまま（Ｃは10℃，Ｄは20℃）で真っ暗（光の強さ0）なところに12時間置きました。すると，Ｃで増加したでんぷんの量とＤで増加したでんぷんの量が同じになりました。ある強さの光はいくらの強さの光ですか。

- 3 -

4 硝酸（しょうさん）カリウムは，マッチ・花火・肥料などに利用される無色の固体です。硝酸カリウムは，20℃の水100gに最大で32gとけることがわかっています。次の問1に答えなさい。さらに，硝酸カリウムを使用した《実験1》，《実験2》についての文章を読んで，後の問2〜問5に答えなさい。

問1 硝酸カリウムは，20℃の水200gに最大で何gとけますか。次のア〜キから最も適当なものを選んで，記号で答えなさい。

　　ア　16g　　イ　24g　　ウ　32g　　エ　48g　　オ　64g　　カ　80g　　キ　96g

《実験1》

①　100gの硝酸カリウムをはかりとりました。

②　50℃の水100gに硝酸カリウム100gを加えてよくかき混ぜました。

③　とけるだけとかした後，とけ残った硝酸カリウムをろ過で取り除きました。このようにろ過によって分けられた溶液（ようえき）のことを，ろ液といいます。

④　得られた50℃のろ液のうち，20gをはかりとりました。（ここまで水はまったく蒸発しなかったものとします）

⑤　ろ液20gを加熱して水をすべて蒸発させたところ，硝酸カリウムが9.2g残りました。

《実験2》

①　200gの硝酸カリウムをはかりとりました。

②　50℃の水200gに硝酸カリウム200gを加えてよくかき混ぜました。

③　とけるだけとかした後，とけ残った硝酸カリウムをろ過で取り除きました。

④　得られた50℃のろ液をすべて20℃まで冷やしたところ，結晶（けっしょう）が（　　　　）g出てきました。（水はまったく蒸発しなかったものとします）

問2 硝酸カリウムは，50℃の水100gに最大で何gとけますか。次のア〜キから最も適当なものを選んで，記号で答えなさい。

　　ア　15g　　イ　21g　　ウ　46g　　エ　54g　　オ　68g　　カ　85g　　キ　92g

問3 《実験2》の③で得られたろ液は何gですか。次のア〜キから最も適当なものを選んで，記号で答えなさい。

　　ア　248g　　イ　264g　　ウ　285g　　エ　292g　　オ　358g　　カ　370g　　キ　386g

問4 《実験2》の③で得られたろ液の濃度（のうど）は何%ですか。次のア〜キから最も適当なものを選んで，記号で答えなさい。

　　ア　12%　　イ　23%　　ウ　32%　　エ　38%　　オ　46%　　カ　52%　　キ　100%

問5 《実験2》の④の（　　　　）に入る数値はいくらですか。次のア〜キから最も適当なものを選んで，記号で答えなさい。

　　ア　7　　イ　22　　ウ　95　　エ　106　　オ　122　　カ　135　　キ　159

　次に，硝酸カリウムと食塩の混合物を使用した以下の《実験3》について，後の問6，問7に答えなさい。ただし，この混合物について次のようなことがわかっているものとします。

- 混合物に水を加えても，硝酸カリウムと食塩はたがいに反応しません。
- 硝酸カリウムと食塩の水へのとけ方は，混ざっていてもたがいに影響（えいきょう）を受けません。
- 混合物を完全に水にとかすと，無色の透明（とうめい）な水溶液になります。
- 混合物の水溶液に硝酸銀（しょうさんぎん）水溶液を加えると，食塩のみが反応して水にとけにくい白い固体を生じるので，全体が白くにごります。

《実験3》

①　50℃の水200gに混合物100gを加えてよくかき混ぜたところ，すべてとけました。

②　得られた水溶液300gを20℃まで冷やしたところ，結晶が出てきました。ろ過で結晶を分けとり，よく乾燥（かんそう）させて重さをはかったところ，22gでした。

③　②で得られた結晶22gすべてを水にとかし，これに硝酸銀水溶液を加えたところ，まったく変化は見られませんでした。

問6 《実験3》の②で出てきた結晶は何ですか。次のア〜ウから最も適当なものを選んで，記号で答えなさい。

　　ア　硝酸カリウム　　イ　食塩　　ウ　硝酸カリウムと食塩の混合物

問7 《実験3》の①の混合物100gにふくまれていた食塩は何gですか。次のア〜キから最も適当なものを選んで，記号で答えなさい。

　　ア　3g　　イ　8g　　ウ　14g　　エ　22g　　オ　36g　　カ　78g　　キ　86g

　《実験1》〜《実験3》の結果をもとにして，次の問8に答えなさい。

問8 20℃の水100gにとける最大量は，硝酸カリウムと食塩ではどちらが多いですか。次のア〜ウから最も適当なものを選んで，記号で答えなさい。

　　ア　《実験1》〜《実験3》の結果より，硝酸カリウムの方が多いといえる。

　　イ　《実験1》〜《実験3》の結果より，食塩の方が多いといえる。

　　ウ　《実験1》〜《実験3》の結果だけでは，どちらともいえない。

2017年度

修道中学校　入学試験問題

【社会】

時間40分

表紙を除いて５ページ

受験上の注意 テストが始まるまでによく読みなさい。

1．テスト終了のチャイムが鳴るまで，テスト教室を出ることはできません。
2．腕時計のアラームを鳴らしてはいけません。
3．休憩時間に付添の人に会ってはいけません。
4．からだの具合が悪くなったら，監督の先生か腕章を着けた生徒に申し出なさい。
5．問題用紙は回収しないので持ち帰りなさい。
6．机の上に計算・下書き・落書きなどをしてはいけません。
7．自分の持ってきたメモ用紙，下敷きや電卓を使ってはいけません。
8．机の中に物を入れてはいけません。
9．テストはまじめな態度で受けなさい。テスト中によそ見をしたり先生の指示が守れない人は合格になりません。
10．問題の内容についての質問はいっさいしてはいけません。もし，印刷のわからないところなどがあったら，静かに手を挙げなさい。
11．筆記用具，ものさし，コンパスなど物の貸し借りをしてはいけません。
12．答えは全て解答用紙に書きなさい。
13．解答用紙には名前は書かず，受験番号だけを算用数字で書きなさい。
14．先生の「はじめなさい」の指示で鉛筆をとり「やめなさい」の指示があったらすぐに鉛筆を置きなさい。
15．テスト中に物を落とすなど困ったことがあったら，静かに手を挙げなさい。

1

次の文章を読んで，あとの問1〜問5に答えなさい。

日本列島の a 気候は，国土が南北に長く，緯度の差が大きいので，気温の差が大きい。また，標高の高い山脈によって日本海側と太平洋側とで気温に違いがみられ，標高の高い内陸部で気温の低い地域があるので，b 気候条件によってさまざまな農産物が生産されている。降水量は世界と比べて多く，特に西日本の太平洋側で降水量が多い。これは梅雨前線や局地的な集中豪雨，そして台風などによる降水のためである。降水量の比較的少ないところは，梅雨の影響が少ない北海道や，南北を山地に囲まれている瀬戸内沿岸であるが，2014年8月には，c 広島市において局地的に時間雨量が100mmを超える大雨が降り，d 大規模な土砂災害が発生して多くの人命がうばわれたりもしている。

問1 下線部aに関して，次の表は長野・福井・熊本・青森の4観測地点の月別平均気温（1981〜2010年の平均値）と，月別平均降水量（1981〜2010年の平均値）です。長野・福井・熊本・青森にあてはまるものを，表中A〜Dからそれぞれ選んで，記号で答えなさい。（『データブックオブザワールド2016』より作成）

	1月	2月	3月	4月	5月	6月	7月	8月	9月	10月	11月	12月	全年
A	−1.2	−0.7	2.4	8.3	13.3	17.2	21.1	23.3	19.3	13.1	6.8	1.5	10.4 (℃)
	144.9	111.0	69.9	63.4	80.6	75.6	117.0	122.7	122.7	103.9	137.7	150.8	1300.1 (mm)
B	3.0	3.4	6.8	12.8	17.7	21.6	25.6	27.2	22.7	16.6	11.0	5.9	14.5 (℃)
	284.8	169.7	156.8	127.3	146.2	166.5	233.4	127.6	202.3	144.9	205.3	272.9	2237.6 (mm)
C	−0.6	0.1	3.8	10.6	16.0	20.1	23.8	25.2	20.6	13.9	7.5	2.1	11.9 (℃)
	51.1	49.8	59.4	53.9	75.1	109.2	134.4	97.8	129.4	82.8	44.3	45.5	932.7 (mm)
D	5.7	7.1	10.6	15.7	20.2	23.6	27.3	28.2	24.9	19.1	13.1	7.8	16.9 (℃)
	60.1	83.3	137.9	145.9	195.5	404.9	400.8	173.5	170.4	79.4	80.6	53.6	1985.8 (mm)

問2 下線部bに関して，次の表は鹿児島・富山・山梨・神奈川における米・野菜・果実・畜産の農業産出額（億円）の割合を示したものです。E〜Hにあてはまる県名をそれぞれ答えなさい。（『データブックオブザワールド2016』より作成）

県名	米（％）	野菜（％）	果実（％）	畜産（％）
E	5.0	55.2	10.9	18.9
F	69.4	8.1	3.3	14.0
G	8.3	12.5	62.2	8.7
H	5.9	12.1	2.2	60.9

※地図の大きさは実際の問題を96％に縮小したものです。

問3 下線部cに関して，次の二つの地形図（25,000分の1地形図）を見て，あとの（1）・（2）に答えなさい。

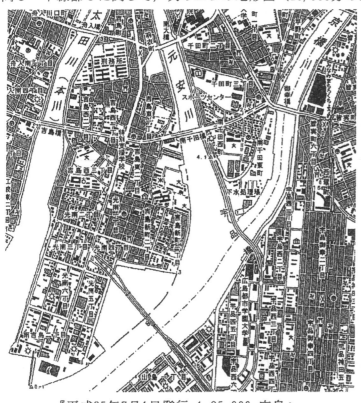

『平成25年7月1日発行 1:25,000 広島』

『昭和32年8月30日発行 1:25,000 広島』

（1） 昭和32年の地形図で千田町にあった ☆ 付近には，平成25年の地形図ではどんな施設がたっていますか，次のア〜エから正しいものを一つ選んで，記号で答えなさい。
　　ア 郵便局　　イ 高等学校　　ウ 博物館　　エ 図書館

（2） 昭和32年の地形図の吉島本町と，平成25年の地形図の吉島東一・二丁目，吉島西一・二・三丁目付近の土地利用の変化を，簡単に説明しなさい。

問4　下線部dに関して，災害から身を守るための行動として内容が適当でないものを，次のア〜エから一つ選んで，記号で答えなさい。
　　ア　広域避難場所までの避難ルートを実際に歩いて，危険な場所がないかどうかを確認しておく。
　　イ　警報の発令や，避難指示の防災放送などに注意をはらい，すぐに避難ができるように防災グッズを常備しておく。
　　ウ　事前に災害ボランティアとして行政などに登録をして，避難所生活での待遇を良くしてもらえるようにしておく。
　　エ　行政が配布，もしくはホームページで公表しているハザードマップを日頃から参考にして，避難場所を確認しておく。
問5　次の表は東京・島根・秋田・沖縄の面積・人口密度・人口増加率・65歳以上人口割合を示したものです。Ｉ〜Ｌにあてはまる都道府県名をそれぞれ答えなさい。（『データブックオブザワールド 2016』より作成）

県　名	面　積（㎢）	人口密度（人／㎢）	人口増加率（‰）	65歳以上人口割合（％）
Ｉ	11638	90	－12.7	32.3
Ｊ	2191	5879	5.7	22.1
Ｋ	6708	104	－7.9	31.4
Ｌ	2281	633	3.2	18.7

2　次の【設問1】〜【設問3】の各問いに答えなさい。

【設問1】
　小学校では6年生のときに日本の歴史を学びます。修道中学校では，中学1・2年のときに『歴史』という科目のなかで，日本の歴史を学びます。中学校では小学校よりくわしく歴史を学びますが，歴史を学ぶわけですから，基本的なところは変わりません。
　次の二つの枠内の文章［Ａ］・［Ｂ］は，武家政治の始まりの内容を，［Ａ］小学校で使われているある教科書から，［Ｂ］修道中学校で使われている『歴史』の教科書から抜き出したものです。（設問の都合上，一部修正しています）

文章［Ａ］：小学校で使われているある教科書から抜き出したもの

　平氏をほろぼした源頼朝は，鎌倉で武士による政治のしくみを整えていきました。さらに頼朝は，朝廷にせまり，家来となった武士（御家人）を地方の守護や地頭につけ，地方にも力がおよぶようにしました。
　1192年には，頼朝は朝廷から征夷大将軍に任命され，全国の武士を従える最高の地位につきました。鎌倉で頼朝によってはじめられた，武士による政府を鎌倉幕府といい，幕府の続いた約140年間を鎌倉時代といいます。
　御家人となった武士は，将軍から，先祖代々の領地や自分が開発した領地の支配を認めてもらったり，戦いで手がらをたてて新しく領地をもらったりしました。これを御恩といいます。そのかわり，戦いがおこれば，「いざ鎌倉」と一族を率いて将軍のもとにかけつけ，命がけで働きました。これを奉公といいます。
　鎌倉幕府は，こうした御恩と奉公という，将軍と御家人の強い結びつきによって成り立っていました。
　しかし，頼朝が死ぬと，幕府内にうちわもめが続き，源氏の将軍は3代で絶えました。そして将軍を助ける役職（執権）についていた北条氏が，幕府の政治をすすめていきました。

文章［Ｂ］：修道中学校で使われている教科書から抜き出したもの

　1180年，伊豆にいた源頼朝や木曽の源義仲などが，平氏をたおそうと兵をあげ，全国的な内乱が始まりました。
　鎌倉を本拠として指揮をとった頼朝は，集まってきた武士と主従関係を結んで【1】とし，武家の政治のしくみを整えていきました。
　頼朝が派遣した弟の義経らは，平氏を追って西に進み，1185年，壇ノ浦の戦いで平氏をほろぼしました。その後頼朝は，対立して姿を隠した義経を捕らえるとして，朝廷にせまって国ごとに【2】を，荘園や公領に地頭をおくことを認めさせ，【1】をこの役につけました。さらに，義経をかくまったことを理由に奥州藤原氏を攻めほろぼし，1192年，頼朝は，武士の総大将として征夷大将軍に任じられました。
　こうして12世紀の末に鎌倉に立てられた武士の政権を鎌倉幕府といい，幕府の続いた約140年間を鎌倉時代といいます。
　将軍は，【1】の領地を公認・保護し，【1】を【2】や地頭などに任命しました。これを【3】といいます。その代わりに，【1】は京都・鎌倉の警備にあたり，戦いのときには，一族・郎党や下人を率いて命がけで合戦に参加しました。これを【4】といいます。鎌倉幕府の組織は，この【3】と【4】の関係をもとに成り立っていました。
　頼朝の死後，頼朝の妻政子の実家である【5】氏がしだいに幕府の実権をにぎるようになり，【6】という地位について政治を行いました。

問1　文章［Ａ］を参考にして，文章［Ｂ］の【1】〜【6】に入る適語を答えなさい。
問2　次の〔1〕・〔2〕は，修道中学校で行われたある学力テストの問題です。文章［Ａ］・［Ｂ］を参考にして，それぞれ答えなさい。
　　〔1〕　鎌倉幕府に関する説明として正しいものを，次のア〜エから一つ選んで，記号で答えなさい。
　　ア　鎌倉幕府の政治のしくみは，朝廷のしくみをまねてつくられました。
　　イ　鎌倉幕府の第2代将軍には，源頼朝の弟義経が任じられました。
　　ウ　鎌倉幕府は当初は鎌倉を本拠地にしていましたが，承久の乱で朝廷軍を打ち破ったあと，本拠地を京都に移しました。
　　エ　源氏の将軍が絶えたあと，源頼朝の妻政子の実家が鎌倉幕府の実権をにぎりました。

〔2〕　鎌倉時代の武士に関する説明として正しいものを，次のア〜エから一つ選んで，記号で答えなさい。
　ア　平氏を倒そうと兵をあげた武士は，そのほとんどが西国に住む武士たちでした。
　イ　自分の領地を命がけで守る武士の生活のなかから，「一所懸命」という言葉が生まれました。
　ウ　武士たちは，鎌倉を守る役目がありましたが，京都を守る役を務めることはありませんでした。
　エ　元の大軍が攻めてきたときに活やくした武士たちには，恩賞として多くの新しい領地があたえられました。

【設問2】　次の問3・問4に答えなさい。
問3　次の①・②の文ともっとも関係が深いことを，それぞれあとのア〜キから一つずつ選んで，記号で答えなさい。
　①　阿弥陀仏に念仏を唱えればよいという教えが貴族のあいだに広まりました。
　②　足利義満が文化や芸術を保護しました。
　ア　浮世絵が民衆に多く買い求められました。
　イ　御成敗式目がつくられました。
　ウ　平等院鳳凰堂がたてられました。
　エ　藤原京がつくられました。
　オ　法隆寺がたてられました。
　カ　観阿弥・世阿弥父子が能を大成しました。
　キ　銀閣がたてられました。
問4　次の①・②の文ともっとも近い時期のできごとを，それぞれあとのア〜キから一つずつ選んで，記号で答えなさい。
　①　『解体新書』が出版されました。
　②　第一次世界大戦がおこりました。
　ア　本居宣長が『古事記伝』を完成させました。
　イ　日米和親条約が結ばれました。
　ウ　参勤交代の制度が整えられました。
　エ　蝦夷地が北海道と改称されました。
　オ　大日本帝国憲法が発布されました。
　カ　韓国を併合して植民地にしました。
　キ　日本がドイツ・イタリアと同盟を結びました。

【設問3】　次の問5〜問8に答えなさい。
問5　右の絵は，江戸時代に来日した朝鮮通信使の行列をえがいたものです。通信使は，将軍がかわったときに，お祝いと友好を目的に派遣された使節団で，各地でかんげいされ，江戸をおとずれましたが，江戸幕府にとって通信使を迎えることは，朝鮮との友好をはかるだけでなく，幕府の力を示すうえでも大きな意味がありました。

　江戸幕府は，1636年・1643年・1655年の3度，通信使を国内の「ある場所」まで連れて行っています。連れて行った「ある場所」として正しいものを，次のア〜ウから一つ選んで，記号で答えなさい。また，なぜその場所に連れて行ったのか，わかりやすく説明しなさい。
　　　　ア　長崎　　　イ　日光　　　ウ　堺
問6　明治時代になると，人々の生活のなかにも，欧米の制度や生活様式が取り入れられるようになりました。このような風潮を文明開化といいます。男性が牛なべを食べている右の絵は，この風潮をよく表しています。

　しかし，新しい生活様式は簡単に普及したわけではありませんでした。このことは右の絵のどのようなところに表れていますか。わかりやすく説明しなさい。
問7　下の二人の人物は，西郷隆盛と板垣退助です。この二人は，最初は明治政府の中心的人物として活やくしましたが，ともに1873年に政府を去り，のちに政府と対決する動きの中心人物となりました。
　あなたがもし明治時代に生きて政府と対決する動きに加わるとしたら，この二人のうちどちらの動きに加わりますか。西郷隆盛を中心とする動きに加わる人はア，板垣退助を中心とする動きに加わる人はイと書きなさい。そして，その理由をわかりやすく説明しなさい。
　　　ア　西郷隆盛　　　　　　　　　イ　板垣退助

問8　右の絵は日清戦争前の東アジアの関係を表す有名なふう
し画で，1887年にえがかれました。昨年度の修道中学校の
入試問題でも出題されていますので，見覚えがある人が多
いかと思います。

　　この絵では左端の人物が日本を表していますが，この絵
がえがかれてから数年後の東アジアは，日本の背後に，日
本の背中を押していた「ある国」を表す人物を書き加えた
方がより正しい関係となります。「ある国」とはどこです
か。国名を答えなさい。また，その国を答えた理由をわか
りやすく（具体的に）説明しなさい。

③　次の年表を見て，あとの問1～問7に答えなさい。なお，この年表は，第二次世界大戦が終わった西暦年を元年とした，
「戦後暦」です。日付は日本時間です。

元年	8月14日	ポツダム宣言を受け入れる
2年	4月10日	①（1）議院議員総選挙が行われる
3年	5月3日	a日本国憲法が施行される
5年	11月	【1】のノーベル物理学賞受賞が決まる
6年	6月25日	朝鮮戦争がおこる
7年	9月9日	【2】平和条約・日米安全保障条約が結ばれる
8年	4月28日	日本が独立を回復する
9年	7月	朝鮮戦争が休戦する
10年	3月	ビキニ水爆実験で第五福竜丸が被災する
12年	12月	日本がb国際連合に加盟する
20年	10月	オリンピック・東京大会が開かれる
26年	3月	日本万国博覧会が開かれる
28年	2月	冬季オリンピック・【3】大会が開かれる
	5月15日	沖縄が日本に復帰する
あ年	10月15日	カープ，リーグ初優勝！
34年	8月12日	日中平和友好条約が結ばれる
45年	1月7日	天皇崩御，元号が「昭和」から「平成」へ改まる
51年	1月17日	阪神淡路大震災が起こる
54年	2月	冬季オリンピック・長野大会が開かれる
56年	7月	九州・沖縄サミットが開かれる
58年	5月	日本と韓国でサッカー・ワールドカップ大会を共催する
60年	1月	イラクの復興支援に自衛隊が派遣される
65年	5月	c裁判員制度が始まる
	8月	②（2）議院議員総選挙が行われる
67年	3月い日	d東日本大震災が起こる
68年	12月	③（3）議院議員総選挙が行われる
69年	7月	④（4）議院議員通常選挙が行われる
70年	12月	⑤（5）議院議員総選挙が行われる
72年	4月14日	熊本地震が発生する
	5月27日	eアメリカ大統領が広島訪問，原爆慰霊碑に献花する
	6月24日	英国の国民投票結果が判明する
	7月7日	【4】さん，ロシアのロケットで国際宇宙ステーションへ出発する
	7月10日	⑥（6）議院議員通常選挙が行われる
	8月6日	fオリンピック・リオデジャネイロ大会が開幕する
	8月8日	天皇陛下のビデオメッセージが公開される
	8月11日	新たな祝日　→　【5】の日
	9月10日	カープ優勝！！

問1　___線部①～⑥の選挙に関して，次のA～Cの各問いに答えなさい。
　A　（1）～（6）には，それぞれ漢字一文字が入ります。（6）と同じ漢字が入るものを数字で答えなさい。
　B　①と⑥の選挙では，選挙権に関して，従来とは大きな変化がありました。選挙権の拡大という観点から，より大きく変化
　　した方の選挙について，何がどのように変わったのか，わかりやすく説明しなさい。
　C　②～⑥の選挙のうち，政権交代をもたらしたものが二つあります。首相の所属政党が民主党から自由民主党に代わったも
　　のを選んで，数字で答えなさい。

問2　カープがリーグ初優勝したのは，昭和50年でした。[あ]に入る二ケタの数字を答えなさい。

問3　[い]に入る二ケタの数字を答えなさい。

問4　【1】・【4】に入る人名の組合せとして正しいものを，次の**ア**〜**エ**から一つ選んで，記号で答えなさい。

	【1】	【4】
ア	山中伸弥	山崎直子
イ	湯川秀樹	大西卓哉
ウ	川端康成	若田光一
エ	大隅良典	向井千秋

問5　【2】・【3】に入る地名の組合せとして正しいものを，次の**ア**〜**エ**から一つ選んで，記号で答えなさい。

	【2】	【3】
ア	ワシントン	青森
イ	ロンドン	盛岡
ウ	パリ	新潟
エ	サンフランシスコ	札幌

問6　【5】に入る適語を，漢字一文字で書きなさい。

問7　___線部a〜fについて，それぞれの問いに答えなさい。

　　a　この憲法についての記述として誤っているものを，次の**ア**〜**オ**から二つ選んで，記号で答えなさい。

　　　ア　三つの原則として，国民主権，基本的人権の尊重，平和主義があります。

　　　イ　天皇は国の象徴であり，その地位は天皇の意思に基づきます。

　　　ウ　前文では，二度と戦争をしないという国民の決意が示されており，また，条文では非核三原則が定められています。

　　　エ　裁判所には，法律や政治が憲法に違反していないかどうか審査する権限があり，この仕組みは立憲主義の考えに基づいています。

　　　オ　憲法の内容を改める場合は，国会の発議と，国民による投票が必要です。

　　b　国連は，世界の平和と安全を守るためにさまざまな活動をしていますが，その一つに平和維持活動（PKO）があります。現在，日本が参加しているPKOで自衛隊が派遣されている国または地域を，次の**ア**〜**エ**から一つ選んで，記号で答えなさい。

　　　ア　南スーダン　　　**イ**　カンボジア　　　**ウ**　イラク　　　**エ**　パレスチナ

　　c　この制度にもとづく裁判についての記述として誤っているものを，次の**ア**〜**エ**から一つ選んで，記号で答えなさい。

　　　ア　裁判員は，有権者の中からくじで選ばれます。

　　　イ　裁判官とともに，刑罰が軽い犯罪の裁判に加わります。

　　　ウ　原則として，裁判官3人と裁判員6人で裁判を行います。

　　　エ　裁判員は，有罪か無罪かだけでなく，有罪の場合は刑罰をどうするかの判断もします。

　　d　この地震による津波で大事故がおきた原子力発電所は，何県にありますか。

　　e　大統領の本来の来日目的は何でしたか。簡単に答えなさい。年表のなかにヒントとなる記事があります。

　　f　開会式は，現地時間の午後8時から始まりました。現地の日付としては何日ですか。

受　験　番　号

※125点満点
（配点非公表）

1

(1)①	(1)②	(1)③	(1)④	(1)⑤

(2)	(3)	(4)	(5)	(6)
	曜日	10時　　　分	度	cm²

(7)	(8)	
cm	通り	

(9)　　　　　　　　　　　　　　　　　　　　【説明】

2

(1) 体積	表面積	(2)	(3)
cm³	cm²	cm³	cm³

3

(1)	(2)	(3)
枚	枚	枚

4

(1)	(2)	(3)	
分後	m	分後	m

K 教英出版

1

| 問1 | と | | |

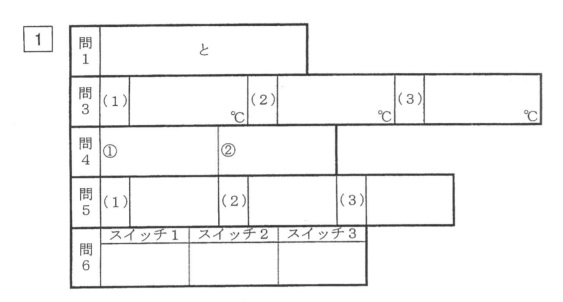

| 問3 | （1） ℃ | （2） ℃ | （3） ℃ |

| 問4 | ① | ② | |

| 問5 | （1） | （2） | （3） |

問6	スイッチ1	スイッチ2	スイッチ3

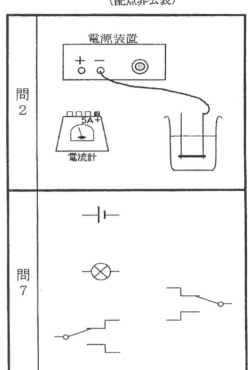

問2

電源装置

5A＋
電流計

問7

2

| 問1 | | 問2 | | 問3 | | 問4 | m |

| 問5 | |

3

| 問1 | a | | b | |

| 問2 | a | b | 問3 | 問4 | |

問5	（1）	（2）
	（3）	（4）

4

| 問1 | | 問2 | | 問3 | | 問4 | | 問5 | | 問6 | |

| 問7 | | 問8 | |

２０１７年度　修道中学校入学試験　社会　解答用紙

受　験　番　号

※100点満点
（配点非公表）

1

問			1		
長野		福井		熊本	青森

問			2		
E		F		G	H

問		3
(1)	(2)	

問　4	問		5		
	I		J	K	L

2

問			1	
1	2	3	4	
5	6			

問　2		問　3		問　4	
[1]	[2]	①	②	①	②

問	5
「ある場所」	

問	6

問	7
「人物」	

問	8
「ある国」	

3

問	1
A	B

問　1	問　2	問　3	問　4	問　5	問　6	
C						

問		7			
a		b	c	d 県	
e				f 日	

教英出版

2016年度

修道中学校　入学試験問題

【算数】

時間50分

表紙を除いて３ページ

1 次の問いに答えなさい。
  (1) ☐ にあてはまる数を求めなさい。

    ① $12345 - 9876 + 7777 = $ ☐

    ② $\left(\dfrac{21}{25} - 15.4 \div 21\right) \times 3.75 = $ ☐

    ③ $\dfrac{1}{2} - \dfrac{1}{4} + \dfrac{1}{8} - \dfrac{1}{16} + \dfrac{1}{32} - \dfrac{1}{64} = $ ☐

    ④ $1.57 \times 1.68 - 3.14 \times 0.54 + 3.14 \times 0.26 + 6.28 \times 0.72 = $ ☐

    ⑤ $\left\{\left(\boxed{} + \dfrac{1}{2}\right) \times \dfrac{1}{3} - \dfrac{1}{4}\right\} \times \dfrac{1}{5} + \dfrac{1}{6} = 1$

  (2) A，B，C，D，Eの5人が算数のテストを受けました。A，B，Cの3人の平均点が72点で，5人全員の平均点が70点とわかっているとき，D，Eの2人の平均点を求めなさい。

  (3) ある分数は，分母の数字に7を加えてから約分すると$\dfrac{1}{4}$になります。また，分母の数字に10を加えてから約分すると$\dfrac{1}{5}$になります。このような分数を求めなさい。

  (4) 次の6つの数の中で，最も大きいものと最も小さいものの差を分数で答えなさい。
$$\dfrac{3}{5}, \ \dfrac{2}{3}, \ \dfrac{5}{9}, \ \dfrac{7}{13}, \ 0.5, \ \dfrac{6}{11}$$

  (5) 8％の食塩水300gに3％の食塩水300gを混ぜ，さらに水を加えたところ3％の食塩水ができました。
水を何g加えましたか。

  (6) たて25m，横12m，深さ1.6mのプールがあります。底にある排水管から毎秒30Lで排水されます。プールいっぱいの水がすべて排水されるのにかかる時間は何時間何分何秒ですか。

  (7) 500円，100円，50円の硬貨をそれぞれ少なくとも1枚ずつ使い，合計を1000円にする方法は何通りありますか。

(8) 下の図の A，B，C，D，E は円周を 5 等分した点で，O は円の中心です。
角ア の大きさを求めなさい。

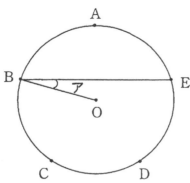

(9) 次の影をつけた部分の面積を求めなさい。ただし，円周率は 3.14 とします。
① 1 辺の長さが 1cm の正方形が 5 つあります。

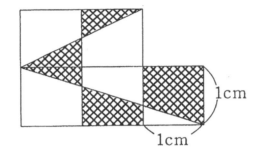

② 半径が 1cm の 3 つの円があり，それぞれが他の 2 つの円の中心を通っています。

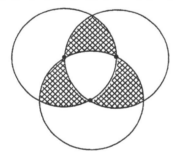

2 《a》を $a \times a$ を 5 で割ったときのあまりを表す記号とします。
たとえば，《11》は $11 \times 11 = 121$ を 5 で割ると，$121 \div 5 = 24$ あまり 1 となるので，《11》$= 1$ です。
また，《1》$= 1$，《2》$= 4$，割り切れたときのあまりは 0 とします。

(1) 《7》を計算しなさい。

(2) 《6》$+$《7》$+$《8》$+$《9》$+$《10》$+$《11》$+$《12》$+$《13》$+$《14》$+$《15》を計算しなさい。

(3) 《1》から《203》のうちで，1 と等しくなるものは何個ありますか。

3　修君の家から学校前のバス停Ｇまでは 3km 離れています。修君の家から 300m 離れたところにバス停Ａがあり、そこからバス停Ｇまで 450m 間隔で、全部で 7 個のバス停があります。修君は分速 50m で歩き、バスは分速 300m で走行しています。また、バスはバス停Ａを 7 時から 8 分間隔で出発し、それぞれのバス停での停車時間は 1 分とします。

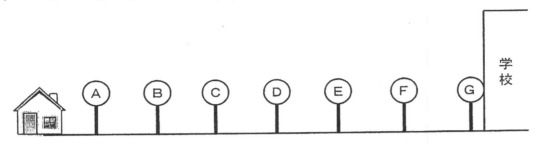

(1)　修君が 7 時に家を出発して、バス停Ａからバスに乗ると、バス停Ｇに最も早く到着する時刻はいつですか。

(2)　修君が 7 時に家を出発して、家からバス停Ｇまで歩いて行くと、バス停Ａからバス停Ｇまでの間に何台のバスに追いぬかれますか。

(3)　修君が 7 時に家を出発してバス停Ｇまで行くとき、修君が待ち時間がなくバスに乗ることができるのは、どのバス停ですか。また、そのときのバス停Ｇへの到着時刻を答えなさい。ただし、停車時間中のバスにはいつでもバスに乗ることができるとします。たとえば、9 時にバス停に到着したバスには、9 時ちょうどから 9 時 1 分ちょうどまでバスに乗ることができるとします。

4　下の図のように、同じサイコロを同じ向きに合計 27 個積み上げてある立方体があります。

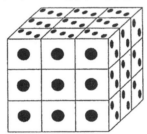

(1)　サイコロどうしが接している面の目の数を合計すると、いくつになりますか。
　　ただし、1 つのサイコロの向かい合う面の目の数の和は 7 です。

(2)　下の図のように、3 点 A，B，C を通るように立方体を切ると切り口はひし形になりました。
　　このとき、切れていないサイコロは何個ありますか。ただし、点 B は立方体の辺のちょうど真ん中です。

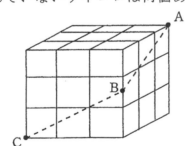

2016年度

修道中学校　入学試験問題

【理科】

時間40分

表紙を除いて４ページ

受験上の注意　テストが始まるまでによく読みなさい。

1. テスト終了のチャイムが鳴るまで，テスト教室を出ることはできません。
2. 腕時計のアラームを鳴らしてはいけません。
3. 休憩時間に付添の人に会ってはいけません。
4. からだの具合が悪くなったら，監督の先生か腕章を着けた生徒に申し出なさい。
5. 問題用紙は回収しないので持ち帰りなさい。
6. 机の上に計算・下書き・落書きなどをしてはいけません。
7. 自分の持ってきたメモ用紙，下敷きや電卓を使ってはいけません。
8. 机の中に物を入れてはいけません。
9. テストはまじめな態度で受けなさい。テスト中によそ見をしたり先生の指示が守れない人は合格になりません。
10. 問題の内容についての質問はいっさいしてはいけません。もし，印刷のわからないところなどがあったら，静かに手を挙げなさい。
11. 筆記用具，ものさし，コンパスなど物の貸し借りをしてはいけません。
12. 答えは全て解答用紙に書きなさい。
13. 解答用紙には名前は書かず，受験番号だけを算用数字で書きなさい。
14. 先生の「はじめなさい」の指示で鉛筆をとり「やめなさい」の指示があったらすぐに鉛筆を置きなさい。
15. テスト中に物を落とすなど困ったことがあったら，静かに手を挙げなさい。

1 植物の葉で行われるはたらきについて調べるために，次の実験を行った。あとの問1〜問3に答えなさい。

　茎の太さや長さが同じで，同じ形と大きさの葉が10枚ついた植物の枝を4本用意し，同じ量の水が入った試験管A〜Dに入れて，水面に油をうかべたあと，風通しのよい場所に置きました。なお，A〜Dの植物の枝には，次の表のような操作がしてあります。

試験管	操作
A	何もしない。
B	全部の葉の表側にワセリンをぬる。
C	全部の葉の裏側にワセリンをぬる。
D	葉を全部取って茎だけにし，葉を取った部分にワセリンをぬる。

＊ワセリンと油には，水を通さない性質があります。

問1　試験管A〜Cで，実験を開始してから5時間後に，減った水の量を調べると，次のようになりました。また，葉の面積を調べるために，実験後に10枚の葉をつみとり，紙に葉の形を写し取り，それを切り取って重さを測ったら合計で5.2gでした。なお，紙は100cm²あたり650mgの重さがあります。

試験管	A	B	C
減った水の量〔mL〕	88	72	24

（1）試験管Dの5時間後に，減った水の量を求めるには，A〜Cの記号を使って，どのような計算をすればよいですか。下の（例）にならって計算式を答えなさい。また，その値も答えなさい。

　（例）　E×F＋G

（2）葉の表側と裏側をけんび鏡で観察すると，右図中の（あ）で示した水が出ていく穴のようなつくりが多数見られます。実験結果から，このようなつくりは葉の裏側には葉の表側の何倍あると考えられますか。ただし，葉から水が出ていくときは，右図中の（あ）の部分からしか出ていかないものとします。

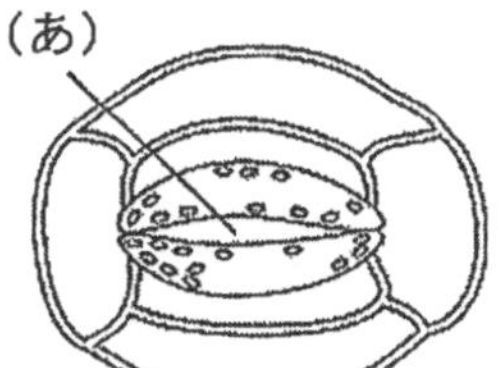

（3）葉1枚の面積は何cm²ですか。

（4）実験結果から考えると，葉の100cm²から1時間で表側と裏側を合わせて何mLの水が出ていきましたか。

問2　試験管Aで使った枝を，赤色の水の入った試験管に入れ，枝全体をポリエチレンのふくろでおおいました。すると，30分後には葉の表面に赤いすじが何本も見られるとともに，ポリエチレンの袋の内部に水てきがついていました。

（1）このようになった枝の茎を輪切りにして，その切り口を見ると，どのようになっていますか。最も適当なものを，次のア〜オから1つ選んで，記号で答えなさい。

　ア　茎の中がすきまなく赤く染まっている。

　イ　茎の中心が円形に赤く染まっている。

　ウ　茎の表面近くが輪のように赤く染まっている。

　エ　茎の中が何重にも輪のように赤く染まっている。

　オ　茎の中は全く赤く染まっていない。

（2）ポリエチレンの内部の水てきの色は何色ですか。最も適当なものを，次のア〜エから1つ選んで，記号で答えなさい。

　ア　試験管の中の水と同じ赤色　　　　イ　試験管の中の水よりこい赤色

　ウ　試験管の中の水よりうすい赤色　　エ　無色

問3　今回の実験では，植物の葉の何というはたらきについて調べたのでしょうか。そのはたらきを漢字で答えなさい。

2 てこについての下の文章を読み，あとの問1〜問4に答えなさい。

てこには，支点，力点，（ X ）点の3つの点があります。

身の回りには，てこを利用した道具や装置がたくさんありますが，3つの点の並び方によって，次の (あ)〜(う) の3種類に分けることができます。例えばペンチは力点・支点・（ X ）点の順に3つの点が並んでいるので (う) になります。

　　　(あ) 支点 力点 (X)点　　　　(い) 支点 (X)点 力点　　　　(う) (X)点 支点 力点

問1　上の文章の（ X ）にあてはまる言葉を漢字2文字で答えなさい。

問2　次の道具や装置のうち，3つの点の並びが (い) の順番になっているものを，次のア〜オからすべて選んで，記号で答えなさい。

ア はさみ 　　イ ピンセット 　　ウ カンのプルタブ 　　エ 空きカンつぶし 　　オ せんぬき

問3　3つの点の並びが (あ)〜(う) のてこにおいて，それぞれ力点にはたらく力の大きさと，(X)点にはたらく力の大きさを比べます。

（1）必ず力点にはたらく力の大きさが，(X)点にはたらく力の大きさより大きくなるのはどれですか。最も適当なものを，(あ)〜(う) から1つ選んで，記号で答えなさい。

（2）道具の形や棒の長さによって，力点にはたらく力の大きさと(X)点にはたらく力の大きさの大小関係が，変化するのはどれですか。最も適当なものを，(あ)〜(う) から1つ選んで，記号で答えなさい。

問4　右図のような装置を使って，力点と(X)点の関係についてくわしく調べようと思います。このとき用いた棒は，曲がらず，重さはばねはかりでは測れないほど軽いものとします。

最初に，右図のように棒が水平になる時の，力点のおもりの重さと(X)点のばねはかりの示す値について調べました。

（1）次の①，②に答えなさい。

①　支点から力点までの長さが 10cm，支点から (X)点までの長さが 20cm のとき，力点に 10g のおもりをつり下げると，ばねはかりは何 g を示しますか。

②　次に，(X)点の位置はそのままで，おもりの重さを 120g にして力点の位置をずらすと，ばねはかりは 36g を示しました。このときの，支点から力点までの長さは何 cm ですか。

（2）おもりの重さ，支点と各点との長さ，ばねはかりの示す値の関係をグラフに表そうと思います。

次の①，②について，それぞれのグラフを解答用紙にかきなさい。

①　支点から力点までの長さを 10cm，支点から (X)点までの長さを 20cm で変えないで，おもりの重さを変化させた時の，おもりの重さとばねはかりの値の関係。

②　おもりの重さを 5g，支点から力点までの長さを 8 cm で変えないで，(X)点を動かした時の，支点から (X)点までの長さとばねはかりの値の関係。

棒が水平になる条件を調べる実験の次に，支点を中心として棒を動かした時に，力点と(X)点が上下に動く距離を調べました。その結果，各点の，支点からの長さと上下に動く距離との間には，比例関係があることが分かりました。

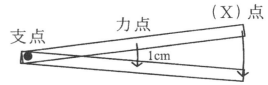

（3）支点から力点までの長さが 10cm，支点から (X)点までの長さが 20cm のとき，力点を上下に動かす距離を 1 cm とすると，(X)点が上下に動く距離は何 cm ですか。

最後に，3つの点が (あ) の並びになっているてこについて，まとめました。

（4）下のAとBの2つの文章において，

　　　　　Aが正しく，Bが正しくない場合には　ア
　　　　　Bが正しく，Aが正しくない場合には　イ
　　　　　A，Bともに正しい場合は　　　　　　ウ
　　　　　A，Bともに正しくない場合には　　　エ

を解答用紙に記入しなさい。

　　　A 力点にはたらく力の大きさと力点の動く距離との積と，(X)点にはたらく力の大きさと(X)点の動く距離との積は，同じ値になっている。

　　　B 重く大きなものを動かしたり，はさんだりする作業に用いられることが多い。

H28. 修道中
K教英出版

③ 石灰石とうすい塩酸を使って，次の実験を行いました。あとの問１〜問６に答えなさい。

図１のように，ふたまたになった試験管Aに石灰石とうすい塩酸を入れ，図２のようにして，試験管Aをかたむけて塩酸を石灰石側にすべて流しこみ，発生する気体の体積を調べる実験を行いました。図２のBは，空気の入った大きな三角フラスコで，Cは水を入れた水そうに水を満たした100mLメスシリンダーをさかさまに立てたものです。

石灰石の重さと塩酸の体積を変えて実験を行い，発生した気体の体積を測定すると，下の表のような結果になりました。なお，気体の体積は常に同じ条件で測定しています。

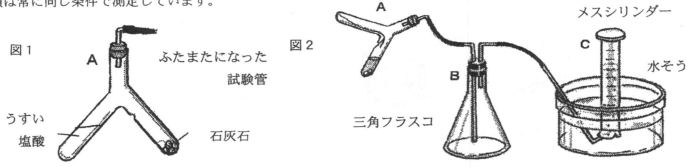

図１　A　ふたまたになった試験管　うすい塩酸　石灰石

図２　A　B　三角フラスコ　C　メスシリンダー　水そう

また，上の実験で発生した気体の重さを，精密な電子てんびんを用いた別の実験で調べ，下の表にまとめました。

【表】

石灰石の重さ 〔mg〕	100	200	300	100	200	300
塩酸の体積 〔mL〕	10	10	10	5	5	5
発生した気体の体積 〔mL〕	24.5	①	73.5	24.5	44.1	44.1
発生した気体の重さ 〔mg〕	44	88	②	44	79	79

問１　この実験で発生する気体は，はっぽう入浴ざいを湯に入れたときや，保冷などに使われる白い固体からも発生します。この保冷などに使われる白い固体を何といいますか。カタカナで答えなさい。

問２　ビーカーに入っているうすい塩酸を試験管Aに入れるとき，図３の器具を使いました。図３の器具の持ち方（a，b）と吸い上げ方はどうすればよいですか。
最も適当なものを，次のア〜エから１つ選んで，記号で答えなさい。
ア　aの持ち方で，ゴム球をおした状態で器具の先を塩酸につけ，親指をゆるめる。
イ　aの持ち方で，器具の先を塩酸につけてからゴム球をおして，親指をゆるめる。
ウ　bの持ち方で，ゴム球をおした状態で器具の先を塩酸につけ，親指をゆるめる。
エ　bの持ち方で，器具の先を塩酸につけてからゴム球をおして，親指をゆるめる。

図３
a　　　b
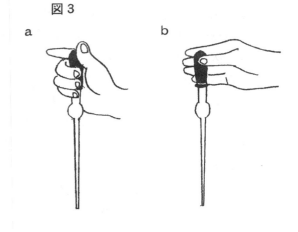

問３　反応後，Cのメスシリンダー内に集まった気体で最も多いものは何ですか。
最も適当なものを，次のア〜ウから１つ選んで，記号で答えなさい。
ア　酸素　　　　　イ　二酸化炭素　　　　　ウ　窒素

問４　石灰石200mgと塩酸10mLを反応させたときのメスシリンダー内の水面は，図４のようになりました。図４の値を読みとって，表の①に入る体積の値を答えなさい。
ただし，読みとるときは，最小の目盛り間隔の10分の１まで読みとることとし，それがわかるように答えなさい。

問５　発生した気体を試験管Aから直接Cのメスシリンダーにみちびいたとすると，メスシリンダーに集まる気体の体積はどうなりますか。
最も適当なものを，次のア〜ウから１つ選んで，記号で答えなさい。
ア　やや大きくなる　　　　　イ　変わらない　　　　ウ　やや小さくなる

図４
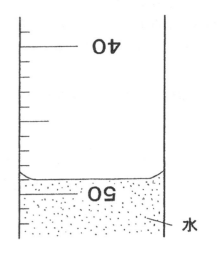
40　50　水

問６　表の結果をもとに，次の（１）〜（４）に答えなさい。
（１）表の②に入る値はいくらですか。
（２）石灰石400mgに塩酸10mLを加えると，発生する気体は何mLですか。
（３）塩酸10mLとちょうど反応する石灰石は何mgですか。整数で答えなさい。
ただし，必要であれば，小数第１位を四捨五入して答えなさい。
（４）塩酸10mLと石灰石がちょうど反応するとき，発生する気体は何mgですか。
整数で答えなさい。ただし，必要であれば，小数第１位を四捨五入して答えなさい。

4 科学技術の発展とともに，宇宙に対する人類の知識も増えてきています。2015年度は，かつてはずいぶん遠いと思われていためい王星にまでロケットが到達しました。宇宙の広がりについて述べた次の文章を読んで，あとの問1～問6に答えなさい。

地球の半径は6400kmです。光は1秒間に30万km進むので，地球の表面を一周するのに（ ① ）秒かかる計算になります。

太陽は地球から1億5000万km離れており，太陽を出発した光は8分20秒程度で地球に届きます。2015年7月に探査機ニューホライズンズが到達しためい王星は準わく星と呼ばれ，太陽からの距離が，太陽・地球間の距離の40倍もあります。そのため，光と同じ速さの電波で地球から通信しても，往復に（ ② ）かかります。地球や火星，木星などのわく星やめい王星はすべて太陽のまわりをまわっています。これらをまとめて（ ③ ）系といいます。（ ③ ）系の外には，太陽と同じように自ら輝く星である恒星が無数に分布しています。最も近い恒星からの光が地球に届くのには，4年かかります。これは，太陽の周囲の空間がたまたまほかの恒星の周囲の空間よりも広いからではなく，これが恒星間の平均的な距離なのです。

太陽は，地球から見えるすべての恒星たちとまとまった円盤状の集団をつくっています。その円盤の直径は，光が進むのに10万年かかる長さで，光が進むのに1万年かかる厚さがあります。この集団を（ ④ ）系といい，太陽の位置はその中心からは離れた位置にあります。

（ ④ ）系の外には，アンドロメダ銀河のような，（ ④ ）系と同じような集団が無数に分布しています。そして，我々の（ ④ ）系の位置はその分布の中心ではありません。これが宇宙の正しい姿なのです。

問1　文章中の（ ① ）にあてはまる数値を，円周率を3.14として求めなさい。ただし，答えは小数第3位を四捨五入して，小数第2位まで答えること。

問2　文章中の（ ② ）にあてはまる最も適当な数値を，次のア～エから1つ選んで，記号で答えなさい。

　　ア　1.1時間　　イ　5時間　　ウ　6時間　　エ　11時間

問3　文章中の（ ③ ），（ ④ ）にあてはまる言葉を，それぞれ漢字で答えなさい。

問4　地球と太陽の距離を1mに縮小すると，最も近い恒星までの距離はどうなりますか。最も適当な数値を，次のア～エから1つ選んで，記号で答えなさい。

　　ア　1km　　イ　2.5km　　ウ　10km　　エ　250km

問5　文章中の下線部について，この円盤状の集団の姿は地球からも見ることができます。その姿は何として見えるでしょうか。最も適当なものを，次のア～エから1つ選んで，記号で答えなさい。

　　ア　天の川　　イ　土星の環　　ウ　すじ雲　　エ　オリオン座

問6　（ ④ ）系にふくまれる恒星の数は何個ですか。最も適当な数値を，次のア～エから1つ選んで，記号で答えなさい。

　　ア　2万個～4万個　　　イ　200万個～400万個　　　ウ　2億個～4億個　　　エ　2000億個～4000億個

2016年度

修道中学校　入学試験問題

【社会】

時間40分

表紙を除いて５ページ

受験上の注意　テストが始まるまでによく読みなさい。

1. テスト終了のチャイムが鳴るまで，テスト教室を出ることはできません。
2. 腕時計のアラームを鳴らしてはいけません。
3. 休憩時間に付添の人に会ってはいけません。
4. からだの具合が悪くなったら，監督の先生か腕章を着けた生徒に申し出なさい。
5. 問題用紙は回収しないので持ち帰りなさい。
6. 机の上に計算・下書き・落書きなどをしてはいけません。
7. 自分の持ってきたメモ用紙，下敷きや電卓を使ってはいけません。
8. 机の中に物を入れてはいけません。
9. テストはまじめな態度で受けなさい。テスト中によそ見をしたり先生の指示が守れない人は合格になりません。
10. 問題の内容についての質問はいっさいしてはいけません。もし，印刷のわからないところなどがあったら，静かに手を挙げなさい。
11. 筆記用具，ものさし，コンパスなど物の貸し借りをしてはいけません。
12. 答えは全て解答用紙に書きなさい。
13. 解答用紙には名前は書かず，受験番号だけを算用数字で書きなさい。
14. 先生の「はじめなさい」の指示で鉛筆をとり「やめなさい」の指示があったらすぐに鉛筆を置きなさい。
15. テスト中に物を落とすなど困ったことがあったら，静かに手を挙げなさい。

1 都道府県についての資料をみて，設問1・設問2に答えなさい。

設問1　次の表は日本の五つの都道府県の特徴を示すいくつかの統計データを選び，示したものです。あとの問1・問2に答えなさい。

	森林率(%) 2010年	水田率(%) 2013年	豚(ぶた)飼養 頭数(万頭)2014年	イワシ類漁獲量(ぎょかくりょう)(百t)2012年	鉄鋼業出荷額(しゅっかがく)(億円)2012年	15歳(さい)未満人口 割合(%)2012年
あ	71.9	87.2	27.5	0.3	247	11.1
い	48.7	2.2	23.4	—	234	17.6
う	36.4	3.9	0.3	—	1,719	11.3
え	64.3	32.1	133.2	136	45	13.6
お	31.2	58.6	68.1	820	17,448	12.8

＊水田率とは，耕地面積のうち，田がしめる割合。　　　　　『データで見る県勢2015』より作成

問1　表中のあ〜おは，秋田，千葉，東京，鹿児島，沖縄のいずれかです。東京，千葉，鹿児島にあたるものをそれぞれ選んで，記号で答えなさい。

問2　表中のあの県は，米作りがさかんです。その理由を，自然環境(かんきょう)から説明しなさい。

設問2　次のA〜Eの地図（縮尺はすべて同じにしてあります）は，日本のある県の輪郭(りんかく)（実線は海岸線・湖岸線をさす）を描(えが)いています。これらの地図やその説明を参照して，あとの問3〜問8に答えなさい。

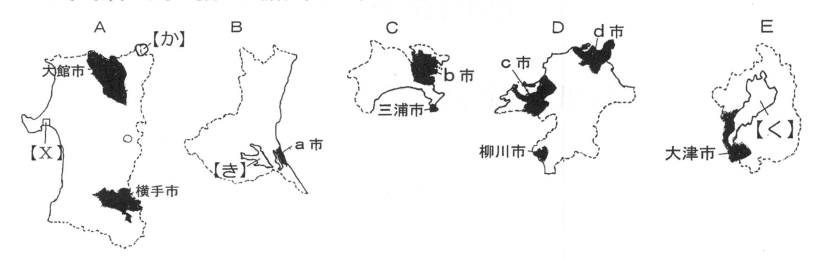

地図A：東部の県境に山脈が連なり火山も多く分布します。隣(となり)の県にまたがる【か】は，火山活動によってくぼ地ができ，そこに水がたまってできた［1］として有名です。県北に位置する大館市は，地元でとれる豊富な杉を原料とした伝統工芸品の［2］が有名です。内陸の横手市は，山に囲まれた盆地(ぼんち)に位置しており，冬に雪深いこの地域で2月に開かれる［3］は，伝統行事として有名で，全国から多くの観光客がおとずれます。

地図B：県東部のa市は，太平洋に面した単調な海岸線に位置しています。戦後の高度経済成長期に，国の総合開発計画により，大型タンカーが出入りできるようにY字型の掘り込み港(かせん)がつくられました。【き】は，日本でも有数の面積をほこる海跡湖(かいせきこ)で，かつての海が閉じ込められてできた湖です。周囲の河川の水がこの湖に流れ込んできます。

地図C：三浦市が位置する三浦半島は，大消費地に近いという有利な条件をいかして，都市向けに新鮮な野菜をつくる［4］がさかんです。b市は，かつては小さな漁村でしたが，江戸時代の終わり頃(ごろ)に港が開かれて以来，日本を代表する国際貿易港へと発展しました。内陸部は人口急増に対応するため住宅地の開発が進められました。また，臨海部の「みなとみらい21」地区では，昔，造船所だったところを中心に再開発が行われ，新しい街として発展しています。

地図D：C市は，県庁所在地で，かつての城下町と商人の町とが一つになってできました。政府の出先機関(きぎょう)や企業の支社・支店が集中する大都市です。アジアの国々との交流がさかんで，都市中心部に位置する空港は，アジアの10以上の都市と国際定期航空路で結ばれています。d市は，1963年に五つの都市が合併(がっぺい)して誕生し，政令指定都市となりました。明治時代，官営の製鉄所がつくられてから重工業が発達しました。南西部に位置する柳川市は［5］に面しており，多くの土地が浅い海を干拓(かんたく)してできた低い土地で，クリークとよばれるあみの目のような水路が広がることで有名です。

地図E：県の中央には日本一の面積をほこる【く】があります。

問3　地図中のa市〜d市の都市名を答えなさい。

問4　文章中の［1］〜［5］にあてはまる語句を，次のア〜オからそれぞれ選んで，記号で答えなさい。
［1］　ア　潟湖(せきこ)　イ　塩湖　ウ　氷河湖　エ　カルデラ湖　オ　断層湖
［2］　ア　将棋駒(しょうぎこま)　イ　伝統こけし　ウ　曲げわっぱ　エ　輪島塗　オ　桐げた
［3］　ア　蔵王樹氷まつり　イ　だんじり祭　ウ　ソーラン祭り　エ　かまくら　オ　なまはげ柴灯まつり
［4］　ア　輸送園芸　イ　近郊農業　ウ　灌漑農業(かんがい)　エ　酪農　オ　高冷地農業
［5］　ア　瀬戸内海　イ　伊勢湾　ウ　日本海　エ　相模湾　オ　有明海

― 1 ―

問5　地図中の【か】～【く】の湖沼について，次の（1）・（2）の問いに答えなさい。
（1）【か】～【く】にあたる湖沼名を，次のア～クからそれぞれ選んで，記号で答えなさい。
　　ア　洞爺湖　　　　イ　琵琶湖　　　　ウ　霞ヶ浦　　　　エ　猪苗代湖　　　　オ　中禅寺湖
　　カ　浜名湖　　　　キ　田沢湖　　　　ク　十和田湖
（2）【か】～【く】のうち一部の地域では1970年代ごろから富栄養化による水質悪化の問題をかかえています。そこで，これら三つの湖沼の水質を比較し，違いをみてみることにしました。次の左の表中のア～ウは，【か】～【く】の湖沼の最大水深と，1983年および2013年におけるCOD＊とを示したものです。表中のア～ウと【か】～【く】との正しい組み合わせを，右の表中の①～⑥のうちから一つ選んで，記号で答えなさい。
　　＊CODとは，化学的酸素要求量のことで汚れを分解するのに必要な酸素の量。値が大きいほど富栄養化が進んでおり，汚れていることを示す。
　　　各湖沼の主要観測地点における年平均値。

	最大水深（m）	COD（mg／l）	
		1983年	2013年
ア	12	8.2	6.6
イ	104	2.8	3.1
ウ	327	0.8	1.4

	①	②	③	④	⑤	⑥
ア	か	か	き	き	く	く
イ	き	く	か	く	か	き
ウ	く	き	く	か	き	か

環境省ホームページなどより作成

問6　地図中の横手市，三浦市，大津市の三つの都市は，日本の気候区分を代表する都市でもあります。次の左の表は，1月の平均気温，8月の平均気温，1月の日照時間を示したものです。表中のア～ウと都市名との正しい組み合わせを，右の表中の①～⑥のうちから一つ選んで，記号で答えなさい。

	1月平均気温（℃）	8月平均気温（℃）	1月日照時間（時間）
ア	4.0	29.5	105.1
イ	7.6	27.9	255.0
ウ	−0.6	27.2	30.3

	①	②	③	④	⑤	⑥
ア	横手市	横手市	大津市	大津市	三浦市	三浦市
イ	大津市	三浦市	横手市	三浦市	横手市	大津市
ウ	三浦市	大津市	三浦市	横手市	大津市	横手市

気象庁ホームページ2010年のデータから作成

問7　地図中の横手市，ａ市，ｃ市の産業の特徴を比較するために，産業別就業者割合と製造品出荷額を調べました。次の左の表中のア～ウと都市名との正しい組み合わせを，右の表中の①～⑥のうちから一つ選んで，記号で答えなさい。

	産業別就業者割合（％）2010年			製造品出荷額（億円）2012年
	第一次	第二次	第三次	
ア	0.7	13.9	85.4	5,765
イ	16.8	25.9	57.3	1,194
ウ	3.1	34.4	62.5	7,246

	①	②	③	④	⑤	⑥
ア	横手市	横手市	ａ市	ａ市	ｃ市	ｃ市
イ	ａ市	ｃ市	横手市	ｃ市	横手市	ａ市
ウ	ｃ市	ａ市	ｃ市	横手市	ａ市	横手市

『データで見る県勢2015』より作成

問8　右の地形図（2万5千分の1）は，地図中の【Ｘ】の地域の一部を切り取ったものです。この地域について述べた文として適切ではないものを，次のア～エから一つ選んで，記号で答えなさい。
　　ア　用水路や排水路が整えられて，ほ場が整備された耕地が広がる。
　　イ　第二次世界大戦後，食糧増産のために湖を干拓して作られた農地である。
　　ウ　干拓地では，主に野菜づくりがおこなわれてきたが，近年では米づくりもおこなわれるようになった。
　　エ　地図中に「畑」の記号がみられるのは，1970年代から，米の生産調整が進められているからである。

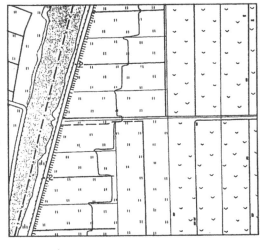

2 設問1・設問2に答えなさい。

設問1　次の人物A～Jについての説明を読んで，あとの問1～問9に答えなさい。

> 人物A … 16才でしたが，九州のある地域で，キリスト教信者をふくむ3万数千人の中心となって一揆をおこしました。
> 人物B … 将軍である自分のあとつぎをめぐって大きな戦乱がおこり，京都のまちは大きな被害を受けました。
> 人物C … 伝染病や反乱があいつぐなか，仏教の力で不安をしずめて国を治めようと願い，国ごとに寺を建てさせました。
> 人物D … 京都に近い湖の近くに城をきずき，城下に家来を集め，ここではだれでも自由に商工業ができるようにしました。
> 人物E … うらないで人々の心をとらえることがたくみで，王になり，おおぜいの女性のめし使いがいました。
> 人物F … 50才をすぎてから西洋の天文学や測量術を学び，幕府の命で全国の測量をおこない正確な地図を作りました。
> 人物G … 天皇をしのぐほどの勢力をもった豪族をたおし，中国から帰国した人たちとともに天皇中心の国づくりをすすめ，のちに天皇に即位しました。
> 人物H … 天下統一を成しとげる過程で，ねんぐの収入を確かなものにするため，平定した国々で田畑の広さや土地のよしあし，耕作している人物などを調べていきました。
> 人物I … 朝廷が幕府をたおす命令をだしたとき，集まってきた武士たちに「今はなき将軍の御恩」を説き，ふるいたった武士たちが朝廷軍をやぶりました。
> 人物J … 武士として初めて太政大臣になり，自分のむすめを天皇のきさきにし，朝廷のなかの重要な地位を自分たちの一族で独占しました。

問1　人物A～Jを時代の古い順に並べかえて，解答らんにしたがって記号で答えなさい。
問2　人物C・D・G・Jはそれぞれだれですか。名前を書きなさい。
問3　人物Hの説明が示している政策を何といいますか。
問4　人物Iの説明が示している戦乱を何といいますか。
問5　右の写真の建造物と関係が深い人物を，人物A～Jから一つ選んで，記号で答えなさい。

問6　人物Bがいた年代に最も近い時代の文化の説明を，次のア～エから一つ選んで，記号で答えなさい。
　ア　日本の古典をもとに仏教や儒学が伝わる前の日本人の考え方を明らかにしようとする学問がさかんになり，のちの政治に大きな影響をあたえました。
　イ　田植えの時に働く人たちをはげまし楽しませる田楽や，こっけいなおどりをする猿楽が，能や狂言へと発展しました。
　ウ　貴族たちは，寝殿造の大きなやしきでくらし，和歌や舞曲，絵合わせ，蹴鞠などを楽しみ，その教養をきそいました。
　エ　歌舞伎役者や日常の様子をえがいた色あざやかな版画が多くの人に買い求められ，のちにヨーロッパの画家にも大きな影響をあたえました。
問7　人物A～Jのいずれとも異なる時代の説明を，次のア～エから一つ選んで，記号で答えなさい。
　ア　農民たちは，「食物は大切にして，麦やあわ，ひえ，菜，大根などをつくり，米は多く食べないようにしなさい」と，武士から命令されました。
　イ　土地や水，たくわえた米などをめぐってむらどうしが争い，むらをまとめる強い力をもった人が現れ，さらに，まわりのむらむらを従えてくにをつくる王も現れました。
　ウ　人々は貝や木の実を集めたり，石や骨でつくった道具を使って，シカやイノシシや魚などをとったりして，これらを主な食料とする暮らしをしていました。
　エ　農業生産力があがり，都市の商工業が発展したことにより，各地のまちや村では祭りや盆おどりがさかんになり，民衆の力が高まっていきました。
問8　右の図版は，人物A～Jのうちのどの人物と同じころの人物ですか。A～Jから一つ選んで，記号で答えなさい。
問9　次の説明は，人物A～Jといっしょに時代の古い順に並べかえたとき，どの人物のすぐあとになりますか。A～Jから一つ選んで，記号で答えなさい。

> 漢字をもとにして日本独自のひらがなとかたかなが作られ，ひらがなは主に女性のあいだで使われました。

設問2　次の文章を読んで，下線部①～③に関する問10～問12に答えなさい。

> 明治時代の日本では①政治や産業における近代化がすすみ，条約改正が達成されました。また日本は，明治時代から昭和時代の前半にかけて，②対外戦争をくりかえし，日本の国際的地位は向上しましたが，はげしい国際対立も生まれました。太平洋戦争に敗れたのちは，③国内の民主化がすすみ，国際社会への復帰をとげ，産業を急速に発展させました。

H28. 修道中
K教英出版

問10　下線部①に関して，次の（1）・（2）の問いに答えなさい。
（1）1871年に日本の使節団が欧米の国々の視察に出発し，約2年間，近代的な政治制度や産業について学んで帰国しました。このとき7才で使節団とともにアメリカにわたり，11年の留学生活ののち帰国して，日本女性の英語教育に力をつくした女性がいました。この人物の名前を書きなさい。
（2）明治新政府がおこなった殖産興業の説明にあたるものを，次のア～オから一つ選んで，記号で答えなさい。
　　ア　大名がこれまで治めていた領地と領民を天皇に返させ，藩を廃止してあらたに県や府を置き，政府が任命した役人に治めさせました。
　　イ　それまでの武士にかわって，訓練された近代的な軍隊をもつために，20才になった男子には3年間軍隊に入ることを義務づけました。
　　ウ　欧米の国々にならって学校の制度を定め，6才以上の男女が小学校に通うことになり，全国にたくさんの小学校が建てられました。
　　エ　産業をさかんにするために，欧米から技術者を招き，すすんだ機械を買い入れて，紡績や製糸，造船などの国営の工場を各地につくりました。
　　オ　国の収入を安定させるために，土地の値段を基準に税を定め，不作や豊作に関係なく決まった額の税金を納めさせることを定めました。

問11　下線部②に関して，次の（1）～（4）の問いに答えなさい。
（1）次のa～cの戦争や戦いを年代の古い順に並べかえるとどうなりますか，あとのア～カから一つ選んで，記号で答えなさい。

> a　満州を日本のものにすれば不景気から抜けだせると考えて，満州にいた日本軍は南満州鉄道の線路を爆破し，これを中国軍のしわざだとして攻撃を始めました。
> b　農民反乱がおこった朝鮮に日本と中国がそれぞれ軍隊を送ると，農民反乱はおさまりましたが，日中両国間で戦争が始まりました。
> c　日本軍が中国北部に勢力を広げようとしていたとき，北京郊外で日本軍と中国軍との衝突がおこり，戦いが中国各地に拡大していきました。

　　ア　a－b－c　　イ　a－c－b　　ウ　b－a－c　　エ　b－c－a　　オ　c－a－b　　カ　c－b－a
（2）右の絵は，（1）のa～cの戦争や戦いのうち，どれと関係が深いですか，記号で答えなさい。
（3）（1）のaの説明について，当時の日本には，満州のことを日本の○○○とみなす考え方がありました。○○○にあたる3文字を書きなさい。
（4）第一次世界大戦中の日本は，ヨーロッパやアジアへの輸出を大きくのばし，好景気をむかえ，成金とよばれる富裕な人々があらわれました。しかし，戦後は日本の輸出は減少し，不景気がつづくようになりました。なぜ日本は，第一次世界大戦中にヨーロッパやアジアへの輸出を大きくのばし，戦後は輸出が減少したのですか。その理由を簡単に説明しなさい。

問12　下線部③に関して，次の（1）・（2）の問いに答えなさい。
（1）次のa～cの出来事を年代の古い順に並べかえるとどうなりますか，あとのア～カから一つ選んで，記号で答えなさい。

> a　国際連合への加盟　　b　日本国憲法の公布　　c　東京オリンピックの開催

　　ア　a－b－c　　イ　a－c－b　　ウ　b－a－c　　エ　b－c－a　　オ　c－a－b　　カ　c－b－a
（2）戦後の産業の発展によって，白黒テレビ・電気洗濯機・電気冷蔵庫のいわゆる「三種の神器」が急速に家庭に普及していきました。さらに高度経済成長がすすむと，こんどは「新三種の神器」または3Cとよばれるものが多くの家庭に広まりました。「新三種の神器」または3Cとよばれるものは何ですか。三つとも書きなさい。

3　次の文章を読んで，あとの問1～問4に答えなさい。

　昨年は戦後70年ということで，太平洋戦争が終わってから70年の歩みをふり返るテレビ番組や新聞の特集記事が多かったように思います。沖縄慰霊の日，①広島・長崎の平和宣言や安倍首相によって出された談話，戦没者追悼式なども，わたしたちが戦後70年の歩みをふり返るのによいきっかけをあたえてくれました。
　そして，今年は戦後71年目ということで，わたしたちは新しい一歩をふみだしました。これからわたしたちは，どのような社会をつくっていけばよいのでしょうか。そのことを考えるために，日本が現在かかえているいろいろな問題を整理してみましょう。
　国の最高法規である②憲法については，昨年国会に提出された安保法案が憲法違反ではないかということで，ずいぶん議論をよびました。衆参両院に憲法審査会も設けられています。現在の憲法をこれまでどおり守っていくかどうかが問われています。
　女性の社会進出が進んで，働く人に占める女性の割合は4割をこえるようになりました。男女雇用機会均等法など法律も整備されましたが，③女性差別はなかなかなくなりません。男性と女性がともに助け合っていくことが求められています。
　選挙については，④昨年，公職選挙法が改正され，70年ぶりに選挙権が大きくひろがりました。前回の衆議院選挙では，戦後最低の投票率を記録しましたが，これを機に国民は政治にもっと関心をもたなければいけません。

－ 4 －

［１］の影響でしょうか，以前に比べ外国人観光客が増えてきたように思います。中国人観光客の「爆買い」も話題になりました。もてなしには定評のある日本人ですが，これから外国の人とどうかかわっていくのかも問われています。2014年に日本で正式に難民と認定された人はわずか11名でした。苦しんでいる外国人にどう手を差しのべるのかも問われています。

　［１］はわたしたちのくらしにも影響を与えています。［１］になると，一般に輸出産業はうるおいますが，輸入品は値上がりします。輸入にたよっている産業も打撃を受けます。急激な［１］で苦しむ人がいることも忘れてはなりません。

　都市部と地方の経済格差も大きな問題です。地方の商店街に行くと，ほとんどの店のシャッターが閉まっているということがよくあります。都市部と地方の税収格差をうめようと2008年に［２］納税も始まりましたが，寄付した人へのお礼の品物をめぐって自治体どうしの競争が過熱しています。

　また，大学を卒業して就職した若者のうち，約３割が３年以内に退職しているそうです。背景には若者を長時間働かせて次々とやめさせる，いわゆる［３］企業の存在があるともいわれています。［４］省は，離職率の高い企業などに立ち入り調査を行うなど，対策に乗り出しています。

　［５］化も大きな問題です。［５］化が進むと，医療費や年金給付額は増えていくのに，働く人が減るので，それらをまかなうための保険料と税収はむしろ減少していくからです。保険料と税収が減るなかで，社会保障をどのようにして充実させていくかという難問をつきつけられているのです。

　日本は周辺国との間に領土にかかわる三つの問題もかかえています。ロシアとの【Ａ】問題，韓国との【Ｂ】問題，中国・台湾との【Ｃ】問題です。ただし，【Ｃ】については，日本政府は領土問題は存在しないとの見解を示しています。いずれの場合も，おたがいが納得できる解決に向けて努力していくことがたいせつです。

　沖縄で史上まれにみる地上戦が行われてから70年がたちました。現在も国土面積の0.6％にすぎない沖縄県に米軍専用施設の73.8％が集中し，引き続き沖縄に過重な基地負担が強いられています。また，普天間飛行場の名護市［６］への移設については，一昨年の選挙で反対の民意が示されています。

　被爆70年ということもあって，「核なき世界」の実現についても，国民にはいっそう切実な願いとして受けとめられたと思います。昨年は，本校の生徒もニューヨークで開かれた［７］再検討会議を傍聴しました。唯一の被爆国として，核軍縮の「先頭に立つ」ことが日本に求められています。

　東京電力福島第一原子力発電所（原発）の事故により，原発に絶対の安全はないことをわたしたちは知りました。そのことをふまえて新しく作られた規制基準のもとで，昨年８月，鹿児島県にある九州電力・［８］原発１号機が全国で初めて再び運転を開始し，１年11か月続いた「原発ゼロ」の状態は終わりました。各種世論調査では，原発の再稼働について賛成より反対が多いなか，今後原発をどうしていくのかが問われています。

　戦後71年目はスタートしました。このような問題にこれからどう対処していくべきでしょうか。日本は，いろいろな経験を積み重ね，まがりなりにも70年間平和を維持してきました。戦後70年を経た日本を人間にたとえることもあるようです。細かい対処の方法はいろいろあるでしょうが，全体としては，どのような問題に対しても，日本は十分に知恵をたくわえた70歳の賢人としてふるまうべきでしょう。『論語』には「七十にして心の欲する所に従って，矩を踰えず」とあります。70歳で自分の思うままにおこなっても，ゆきすぎがないという意味です。日本も日本らしく自由にふるまっても，節度を忘れない国であるべきではないでしょうか。そして，わたしたちは，人々が自分らしく楽しく自由にふるまいつつも，内外の他者に対する礼節を失わない，そんな社会をつくっていくべきだと思います。

問１　文章中の［１］～［８］にあてはまる語を書きなさい。
問２　文章中の【Ａ】～【Ｃ】にあてはまる地名として正しい組合せを，次のア～カから選んで，記号で答えなさい。
　　　ア　【Ａ】竹島　　　　【Ｂ】北方領土　　【Ｃ】尖閣諸島
　　　イ　【Ａ】竹島　　　　【Ｂ】尖閣諸島　　【Ｃ】北方領土
　　　ウ　【Ａ】尖閣諸島　　【Ｂ】竹島　　　　【Ｃ】北方領土
　　　エ　【Ａ】尖閣諸島　　【Ｂ】北方領土　　【Ｃ】竹島
　　　オ　【Ａ】北方領土　　【Ｂ】竹島　　　　【Ｃ】尖閣諸島
　　　カ　【Ａ】北方領土　　【Ｂ】尖閣諸島　　【Ｃ】竹島
問３　下線部の①～④について，それぞれの問いに答えなさい。
　　①広島の平和宣言には，原爆投下の年に命をうばわれた犠牲者の数が記されています。犠牲者の数を解答らんにしたがって答えなさい。
　　②憲法が定められているのは，なぜですか。簡単に説明しなさい。
　　③適切ではないものを，次のア～エから一つ選んで，記号で答えなさい。
　　　ア　固定した性役割分担の考えがまだ残っています。
　　　イ　仕事では，女性は昇給，昇進などで男性よりも不利にあつかわれがちです。
　　　ウ　ほかの先進国に比べ，出産を機会に仕事をやめる人は少ないです。
　　　エ　労働者の募集については，性別にかかわりなく機会を与える必要があります。
　　④この改正の内容を答えなさい。
問４　この文章で，わたしたちがつくっていくべきだとされているのは，どのような社会ですか。最も適切なものを，次のア～エから一つ選んで，記号で答えなさい。
　　　ア　日本の文化がいちばんすぐれているということを，外国の人にもほこりをもって言えるような社会。
　　　イ　年齢や性別を問わず，能力のある者どうしが競いあうなかで自分を高めていけるような社会。
　　　ウ　さまざまな問題の解決にはすべてお金がかかるので，経済的な豊かさを何よりも最優先にする社会。
　　　エ　人々が自分らしく楽しく自由にふるまいつつも，内外の他者に対する礼節を失わない社会。

H28. 修道中
Ｋ教英出版

2016年度　修道中学校入学試験　算数　解答用紙

受験番号

※125点満点
(配点非公表)

1

(1)①	②	③	④	⑤

(2)	(3) 点	(4)	(5) g

(6) 時間　　分　　秒	(7) 通り

(8) 度	(9)① cm²	② cm²

2

(1)	(2)	(3) 個

3

(1)	(2) 台

(3)バス停	到着時刻

4

(1)	(2) 個

２０１６年度　修道中学校入学試験　理科　解答用紙

受験番号

※100点満点
（配点非公表）

1

問1					
(1)		(2)	(3)	(4)	
計算式	値				
		倍	cm²	mL	

問2		問3
(1)	(2)	

2

問1	問2	問3		問4
		(1)	(2)	(1)
				① ②
				g　　cm

問4	
(2)	
①	②

① ばねはかりの値(g) / おもりの重さ(g)　② ばねはかりの値(g) / 支点から(X)点までの長さ(cm)

問4	
(3)	(4)
cm	

3

問1	問2	問3	問4	問5

問6			
(1)	(2)	(3)	(4)
	mL	mg	mg

4

問1	問2	問3		問4	問5	問6
		③	④			
秒						

２０１６年度　修道中学校入学試験　社会　解答用紙

受験番号

※100点満点
（配点非公表）

1

問		1
東京	千葉	鹿児島

問 2

問 3			
a 市	b 市	c 市	d 市

問 4					問 5		
[1]	[2]	[3]	[4]	[5]	(1) か	き	く

問 5	問 6	問 7	問 8
(2)			

2

問 1
→ → → J → → → D → → →

問 2				問 3
C	D	G	J	

問 4	問 5	問 6	問 7	問 8

問 9	問 10		問 11		
	(1)	(2)	(1)	(2)	(3)

問 11
(4)

問 12	
(1)	(2)

3

問 1			
[1]	[2]	[3] 納税	[4] 企業 省
[5] 化	[6]	[7] 再検討会議	[8] 原発

問 2	問 3	
	① 万人	
	②	問 4
	③	④

2015年度　修道中学校入学試験　算　数　(50分)

1 (1) 次の □ にあてはまる数を求めなさい。

① $2017 - 2016 \div 288 - 2015 \div 403 - 2014 \div 1007 - 2013 \div 671 =$ □

② $\dfrac{3}{4} \div (\Box - \dfrac{1}{2}) - \dfrac{6}{5} \times \dfrac{4}{3} = \dfrac{1}{2}$

③ $97 \times 99 + 99 \times 101 + 99 \times 103 + 101 \times 101 =$ □

(2) ある新聞広告の印刷を行うのに，Aの印刷機では18時間，Bの印刷機では36時間，Cの印刷機では24時間かかります。この印刷をA，B，Cすべての印刷機を使って行うと何時間かかりますか。

(3) 修君は，100点満点の算数のテストを5回受けました。1回，2回，3回の平均点は85点，4回と5回の平均点は65点でした。

① 1回から5回までの平均点は何点ですか。

② 1回と2回の平均点は85点より高かったことがわかりました。このとき，3回，4回，5回の平均点は，65点に対してどうなりますか。次の(ア)～(ウ)から最も適当なものを選びなさい。
(ア)　必ず65点より低い。
(イ)　必ず65点より高い。
(ウ)　65点より高いか低いかわからない。

(4) ある年の1月24日は土曜日でした。その前の年の8月6日は何曜日でしたか。

(5) 濃度の分からない食塩水が200gあります。この食塩水から水を50g蒸発させ，次に濃度が12%の食塩水を150g加えて混ぜたところ，濃度が20%の食塩水ができました。はじめの食塩水の濃度は何%ですか。

(6) 下の帯グラフは，S中学校1年生に好きなスポーツを調査した結果を表したものです。

野球	サッカー	テニス 16%	その他 18%
	75人	40人	

① 野球と答えた生徒は何人ですか。

② 帯グラフを円グラフになおしたとき，サッカーを表すおうぎ形の中心角は何度ですか。

(7) 右の図の角アの大きさを求めなさい。

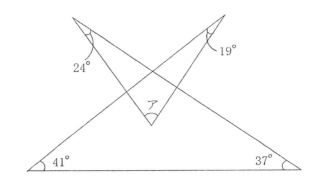

(8) 右の図の5つの部分を，隣り合う部分は異なる色で塗り分けます。
赤，青，黄，緑の4色すべて使う場合，何通りの塗り方がありますか。

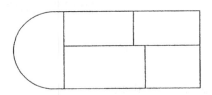

(9) 次の図の斜線部の面積を求めなさい。円周率は3.14を用いなさい。
① 円の直径は4cmで，四角形は正方形です。

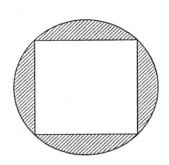

② 4つの小さい円の直径は2cmで，大きい円の直径は4cmです。

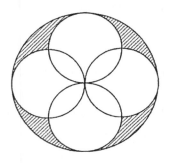

2 池の周りの道を，修君は走って，道夫君は歩いて，同時に同じ場所から出発し，それぞれ一定の速さで同じ方向に進みます。途中，修君は，1回休み，その後また同じ速さで走り出しました。道に沿って測った2人の距離のうち短いほうを a m とすると，時間（分）と a（m）には下のグラフの関係があります。次の問いに答えなさい。

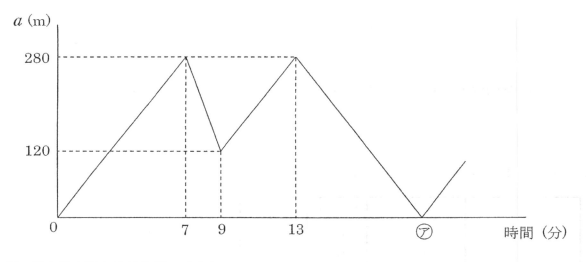

(1) 道夫君の速さは毎分何mですか。

(2) グラフの⑦は何分ですか。

(3) 修君が池の周りを休まず1周するのにかかる時間は何分何秒ですか。

—— 2 ——

3 2以上の整数から始めて，次の規則で計算を行います。

> 奇数なら1を加え，偶数なら2で割る。

この計算を1回の操作と数え，1になるまで繰り返し行います。例えば，最初の数が6ならば，6 → 3 → 4 → 2 → 1となり，6は4回の操作で1になります。次の問いに答えなさい。

(1) 4回の操作で1になる整数は，6を含めて何個ありますか。

(2) 2015は何回の操作で1になりますか。

(3) 10回の操作で1になる最も大きい整数を求めなさい。

(4) 10回の操作で1になる最も小さい整数を求めなさい。

4 図1のような直方体の積み木を9個使って，図2のように縦，横，交互に積み上げます。また，図2の立体から3個積み木をぬきとって，図3の投影図（立体物を平面図に写したもの）のように積み上げました。次の問いに答えなさい。

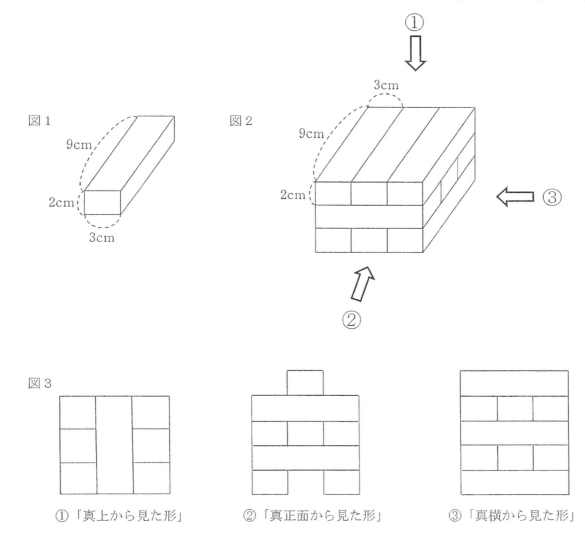

図3

①「真上から見た形」　②「真正面から見た形」　③「真横から見た形」

(1) 図3の立体の体積は何cm³ですか。

(2) 図3の立体の表面積は何cm²ですか。

——— 3 ———

1　右の図１，図２は，ヒトの体の胸部または腹部の横断面の
いずれかを示したものです。ただし，図の中には省略した構
造もあります。あとの問１〜問４に答えなさい。

問１　胸部の横断面は図１，図２のどちらですか。１または２
で答えなさい。

問２　図１，図２の①〜⑥にあたる臓器を，次のア〜ケからそ
れぞれ１つずつ選んで，記号で答えなさい。

　　ア　心臓　イ　胃　　ウ　食道　　エ　気管

　　オ　小腸　カ　肺　　キ　肝臓　　ク　ぼうこう

　　ケ　腎臓

問３　図１，図２の①〜⑥の働きや構造として最も適当なもの
を，次のア〜ケからそれぞれ１つずつ選んで，記号で答え
なさい。

　　ア　血液を流すためのポンプの働きをする。

　　イ　養分を吸収する。

　　ウ　空気が通る管である。

　　エ　尿をためる働きをする。

　　オ　空気中の酸素と血液中の二酸化炭素の交換をする。

　　カ　血液中から不要なものを取り除く。

　　キ　消化液を出す小さな穴がたくさんある。

　　ク　養分の一部をたくわえる。

　　ケ　食べ物を通す管である。

問４　次の（１）〜（４）の文の下線部ア〜エについて，正し
ければ○を記入し，まちがっていれば正しく書き直しなさ
い。

　　（１）はき出した空気の中で，最も多いのは窒素で，次に
　　　　多いのはァ二酸化炭素である。

　　（２）デンプンはィ胃液で消化される。

　　（３）１分間の心臓の動きの回数と脈拍の回数は，ゥ等しい。

　　（４）小腸から出た血管は，ェ腎臓につながっている。

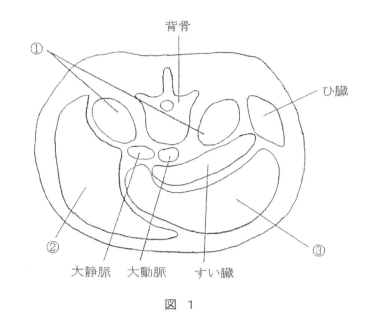

図　１

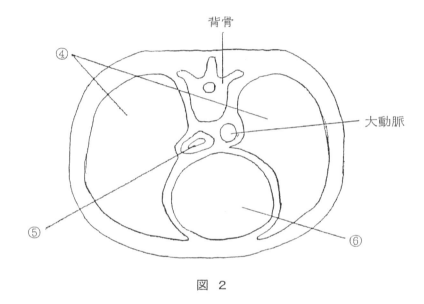

図　２

2　修君と先生の会話を読んで，あとの問１〜問５に答えなさい。

修君：右の図は，ある日の午後３時に広島で，半月と太陽の
　　　位置を肉眼で観察しスケッチしたものです。①その日か
　　　ら，３日間同じ時刻に観察しました。

先生：月を②双眼鏡でも観察しましたか。

修君：はい，しました。視度調節リングの調節が難しかった
　　　です。

先生：視度調節リングを使って，左と右の目の視度の差を合
　　　わせることができます。これをしないと，目がつかれやすくなったり，痛くなったりするからね。

修君：双眼鏡だけではなく，天体望遠鏡でもやりたかったけど・・・。

先生：天体望遠鏡で観察すると月のようすがよく分かるよね。この前，先生は天体望遠鏡を使って月を見たよ。その天体望遠鏡は顕微
　　　鏡と同じように③上下左右が逆に見えたので，慣れるまで少し時間がかかったけどね。

修君：肉眼で見える月と，天体望遠鏡で観察できる月が，逆だと難しいなぁ・・・。

先生：そういえば，月の前を雲が通り過ぎるようすも観察できたよ。

修君：月の前を雲が・・・。雲は水が姿を変えたものですよね。

先生：その通り。生き物にとって必要な水は川，雨，雲，空気中の水蒸気，海など，さまざまなものに変わります。

修君：水は，空気中にもあるんですね。

半月　　　　　　　　太陽

スケッチした図

先生：空気中の水蒸気が目に見える水滴になったものが雲や霧です。

修君：どうして水滴になるんですか。

先生：1m³の空気の中にふくむことができる水蒸気の量には温度によって限度があります。その限度の量を飽和水蒸気量といい，飽和水蒸気量は温度が高いと大きく，低いと小さくなります。5℃，20℃，30℃では，下の表のようになります。

温度〔℃〕	5	20	30
飽和水蒸気量〔g〕	7	17	30

　　　空気を温めると，ふくむことができる水蒸気の量が大きくなるので水の蒸発が進みます。一方，空気を冷やすと飽和水蒸気量が小さくなるので，飽和水蒸気量を超えた水蒸気は，その水蒸気と同じ重さの水滴になります。たとえば，1gの水蒸気が水滴になると，水滴の重さは1gとなります。

修君：空気の湿り具合を表す方法はありますか。

先生：空気の湿り具合は，湿度で表します。湿度を求める式は次のようになります。

　　　湿度〔%〕＝ その空気1m³がふくんでいる水蒸気の量〔g〕÷ その温度の飽和水蒸気量〔g〕×100

修君：たとえば，温度30℃で5m³の空気に15gの水蒸気がふくまれているとすると，1m³の空気には3gの水蒸気がふくまれているので・・・。この場合は，湿度は10%ということになりますね。

先生：その通りです。

修君：あっ。そういえば，新聞の気象情報を調べたとき，湿度はのっていました。

先生：よく気がついたね。

問1　下線部①の月と太陽について適当なものを，次のア～オから2つ選んで，記号で答えなさい。

　　ア　月の位置は1日ごとに，南に移動した。

　　イ　月の位置は1日ごとに，だんだん高くなった。

　　ウ　月の形は1日ごとに，少しずつふくらんできた。

　　エ　太陽の位置は1日ごとに，月と同じように移動した。

　　オ　太陽は3日とも，ほとんど同じ位置だった。

問2　下線部②の双眼鏡の使い方について，次のア～ウを使用する順番に並べて，記号で答えなさい。

　　ア　両目で見たとき，視野が1つの円になるように，本体を折り曲げるように動かして調整する。

　　イ　視度調節リングのついている側の目を閉じて，片目だけで見たいものがはっきり見えるように，ピントリングを回して調節する。

　　ウ　視度調節リングのついていない側の目を閉じて，片目だけで見たいものがはっきり見えるように，視度調節リングを回して調節する。

問3　修君が半月をスケッチしてから2週間後，南の空にある月を観察しました。この時，下線部③の天体望遠鏡を使って見た月をそのままスケッチした図として，最も適当なものを，次のア～オから1つ選んで，記号で答えなさい。

　　ア　　　　　　　　イ　　　　　　　　ウ　　　　　　　　エ　　　　　　　　オ

問4　問3で答えた月が南の空に見えたのは何時ごろですか。最も適当なものを，次のア～オから1つ選んで，記号で答えなさい。

　　ア　午後6時ごろ　　　　イ　午後9時ごろ　　　　ウ　午前0時ごろ

　　エ　午前3時ごろ　　　　オ　午前6時ごろ

問5　温度20℃，湿度50%，体積40m³の部屋があります。この部屋の水蒸気について，次の（1）～（4）に答えなさい。

　（1）部屋にふくまれる水蒸気は何gですか。整数値で答えなさい。

　（2）部屋の温度を20℃から5℃まで下げると，水滴は何g生じますか。整数値で答えなさい。

　（3）部屋の温度を20℃から30℃まで上げると，湿度は何%になりますか。小数第1位を四捨五入して整数値で答えなさい。

　（4）部屋の温度は20℃のままで，加湿器を使って，部屋の湿度を60%にしました。加湿器で何gの水を蒸発させましたか。整数値で答えなさい。

③ 図1のように豆電球，乾電池，方位磁針，ストローにエナメル線をまいたコイルを用いて回路をつくり，豆電球の点灯のようすや，方位磁針の向きを調べる実験をしました。A，Bは豆電球の端子，C，Dはそれぞれ乾電池の＋極端子，－極端子，E，Fはコイルの端子を示しています。はじめに，豆電球の端子Bと，乾電池の－極端子Dをつないだ時，方位磁針は図のように上を向いていました。表1は，図1のように端子BとDをつないだままで，さらに，端子を導線でつないで実験1～実験6を行い，豆電球の点灯のようすと方位磁針の向きをまとめたものです。あとの問1～問4に答えなさい。

表1

	BとD以外の各端子のつなぎ方	豆電球の点灯のようす	方位磁針の向き
実験1	AとF，CとE	暗い	↗
実験2	Aと（①）	明るい	↑
実験3	CとE，DとF	つかない	←
実験4	（②）とE，（③）とF	暗い	↗
実験5	（④）とE，（⑤）とF	つかない	→
実験6	AとC，CとE，DとF	⑥	⑦

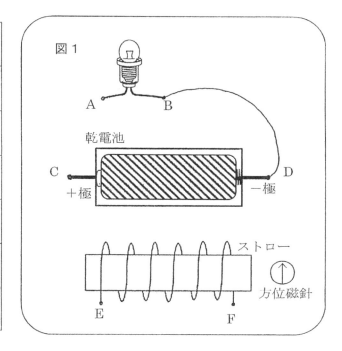

図1

問1　表1のうち，（①）～（⑤）には端子A～Fのどれが入りますか。A～Fから1つずつ選んで，記号で答えなさい。

問2　表1のうち，（⑥）に入る豆電球の点灯のようすとして最も適当なものを，次のア～ウから1つ選んで，記号で答えなさい。

　　　ア　つかない　　　　イ　明るい　　　　ウ　暗い

問3　表1のうち，（⑦）に入る方位磁針の向きとして最も適当なものを，次のア～オから1つ選んで，記号で答えなさい。

　　ア ←　　　イ →　　　ウ ↖　　　エ ↗　　　オ ↑

問4　実験1と同じように端子をつなぎ，次の（1）～（3）の実験を行いました。実験1の結果と比べたとき，豆電球の明るさと，方位磁針の振れとして最も適当なものを，表2のア～カから1つずつ選んで，記号で答えなさい。

（1）図2のように，エナメル線の長さを変えずに，コイルのまき数を半分にした。

（2）図3のように，方位磁針をコイルから遠ざけた。

（3）図4のように，エナメル線の長さやまき数，方位磁針の位置は実験1と同じにして，ストローの中に鉄の針金を入れて，じゅうぶんに時間がたった。

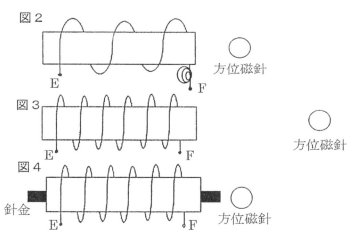

表2

結果	豆電球の明るさ	方位磁針の振れ		結果	豆電球の明るさ	方位磁針の振れ	
ア	明るくなった	←	振れが大きくなった	エ	暗くなった	↑	振れが小さくなった
イ	明るくなった	↑	振れが小さくなった	オ	変わらなかった	←	振れが大きくなった
ウ	暗くなった	↖	振れが大きくなった	カ	変わらなかった	↑	振れが小さくなった

4 図1のように，ビーカーA〜Dを準備して，ある濃さの塩酸をA，Bに10cm³ずつ，C，Dに20cm³ずつ入れました。塩酸の濃さは3種類あり，A〜Dのうち，どれか2つには同じ濃さの塩酸が入っています。次に，図1のように，ビーカー①と②を準備して，同じ濃さの水酸化ナトリウム水溶液を①に10cm³，②に20cm³入れました。A〜Dの塩酸と①と②の水酸化ナトリウム水溶液を複数個用意して，次の【実験1】〜【実験3】を行いました。あとの問1〜問6に答えなさい。

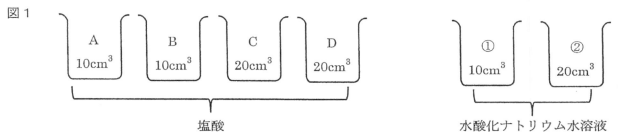

図1

【実験1】 図2のように，塩酸の入ったA〜Dを1個ずつと，水酸化ナトリウム水溶液の入った①を4個用意して，塩酸と水酸化ナトリウム水溶液をそれぞれ混ぜ合わせました。これらの水溶液をそれぞれ加熱すると，食塩のみが取り出せました。その食塩の重さを測ると，4つとも0.6gでした。
（以下，たとえばAと①を混ぜた水溶液を〔A−①〕のように表します。）

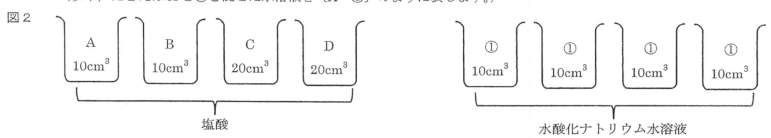

図2

【実験2】 実験1と同じように，塩酸の入ったA〜Dを1個ずつと，水酸化ナトリウム水溶液の入った①を4個用意して，塩酸と水酸化ナトリウム水溶液をそれぞれ混ぜ合わせました。〔A−①〕，〔B−①〕，〔C−①〕，〔D−①〕にアルミニウムを入れたところ，〔A−①〕以外はすべて気体が発生しました。〔B−①〕，〔C−①〕，〔D−①〕に気体が発生しなくなるまでアルミニウムを加え，このとき発生した気体の体積を測定したところ，〔B−①〕では360cm³，〔C−①〕では240cm³，〔D−①〕では120cm³でした。なお，気体の体積は，同じ条件で測定したものとします。

【実験3】 図3のように，塩酸の入ったA〜Dを1個ずつと，水酸化ナトリウム水溶液の入った②を4個用意して，塩酸と水酸化ナトリウム水溶液をそれぞれ混ぜ合わせました。〔A−②〕，〔B−②〕，〔C−②〕，〔D−②〕にアルミニウムを入れたところ，〔D−②〕以外はすべて気体が発生しました。

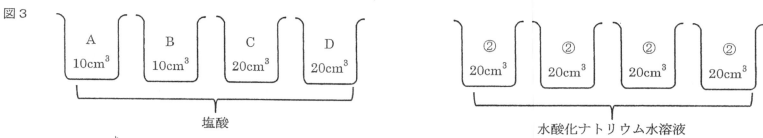

図3

問1 塩酸は水に何が溶けたものですか。漢字で答えなさい。
問2 水酸化ナトリウム水溶液について適当なものを，次のア〜オから2つ選んで，記号で答えなさい。
　ア 気体を溶かした水溶液である。
　イ 固体を溶かした水溶液である。
　ウ 青色のリトマス紙を赤色に変える。
　エ つんとしたにおいがする。
　オ 皮膚につくとやけどをしたようになる。
問3 A〜Dの塩酸のうち，同じ濃さの塩酸はどれとどれですか。A〜Dから選んで，記号で答えなさい。
問4 A〜Dの塩酸のうち，最も濃い塩酸はどれですか。A〜Dから1つ選んで，記号で答えなさい。
問5 Cの塩酸はAの塩酸の何倍の濃さですか。小数第1位まで答えなさい。
問6 実験2で〔D−①〕とアルミニウムがちょうど反応した水溶液を加熱して，水を蒸発させ，残った固体の重さを測ると1gでした。実験3の〔B−②〕とアルミニウムがちょうど反応した水溶液について，次の（1）〜（3）に答えなさい。
　（1）気体は何cm³発生しましたか。整数値で答えなさい。ただし，気体の体積は，実験2と同じ条件で測定したものとします。
　（2）（1）の水溶液を加熱し，水を蒸発させました。残った固体の重さは何gですか。整数値で答えなさい。
　（3）（2）の固体のうち，食塩の重さは何gですか。小数第1位まで答えなさい。

- 4 -

1　次の文章を読んで，あとの問１〜問６に答えなさい。

> ①南極大陸のロス海に浮かぶロス島には，世界で最も南にある②活火山がある。約130万年前に噴火活動を始め，現在の標高は3,794mで，山の斜面は③雪と氷，そして氷河に覆われているが，頂上からは蒸気が立ちのぼり，時折，熱い④溶岩が流れ出している。
> （『ナショナル ジオグラフィック日本版2012年7月号』p92〜p111より引用。一部修正。）

問１　下線部①に関して，内容が正しいものを，次のア〜エから一つ選んで，記号で答えなさい。
　ア　南極大陸のほとんどはオーストラリアの領土である。
　イ　アメリカ合衆国の探検家アムンゼンは，1911年12月14日に南極点へ初到達した。
　ウ　南極大陸は山地山脈の隆起や沈降が活発で，近年急速に面積が拡大している。
　エ　南極大陸には地球上で最も広い面積の氷床（広大な氷河）がある。

問２　下線部②に関して，次の（１）〜（３）の問いに答えなさい。
（１）富士山の海抜高度として正しいものを，次のア〜エから一つ選んで，記号で答えなさい。
　ア　3,736m　　イ　3,756m　　ウ　3,776m　　エ　3,796m
（２）桜島周辺にみられる火山地形として適当でないものを，次のア〜エから一つ選んで，記号で答えなさい。
　ア　カルデラ　　イ　三角州　　ウ　火口　　エ　シラス台地
（３）国際連合教育科学文化機関（ユネスコ）の支援により，地域の保全や教育活動などに自然遺産や文化遺産を活用しながら，地域の持続的な経済発展を目指すために指定された，地球科学的に重要な洞爺湖有珠山（北海道），糸魚川（新潟県）や島原半島（長崎県）などの地域を何というか，次のア〜エから一つ選んで，記号で答えなさい。
　ア　NPO　　イ　ナショナルパーク　　ウ　JICA　　エ　ジオパーク

問３　下線部③に関して，次の表を見て，あとの（１）〜（３）の問いに答えなさい。

	1月	2月	3月	4月	5月	6月	7月	8月	9月	10月	11月	12月	全年
ア	6.1	6.5	9.4	14.6	18.9	22.1	25.8	27.4	23.8	18.5	13.3	8.7	16.3（℃）
	52.3	56.1	117.5	124.5	137.8	167.7	153.5	168.2	209.9	197.8	92.5	51.0	1528.8（mm）
イ	27.0	26.8	26.7	26.4	24.9	23.4	23.1	25.1	26.6	28.0	27.6	27.4	26.1（℃）
	238.1	211.2	204.5	154.6	55.3	16.6	25.9	32.6	47.9	122.9	174.8	195.8	1480.2（mm）
ウ	-5.5	-6.0	-1.9	4.4	9.4	13.1	17.1	19.6	16.3	10.6	3.7	-2.4	6.5（℃）
	54.5	36.0	43.5	52.1	61.6	53.5	87.4	101.0	108.2	70.3	60.0	59.4	787.6（mm）
エ	-2.0	-5.1	-10.1	-13.5	-15.5	-15.2	-16.3	-16.7	-15.9	-13.2	-7.5	-2.5	-11.1（℃）
	23.5	24.6	38.0	52.2	50.2	60.4	71.2	63.6	54.8	48.0	39.2	28.5	554.2（mm）

（『データブックオブ ザ ワールド2014』より作成）

（１）表中ア〜エは，網走，東京，クヤバ（ブラジル），南極大陸（ミールヌイ基地）の４観測地点の月別平均気温（1981〜2010年の平均値）と，月別平均降水量（1981〜2010年の平均値）です。網走，東京，クヤバ，南極大陸の４観測地点にあてはまるものを，表中ア〜エからそれぞれ選んで，記号で答えなさい。
（２）表中イの月別平均気温が７月に最も低い理由を簡単に説明しなさい。
（３）表中エの夏は，太陽が一日中沈まない現象が起きます。この現象を何というか，次のア〜エから一つ選んで，記号で答えなさい。
　ア　百夜　　イ　白夜　　ウ　十五夜　　エ　極夜

問４　下線部④に関して，次の写真Ａ〜Ｄを見て，あとの（１）・（２）の問いに答えなさい。

A

B

C

D

（１）写真Ａ〜Ｄの山の名称を，次のア〜オからそれぞれ選んで，記号で答えなさい。
　ア　桜島　　イ　富士山　　ウ　三瓶山　　エ　昭和新山　　オ　岩木山

（２）火山活動によって噴出した溶岩や火山灰などは，長い年月が経つと肥沃な土壌になります。写真Ａ～Ｄの山がある都道府県について説明している文を次のア～オからそれぞれ選び，記号で答えなさい。（『データブックオブザワールド2014』より作成）

ア　茶の収穫量は国内第２位，かんしょ（サツマイモ）の収穫量が国内第１位で，豚の飼養頭数が国内第１位である。

イ　みかんの収穫量は国内第３位，きくの作付面積が国内第５位で，茶の収穫量が国内第１位である。

ウ　大根の収穫量は国内第３位，ブロイラー出荷羽数が国内第４位で，りんごの収穫量が国内第１位である。

エ　水稲，小麦，ばれいしょ（ジャガイモ）の収穫量が国内第１位である。

オ　林野面積率が国内第３位ではあるが，65歳以上人口割合が国内第２位で，農業は盛んではない。

問５　次の表は日本の都道府県別農産物生産(2011年)です。表中あ～おにあてはまる県名を，宮城，群馬，千葉，愛知，佐賀の中からそれぞれ選んで答えなさい。

	キャベツ（百ｔ）	小　麦（百ｔ）	大　豆（百ｔ）	きゅうり（百ｔ）	水　稲（百ｔ）	生　乳（百ｔ）	玉ねぎ（百ｔ）
あ	90	309	192	110	1410	200	1540
い	2300	180	45	140	1550	1990	350
う	2360	226	4	580	880	2470	110
え	90	40	161	130	3630	1170	40
お	1340	16	12	340	3220	2400	50

（『データブックオブザワールド2014』より作成）

問６　次の写真は防衛省海上自衛隊所属の砕氷艦です。この船は，日本から南極大陸へ初めて調査に行った人物にちなんだ名前がつけられています。この船の名称をひらがな３文字で答えなさい。

（一部加工）

2　日本にある世界文化遺産に関するＡ～Ｊの文章を読んで，文章中の（　１　）～（　10　）にあてはまる語を書き，あとの問１～問11に答えなさい。

Ａ　奈良県にある（　１　）寺は聖徳太子がつくったお寺で，世界最古の木造建築として有名です。法起寺とともに仏教建造物として1993年に世界文化遺産に登録されました。なお①聖徳太子は【　ａ　】年に中国に使いをおくり大陸との関係を改めようとしました。

問１　下線部①について，大陸との関わりに関する文として正しいものを，次のア～エから一つ選んで，記号で答えなさい。

ア　大陸から稲作が伝わり，福岡県の三内丸山遺跡では水田のあとが確認できます。

イ　邪馬台国の卑弥呼が中国の隋に使いを送り，中国の皇帝から倭王の称号や銅の鏡を授けられました。

ウ　大和朝廷の大王であったワカタケルは中国に使いを送り，多くのくにを従えたと報告しました。

エ　中国からやってきた行基が仏教を日本に伝え，日本各地に国分寺が建てられました。

Ｂ　兵庫県にある（　２　）城は白鷺城ともよばれる美しい②お城で，1993年に世界文化遺産に登録されました。【　ｂ　】年の関ヶ原の戦いの後に，城主となった池田輝政のころより，今日見られるようなお城へとつくり変えられました。今でも天守閣が残っている貴重なお城です。

問２　下線部②について，関ヶ原の戦い前後のお城に飾られていた絵として，最もふさわしいものを，次のア～エから一つ選んで，記号で答えなさい。

ア　狩野永徳の屏風絵　　イ　雪舟の水墨画　　ウ　大和絵　　エ　歌川広重の浮世絵

Ｃ　③京都府から滋賀県にかけて17か所の寺社が，1994年に世界文化遺産に登録されました。なかでも藤原道長の子頼通が【　ｃ　】年に寺院へと改めた平等院や足利義満がつくった鹿苑寺（　３　）などが有名です。

問３　下線部③について，京都に天皇が住んでいたのはおよそ何年間ですか。次のア～エから一つ選んで，記号で答えなさい。

ア　400年間　　イ　540年間　　ウ　810年間　　エ　1070年間

D （　4　）ドームは，もと広島県産業奨励館でしたが，連合国との④戦争により破壊されました。その後，日本は【　d　】年にポツダム宣言を受け入れて無条件降伏をしました。戦争の悲劇を伝える建物として1996年に世界文化遺産に登録されました。

問4　下線部④について，日本が戦争などで獲得してきた領土に関する次の文Ⅰ～Ⅲを年代の古い順にならべかえて正しいものを，あとのア～カから一つ選んで，記号で答えなさい。
　　Ⅰ　台湾を獲得する。
　　Ⅱ　韓国を併合する。
　　Ⅲ　南樺太を獲得する。
　　ア　Ⅰ→Ⅱ→Ⅲ　　イ　Ⅰ→Ⅲ→Ⅱ　　ウ　Ⅱ→Ⅰ→Ⅲ　　エ　Ⅱ→Ⅲ→Ⅰ　　オ　Ⅲ→Ⅰ→Ⅱ　　カ　Ⅲ→Ⅱ→Ⅰ

E （　5　）寺や平城京跡など奈良県にある文化財が1998年に世界文化遺産に登録されました。これらの文化財から，昔，この地が都であったことが分かります。⑤聖武天皇がつくった（　5　）寺には大仏がつくられ，【　e　】年の大仏の開眼式には多くの僧が参加しました。

問5　下線部⑤について，この天皇が活躍した時代の農民の税負担は重かったといわれています。当時の農民に課せられていた庸とはどのような税負担を意味していましたか。簡単に説明しなさい。

F 栃木県にある二つの神社と一つのお寺が，1999年に世界文化遺産に登録されました。中でも（　6　）は徳川家康をまつった神社として有名です。（　6　）をつくるように命じた徳川家光は【　f　】年に⑥武家諸法度を制定して大名の統制を強めました。

問6　下線部⑥について，武家諸法度で定められた参勤交代に関する次の文X・Yの正誤の組合せとして正しいものを，あとのア～エから一つ選んで，記号で答えなさい。
　　X　大名行列は人数を多くして，できるだけ豪華になるように幕府から命じられていた。
　　Y　大名は妻子を1年ごとに人質として江戸に住まわせなければならなかった。
　　ア　X－正　Y－正　　イ　X－正　Y－誤　　ウ　X－誤　Y－正　　エ　X－誤　Y－誤

G 沖縄県の首里城跡などが，2000年に世界文化遺産に登録されました。首里城跡などは，【　g　】年に成立した（　7　）王国の様子がわかる遺跡となっています。首里城の守礼門は，2000年の沖縄サミットをきっかけとして発行された⑦お札の図柄にもなっています。

問7　下線部⑦について，現在日本で発行されているお札の図柄に関する文として正しいものを，次のア～エから一つ選んで，記号で答えなさい。
　　ア　1000円札に描かれている夏目漱石は，『吾輩は猫である』という小説をかきました。
　　イ　2000円札には首里城の守礼門のほかに，『源氏物語』をかいた紫式部も描かれています。
　　ウ　5000円札に描かれている新渡戸稲造は，国際連盟の事務総長となった人物です。
　　エ　10000円札に描かれている聖徳太子は，『学問のすゝめ』をあらわしました。

H 島根県にある（　8　）銀山が，2007年に世界文化遺産に登録されました。（　8　）銀山をはじめとする日本の銀山は，当時の世界の銀の3分の1を産出したといわれています。【　h　】年に日本に鉄砲をもたらした⑧ポルトガルは，日本の銀を求めて貿易を行うようになりました。

問8　下線部⑧について，ポルトガルに関する次の文X・Yの正誤の組合せとして正しいものを，あとのア～エから一つ選んで，記号で答えなさい。
　　X　島原・天草一揆がおこったのちに，ポルトガル船は日本への来航を禁止されました。
　　Y　日本はポルトガルとの南蛮貿易で中国産の生糸を輸入しました。
　　ア　X－正　Y－正　　イ　X－正　Y－誤　　ウ　X－誤　Y－正　　エ　X－誤　Y－誤

I 岩手県の（　9　）の地を中心とした建築物などが，2011年に世界文化遺産に登録されました。なかでも中尊寺金色堂の華やかさは奥州藤原氏の繁栄を示す遺跡です。源頼朝と対立した⑨源義経もこの地に逃れましたが，義経をかくまったことを理由に，奥州藤原氏は【　i　】年に頼朝に滅ぼされてしまいました。

問9　下線部⑨について，源義経が参加した戦いに関する次の文Ⅰ～Ⅲを年代の古い順にならべかえて正しいものを，あとのア～カから一つ選んで，記号で答えなさい。
　　Ⅰ　一ノ谷の戦いに勝利する。
　　Ⅱ　壇ノ浦の戦いに勝利する。
　　Ⅲ　屋島の戦いに勝利する。
　　ア　Ⅰ→Ⅱ→Ⅲ　　イ　Ⅰ→Ⅲ→Ⅱ　　ウ　Ⅱ→Ⅰ→Ⅲ　　エ　Ⅱ→Ⅲ→Ⅰ　　オ　Ⅲ→Ⅰ→Ⅱ　　カ　Ⅲ→Ⅱ→Ⅰ

J 2014年に群馬県にある（　10　）が世界文化遺産に登録されました。（　10　）は【　j　】年に，⑩日本の発展のため，養蚕業の盛んであったこの地に，官営工場として設立されました。当時としては世界最大規模の製糸工場で，生糸は日本の最大の輸出品目でした。

問10　下線部⑩について，このころの文明開化により都市の様子は大きく変わりました。次の東京，銀座の絵の中にある文明開化に特徴的なものを二つ答えなさい。

問11　文章中の【　a　】～【　j　】の年代を時代の古い順にならべかえたとき，6番目にあたる年代はどれですか。a～jの記号で答えなさい。

3　次の文章を読んで，あとの問1・問2に答えなさい。

今年は，①第二次世界大戦が終わって70年になります。

敗戦国日本の戦後は，②さまざまな決まりや仕組みの見直しからスタートしました。なかでも，国のおおもとの決まりである憲法が，大きく変わりました。

日本国憲法と③大日本帝国憲法を読み比べてみると，形はよく似ています。たとえば，どちらの憲法も，第1章は「　　1　　」について書かれており，続けて「④国民（大日本帝国憲法では「臣民」）の権利と義務」，「⑤立法・行政・司法の仕組み」という順序になっています。

しかし，⑥内容はずいぶん異なるものになりました。憲法を新しくすることは，　　2　　化をめざした戦後改革の中心だったのです。

問1　　1　・　2　にあてはまる語を，それぞれ漢字2文字で答えなさい。
問2　下線部①～⑥に関して，それぞれの問いに答えなさい。
①　この戦争が始まったのは1939年9月ですが，そのとき日本は，すでに戦争をしていました。相手国を次のア～エから一つ選んで，記号で答えなさい。
　ア　アメリカ　　イ　ソ連　　ウ　韓国　　エ　中国
②　見直しの具体例として適当でないものを，次のア～エから一つ選んで，記号で答えなさい。
　ア　生産活動を活発にするため，財閥と呼ばれた大会社が保護された。
　イ　選挙権年齢が20歳に引き下げられ，女性の参政権も認められた。
　ウ　新しい教育制度（6・3・3制）が始まった。
　エ　農地改革で，地主の農地が小作人に解放された。
③　この憲法が発布されたときの内閣総理大臣を，次のア～エから選んで，記号で答えなさい。
　ア　板垣退助　　イ　大隈重信　　ウ　伊藤博文　　エ　黒田清隆
④　次のa・bの問いに答えなさい。
　a　次の文章は，皇后陛下が平成25年10月20日のお誕生日に際して，宮内記者会の質問（「皇后さまにとってのこの1年，印象に残った出来事やご感想をお聞かせ下さい。」）に文書でお答えになった「お言葉」の一部です（宮内庁ＨＰより）。
　　「国民の権利」と「臣民の権利」にはどのような違いがあるのでしょうか。皇后陛下の「お言葉」を参考にし，解答らんに従って簡単に説明しなさい。

5月の憲法記念日をはさみ，今年は憲法をめぐり，例年に増して盛んな論議が取り交わされていたように感じます。主に新聞紙上でこうした論議に触れながら，かつて，あきる野市の五日市を訪れた時，郷土館で見せて頂いた「五日市憲法草案」のことをしきりに思い出しておりました。明治憲法の公布（明治22年）に先立ち，地域の小学校の教員，地主や農民が，寄り合い，討議を重ねて書き上げた民間の憲法草案で，基本的人権の尊重や教育の自由の保障及び教育を受ける義務，法の下の平等，更に言論の自由，信教の自由など，204条が書かれており，地方自治権等についても記されています。当時これに類する民間の憲法草案が，日本各地の少なくとも40数か所で作られていたと聞きましたが，近代日本の黎明期に生きた人々の，政治参加への強い意欲や，自国の未来にかけた熱い願いに触れ，深い感銘を覚えたことでした。長い鎖国を経た19世紀末の日本で，市井の人々の間に既に育っていた民権意識を記録するものとして，世界でも珍しい文化遺産ではないかと思います。

b　国民（臣民）の義務として「納税の義務」はどちらの憲法にも書かれていますが，大日本帝国憲法にしか書かれていない「義務」もあります。それは何ですか。

⑤　次のa～cの問いに答えなさい。
a　「帝国議会」も「国会」も，二院制という仕組みです。現在の二院制は，「国民の声をできるだけ取り入れて政治の方向を慎重に決めるため」といわれています。では，帝国議会の二院制は，何をめざしていたのでしょうか。次の説明文の（　１　）・（　２　）にあてはまる語を答えなさい。

「皇族とか（　１　）という特別な身分が存在していたので，（　２　）院をつくることによって，平民の力が強くなりすぎないようにするため。」

b　行政を担当するのは内閣です。明治天皇から初代内閣総理大臣に任じられた人物を，前ページの③の**ア**～**エ**から選んで，記号で答えなさい。
c　司法は，裁判所の仕事です。国民が裁判に参加する制度として，2009年5月から裁判員制度が始まりました。国民の感覚や視点を裁判に生かすことを目的にした制度です。この制度に関する次の文章を読んで，（　１　）・（　２　）にあてはまる語を答えなさい。

「昨年7月24日，最高裁判所が，ある傷害致死事件の裁判員裁判を見直す判決を出しました。幼児を虐待死させた両親に対して，検察官が10年の懲役刑を求めたのに対して，裁判員裁判で15年の懲役刑判決が出たのですが，最高裁判所が懲役10年（父親），懲役8年（母親）に改めたのです。この裁判の経緯から，裁判所のくだす刑罰が（　１　）という感覚が国民にあることがうかがえます。それに対して最高裁判所は，国民の感覚によって刑罰の程度が変化していくことは認めるけれども，過去の同じような事件との（　２　）も考慮する必要があると考えているようです。」

⑥　次のa・bの問いに答えなさい。
a　「国民（臣民）の権利と義務」は，大日本帝国憲法では第2章，日本国憲法では第3章に書いてあります。日本国憲法の第2章には，この憲法の最大の特徴といわれる内容が書かれました。それは何ですか。漢字4文字で答えなさい。
b　2つの憲法は，「誰が憲法を守り大切にしなければならないか」という点で，考え方に大きな違いがあります。大日本帝国憲法では，それは「現在および将来の臣民」のつとめでした。現憲法でこのつとめを負うものとして**適当でないもの**を，次の**ア**～**オ**から一つ選んで，記号で答えなさい。
ア　企業経営者　　**イ**　国務大臣　　**ウ**　裁判官　　**エ**　国会議員　　**オ**　天皇

※125点満点
（配点非公表）

受 験 番 号

1	(1)①	②	③	(2)
				時間
	(3)①	②	(4)	(5)
	点		曜日	%
	(6)①	②	(7)	(8)
	人	度	度	通り
	(9)①	②		
	cm²	cm²		

2	(1)	(2)	(3)
	毎分　　　　　m	分	分　　　秒

3	(1)	(2)	(3)	(4)
	個	回		

4	(1)	(2)
	cm³	cm²

２０１５年度　修道中学校入学試験　理科　解答用紙

受験番号

※100点満点
（配点非公表）

1

問1	問2					
	①	②	③	④	⑤	⑥

問3					
①	②	③	④	⑤	⑥

問4			
ア	イ	ウ	エ

2

問1	問2	問3	問4
	→ →		

問5			
(1)	(2)	(3)	(4)
g	g	%	g

3

問1					問2	問3
①	②	③	④	⑤		

問4		
(1)	(2)	(3)

4

問1	問2	問3
		と

問4	問5	問6		
		(1)	(2)	(3)
	倍	cm³	g	g

２０１５年度　修道中学校入学試験　社会　解答用紙

1

問 1	問 2			問 3			
	1	2	3	1 網走	東京	クヤバ	南極 大陸
2							3

問 4							
1 A	B	C	D	2 A	B	C	D

問 5				
あ	い	う	え	お

問 6

2

1	2	3	4
寺	城		ドーム
5	6	7	8
寺		王国	銀山
9	10		

問 1	問 2	問 3	問 4

問 5

問 6	問 7	問 8	問 9

問 10	問 11

3

問 1	
1	2

問 2		
①	②	③

④
　「臣民の権利」は天皇から与えられたものであるのに対して，「国民の権利」は

a（　　　　　　　　　　　　　　　　　　　　　　　　　　　　　　　　　　）

b　（　　　　　　　）の　義　務	⑤ a-1	2	

| ⑤
b | c-1 | 2 | ⑥
a | b |

２０１４年度　　修道中学校入学試験　　算　数　（50分）

1　次の問いに答えなさい。

（1）　次の□□にあてはまる数を求めなさい。

①　$\{48-(217-47)\div10\}\times17=$□□

②　$0.25\times(4\frac{3}{5}-1.2\times$□□$)-0.5=\frac{2}{15}$

③　記号◎は「Ａ◎Ｂ＝Ａ×Ａ＋Ｂ×Ｂ」という計算をします。たとえば，１◎２＝１×１＋２×２＝５　です。
　　また，記号＊は「Ａ＊Ｂを　ＡをＢで割ったときの余り」とします。たとえば，15＊4＝3　，21＊7＝0　です。
　　このとき，（2◎5）－（43＊3）＝□□　です。

④　7時と8時の間で，長針と短針がぴったり重なるのは7時□□分です。

（2）　整数ｎの約数の個数を［ｎ］と表すことにします。たとえば，［8］＝4です。
①　［72］を求めなさい。

②　［ｎ］＝2　となる2けたの整数ｎのうち，最も大きな数を求めなさい。

（3）　右の図のように，1辺の長さが4cmの正方形ＡＢＣＤと正三角形ＡＥＢがあります。
①　アの角の大きさを求めなさい。

②　三角形ＡＥＤの面積を求めなさい。

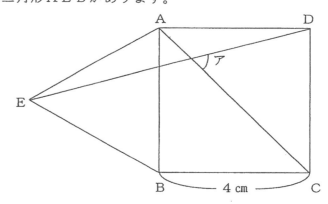

（4）　ある仕事を，Ａさんだけでやると24日かかり，Ｂさんだけでやると36日かかります。この仕事を，最初の数日は
Ａさんとｂさんの2人でやり，残りはＡさんだけでやって，あわせてちょうど20日で終わりました。Ａさんだけで
仕事をやったのは何日ですか。

（5）① 1から4までの番号がついた4つの箱と，1から4までの番号がついた4つのボールがあります。各箱の中にボールを1個ずつ入れたとき，箱とボールの番号がすべて異なるような入れ方は全部で何通りありますか。

② 1から5までの番号がついた5つの箱と，1から5までの番号がついた5つのボールがあります。各箱の中にボールを1個ずつ入れたとき，箱とボールの番号が1つだけ一致するような入れ方は全部で何通りありますか。

（6）下の図のように，たて2 cm，よこ5 cmの長方形ABCDのまわりを，1辺の長さが2 cmの正三角形が滑らないように，時計まわりに回転して移動します。最初に正三角形は（ア）の位置にあり，長方形の頂点Aに正三角形の頂点Pがあります。この点Pが，（ア）の位置から（イ）の位置まで移動するとき，点Pが動いたあとの長さを求めなさい。ただし，円周率は3.14として計算し，小数第3位を四捨五入して小数第2位までの数で答えなさい。

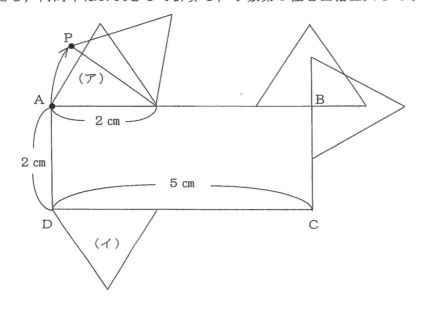

2 次のように，ある規則にしたがって分数が並んでいます。

$$\frac{1}{1} , \frac{3}{3} , \frac{1}{3} , \frac{5}{5} , \frac{3}{5} , \frac{1}{5} , \frac{7}{7} , \frac{5}{7} , \frac{3}{7} , \frac{1}{7} , \frac{9}{9} , \frac{7}{9} , \cdots\cdots$$

次の問いに答えなさい。

（1）約分すると1になる分数を探していくと，1回目の1は $\frac{1}{1}$，2回目の1は $\frac{3}{3}$，3回目の1は $\frac{5}{5}$ です。10回目の1は何ですか。

（2）30回目の1は最初から数えて何番目の分数になるか求めなさい。

- 2 -

③　右の図のように，1辺の長さが6 cmの立方体があります。
　　点P，Q，Rを通る平面でこの立方体を切ったとき，切り口は
　　五角形になります。その切り口を面Nとします。また，五角形
　　の頂点の1つは辺HE上にあり，その点をSとします。
　　　次の問いに答えなさい。
（1）　HS：SEを求めなさい。

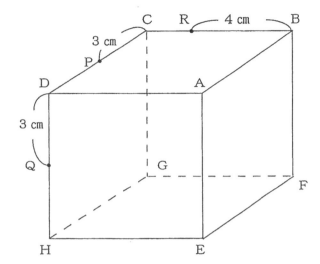

（2）　（三角形PQSの面積）：（面Nの面積）を求めなさい。

④　修君と道夫君は，同時に修道中学校を出発してA地点まで行き，そこで折り返して修道中学校に戻ってきます。
　　修君は，行きが時速12 kmで，帰りは時速10 kmで走りました。道夫君は，出発したときは時速12 kmで走っていま
　　したが，10分ごとに，時速1 kmずつ遅くなり，修道中学校に戻って来たときの速さは時速8 kmでした。その結果，
　　修君が到着して2分58秒後に道夫君が到着しました。
　　　次の問いに答えなさい。
（1）　道夫君は出発して40分間で何km走りましたか。

（2）　道夫君は時速8 kmで何分何秒走りましたか。

[1]　次の文章を読んで，あとの問１〜問８に答えなさい。

　　小笠原諸島は，「これまで大陸とつながったことのない島のため，島にたどり着いた生物が独自に進化をとげ，まれな生態系（※１）を有している」ことが評価されて，2011年にユネスコの世界遺産に登録されました。小笠原諸島には父島，母島，兄島などの大小さまざまな島がありますが，このうち，父島と母島には，グリーンアノールという北アメリカ原産のトカゲがすんでいることがわかっていました。このトカゲは，もともと日本にいなかったトカゲなので，外来種と呼ばれます。①安定している生態系にすんでいる生物の数は，ある程度の増減はありますが，長期的にみるとほぼ一定に保たれています。しかし，外来種がこのような生態系に入りこむと，その生態系にもともといた生物は大きな影響を受けることが知られており，小笠原諸島でもそれが問題となっています。小笠原諸島には，②オガサワラシジミ（チョウの仲間）や③オガサワラトンボ（トンボの仲間）などの在来種（※２）がすんでいますが，グリーンアノールはこれらをふくめた色々な昆虫を主食にしています。また2013年３月末の調査の結果，小笠原諸島の兄島にもグリーンアノールがすんでいることがわかり，④昆虫だけでなく植物にも影響が出るのではないかと心配されています。このように，外来種は，もともとの生態系に影響を与えていますが，⑤地球全体の生態系に影響を与えているのは，他ならぬわれわれ人間といえます。

（※１）生態系・・・あるまとまりをもった自然環境と，そこにすんでいるすべての生物で構成されている空間
（※２）在来種・・・もともとその地域にすんでいた生物

問１　グリーンアノールのように，他の生物を食べる生物を消費者といいます。植物を食べた消費者を一次消費者，一次消費者を食べた生物を二次消費者，二次消費者を食べた生物を三次消費者といいます。モンシロチョウを食べたカマキリは何次消費者にあたりますか。次のア〜ウから正しいものを１つ選んで，記号で答えなさい。
　　ア　一次消費者　　　　　イ　二次消費者　　　　　ウ　三次消費者

問２　問１のように，食うものと食われるものの関係のひとつながりを何といいますか。

問３　下線部①について，今，動物が一次消費者（以下Ａ種），二次消費者（以下Ｂ種），三次消費者（以下Ｃ種）だけからなる，安定している生態系があるとします。Ｂ種はＡ種だけを，Ｃ種はＢ種だけを食べています。この生態系で一時的にＢ種が減少したのち，もともとの個体数にもどったとします。この間に，Ａ種とＣ種の数はどのように変化しますか。正しいと考えられるグラフを，次のア〜エからそれぞれ１つずつ選んで，記号で答えなさい。なお，グラフの縦軸は個体数で，最初の値はもともとの数を，横軸は時間で，↑はＢ種が減少したときを表します。

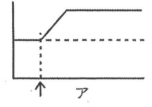　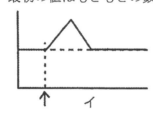　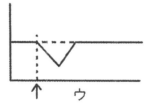　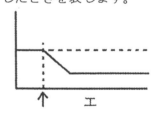

　　　　　　ア　　　　　　　　　イ　　　　　　　　　ウ　　　　　　　　　エ

問４　問３の生態系に外来種が入りこんだとします。この外来種は，問３の生態系ではＡ種とＢ種を食べますが，Ｃ種を食べず，また，Ｃ種から食べられません。この状態が長く続いた場合，Ｃ種の数はどのように変化すると考えられますか。次のア〜ウから１つ選んで，記号で答えなさい。
　　ア　増える　　　　　イ　変化しない　　　　　ウ　減る

問５　下線部②について，オガサワラシジミと同じ変態を行う昆虫を，次のア〜カからすべて選んで，記号で答えなさい。
　　ア　アブラゼミ　　　　　イ　カブトムシ　　　　　ウ　アキアカネ
　　エ　ナナホシテントウ　　オ　ダンゴムシ　　　　　カ　オオカマキリ

問６　下線部③について，オガサワラトンボは幼虫の時期のみ水中で餌をとりますが，成虫が水中で餌をとる昆虫もいます。その昆虫を，次のア〜エから１つ選んで，記号で答えなさい。
　　ア　タイコウチ　　　　イ　ミツバチ　　　　ウ　クワガタムシ　　　　エ　ザリガニ

問７　下線部④について，グリーンアノールが食べる昆虫には，植物の花粉を運搬する役割をもつものがいます。花粉の運搬に関して，昆虫ではなく風が花粉を運搬する植物を，次のア〜エから１つ選んで，記号で答えなさい。
　　ア　トウモロコシ　　　　イ　ヘチマ　　　　ウ　アサガオ　　　　エ　ヒョウタン

問８　下線部⑤について，人間の活動が引き起こした地球全体への影響として適当でないものを，次のア〜エから１つ選んで，記号で答えなさい。
　　ア　砂漠化が進行する　　イ　海水面が低下する　　ウ　強い酸性の雨が降る　　エ　平均気温が上昇する

- 1 -

2 次の文章を読んで，あとの問1〜問6に答えなさい。

　　図1のように，ばねにおもりをつけて天井からつり下げました。おもりを真上に少し持ち上げてからはなすと，おもりは上下に往復運動をしました。これをばね振り子といいます。ばね振り子の周期が，ばねの長さ，おもりの重さや振れはばとどのような関係があるか調べるために，条件を変えて表1のあ〜くの8種類の実験を行いました。ここで，ばね振り子の周期とは，表2のように，おもりが10往復する時間を5回測定し，1往復する時間の平均を求めたものです。

ばね振り子　　　　　　　図1

【実験】1つの長いばねをいろいろな長さに切って，表1のような条件でばね振り子の周期を測定しました。

表1

	ばねの長さ	おもりの重さ	振れはば	ばね振り子の周期
あ	20cm	30 g	6cm	①
い	20cm	80 g	3cm	0.89 秒
う	40cm	20 g	3cm	0.63 秒
え	40cm	20 g	6cm	0.63 秒
お	40cm	80 g	6cm	1.26 秒
か	60cm	40 g	6cm	②
き	80cm	30 g	6cm	1.08 秒
く	80cm	40 g	3cm	1.26 秒

【ばね振り子の周期の測定】表1の空所①に入るばね振り子の周期を求めるための測定結果です。

表2

	1回目	2回目	3回目	4回目	5回目
時　間	5.17 秒	5.24 秒	5.60 秒	5.36 秒	5.63 秒

問1　表1の空所①に入る時間を表2の測定値を用いて計算し，小数第2位まで答えなさい。

問2　ばね振り子の周期を求めるため，なぜ10往復する時間を測定するのですか。理由として最も適当なものを，次のア〜エから1つ選んで，記号で答えなさい。
　　ア　1往復する時間は，短くて正確にはかりにくいから。
　　イ　振れる回数が多いほど，振り子の調子が良くなるから。
　　ウ　測定する時間が短いとストップウォッチがこわれるから。
　　エ　ゆとりをもって実験したいから。

問3　ばねの長さと周期の関係を調べるには，表1のどれとどれを比べたらよいですか。あ〜くから1組選んで，記号で答えなさい。

問4　おもりの重さと周期の関係を調べるには，表1のどれとどれを比べたらよいですか。あ〜くから1組選んで，記号で答えなさい。

問5　表1から，振れはばと周期の間にはどのような関係があるといえますか。関係の説明として最も適当なものを，次のア〜ウから1つ選んで，記号で答えなさい。
　　ア　振れはばが大きいほど周期が長くなる。
　　イ　振れはばが小さいほど周期が長くなる。
　　ウ　振れはばと周期の間に，とくに関係はみられない。

問6　表1の空所②に入る周期として最も適当なものを，次のア〜エから1つ選んで，記号で答えなさい。
　　ア　0.63 秒　　イ　0.89 秒　　ウ　1.08 秒　　エ　1.26 秒

3 次の［Ⅰ］〜［Ⅳ］の文章を読んで，あとの問1〜問10に答えなさい。

［Ⅰ］気体の（　ア　）は炭酸ガスともよばれ，石灰水に通すと白くにごることが知られています。にごるのは，炭酸ガスと石灰水との反応でできた物質が（　イ　）からです。この例のように（　イ　）物質が底に沈んでたまったものを沈殿といいます。沈殿はろ過によって取り出すことができますが，このとき沈殿から分けとられた液を，ろ液とよびます。

沈殿ができる組み合わせはほかにもあります。例えば硫酸水溶液（酸性水溶液の仲間）と水酸化バリウム水溶液（アルカリ性水溶液の仲間）がそうです。硫酸水溶液は，硫酸という無色の液体が水にとけた水溶液で，水酸化バリウム水溶液は，水酸化バリウムという白い固体が水にとけた水溶液です。

問1　（ア）にあてはまる語を答えなさい。

問2　（イ）にはどのような文が入りますか。前後の文と意味がつながるように10字以内で答えなさい。

［Ⅱ］ある濃さの硫酸水溶液（以後A液とします）を4個のビーカー①〜④に入れ，それぞれにBTB溶液を少量加えたところ，いずれも（　ウ　）色になりました。次に，それぞれのビーカーに水酸化バリウム水溶液（以後B液とします）を少しずつ加えたところ，いずれの場合も沈殿を生じました。溶液の色が（　ウ　）色から緑色に変わったところでいずれもB液を加えるのをやめました。ろ過をして沈殿を取り出し，その後，ろ液を熱して水をすべて蒸発させたところ，いずれの場合も何も残りませんでした。取り出した沈殿をよく乾燥させてそれぞれ重さをはかったところ，下表のようになりました。

ビーカー	①	②	③	④
最初に入れたA液の体積〔cm³〕	100	300	600	（エ）
加えたB液の体積〔cm³〕	75	（オ）	450	675
沈殿の重さ〔g〕	（カ）	10.5	21.0	31.5

問3　（ウ）にあてはまる語を漢字1字で答えなさい。

問4　（エ），（オ）にあてはまる数値を，それぞれ整数で答えなさい。また，（カ）にあてはまる数値を小数第1位まで答えなさい。ただし，使用したBTB溶液は少量なので，その量は無視して考えてよいものとします。

［Ⅲ］A液500cm³に，BTB溶液を少量とB液を425cm³加えたところ，溶液の色は（　キ　）色になりました。ろ過して沈殿とろ液に分けたあと，ろ紙上の沈殿にさらに水を加えました。これは，沈殿に混ざっている（　ク　）をすべて洗い落とすためです。洗い落としたあとの溶液はろ液といっしょにしたのち，水をすべて蒸発させたところ，白い固体が1.7g残りました。また，ろ紙上の沈殿をよく乾燥させて重さをはかったところ，（　ケ　）gでした。

問5　（キ）にあてはまる語を漢字1字で答えなさい。

問6　（ク）にあてはまるものを，次の2つの水溶液から1つ選んで，丸で囲みなさい。
　　　　硫酸水溶液　　　水酸化バリウム水溶液

問7　（ケ）にあてはまる数値を小数第1位まで答えなさい。

問8　B液100cm³にふくまれる水酸化バリウムは何gですか。小数第1位まで答えなさい。

［Ⅳ］B液とは濃さの異なる水酸化バリウム水溶液（以後C液とします）300cm³をビーカーに入れ，BTB溶液を少量加えました。これにA液を100cm³加えたら溶液の色は緑色になりました。

問9　C液100cm³にふくまれる水酸化バリウムは何gですか。小数第2位まで答えなさい。

問10　A液300cm³に，BTB溶液を少量とC液を840cm³加えたときの溶液の色を，漢字1字で答えなさい。また，このとき生じた沈殿をろ過によって取り出し，水でよく洗ったのち，乾燥させて重さをはかると何gになりますか。小数第1位まで答えなさい。

- 3 -

H26. 修道中
教英出版

4 次の文章を読んで，あとの問1～問3に答えなさい。

つり合いについて考えてみましょう。

図1のように，長さ1mの軽い棒を中央で折り曲げ，支点の回りに自由に回転できるようにしました。棒の端に 25g と 20g のおもりをつけると，棒は図の状態で止まりました。棒の重さは考えなくてよいものとすると，おもりが棒を傾けるはたらきの大きさは，支点の左右で等しく，

25×40＝20×50　　（＝〔おもりの重さ〕×〔支点からの水平距離〕）
の関係が成り立っていることが分かります。

さて，図2のように右のおもりを取り除き，棒の右端を手で押すことにします。このとき，手は 20g の重さに相当する力を棒に加えていることになります。このような力の大きさを単位〔g重〕（読み：ぐらむじゅう）を使って 20g重 と表します。

次に図1の状態から，図3のように左のおもりを取り去り，棒の左端を棒に垂直に 20g重 の力で押すと棒は止まりました。力の大きさはなぜ 25g重 ではないのでしょうか。力が棒を傾けるはたらきの大きさを求めるときは，図3のように力の向きに対して垂直な方向の距離〔50cm〕を用います。このため，棒を傾けるはたらきの大きさは，支点の左右で等しく，

20×50＝20×50　　（〔力が棒を傾けるはたらきの大きさ〕＝〔おもりが棒を傾けるはたらきの大きさ〕）
となるのです。

ここまでの話を参考にして次の問いに答えなさい。ただし図4，図5の棒は図1と同じものであり，止まっているものとします。

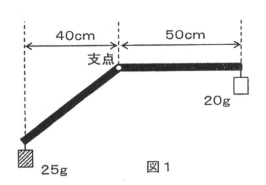

図1

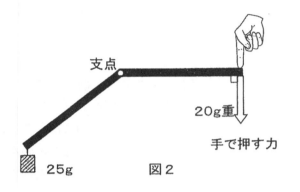

図2

図3

問1　図4のおもりは何gですか。
問2　図5の手で押す力の大きさは何g重ですか。

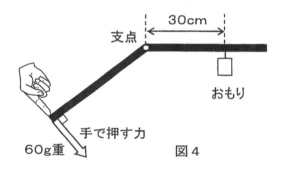

図4

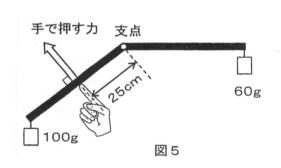

図5

問3　図6のように，半径 20cm の円板が台に取りつけられ，中心を支点として自由に回転できるようになっています。円板の外周に巻いてある細い糸を引き，円板の反対側の外周に取りつけてある 50g のおもりが動かないように支えました。手で引く力の大きさは何g重ですか。ただし，円板の重さは考えないものとします。

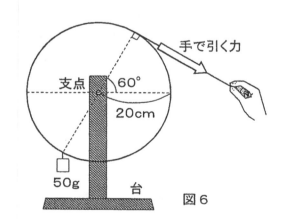

図6

- 4 -

5 次の文章を読んで，あとの問１〜問７に答えなさい。

　図１は１日の地球と月の運動のようすを地球の北極側から見て，簡単に表したものです。図のように，地球は太陽を中心として反時計回りに回転運動（この運動を，地球の公転という）しており，月は地球を中心として反時計回りに回転運動（この運動を，月の公転という）しています。図では，地球と月の運動のようすを分かりやすく表すため，長さの割合や，回転角度を実際のものとは変えています。下の問いに答えなさい。ただし，**数値を答える場合には，次の四角わく内の値を用いて計算すること。**

１日（太陽が南中してから，次に南中するまでの時間）＝24時間　（※１）

地球の公転周期（地球が太陽を中心として１回転する時間）＝360日　（※２）

月の公転周期（月が地球を中心として１回転する時間）＝30日　（※２）

（※１）南中とは太陽や月などが真南にみえる状態。

（※２）この値は計算が行いやすくなるように，実際
　　　の値とは異なる値にしている。

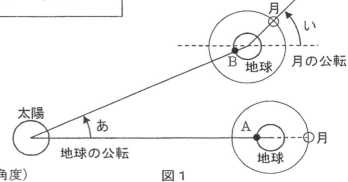

図１

問１　図１のあ（地球の１日の公転角度），い（月の１日の公転角度）
　　　はそれぞれ何度ですか。

問２　図１で，地球は地球の北極と南極を結ぶ線を軸として回転運動（この運動を，地球の自転という）しています。
　　　１日では，地球上の点Ａは反時計回りに360°以上回転して，点Ｂの位置に達します。では，地球が太陽を中心と
　　　して360日で１回転する間に，地球は何回転自転しますか。

問３　満月から次の満月までの日数は何日ですか。答えは四捨五入して，小数第１位まで答えなさい。

　　　図２は，日本国内のある地点で，ある日の月の動きを２時間ごとに記録
　　したものです。

問４　図２のように，南中時に右半分が明るい半月を上弦の月，これに対
　　し左半分が明るい半月を下弦の月といいます。日本国内で観察する場合，
　　月の満ち欠けについての説明で正しいものはどれですか。次のア〜エか
　　ら１つ選んで，記号で答えなさい。

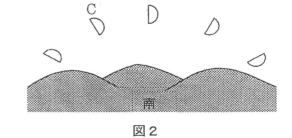

図２

　　ア　夏は新月→上弦の月→満月，冬は新月→下弦の月→満月の順番で変化する。

　　イ　春は新月→上弦の月→満月，秋は新月→下弦の月→満月の順番で変化する。

　　ウ　季節によらず，新月→上弦の月→満月の順番で変化する。

　　エ　季節によらず，新月→下弦の月→満月の順番で変化する。

問５　図３は，地球のまわりを公転する月の位置を地球の北極側か
　　ら見て示したものです。日本国内で，図２の月が見られるのは
　　月が図３のどの位置にあるときですか。最も適当なものを，図
　　３のア〜クから１つ選んで，記号で答えなさい。

問６　図２で，月がＣの位置にある時刻は何時ですか。最も適当な
　　ものを，次のア〜クから１つ選んで，記号で答えなさい。

　　ア　２時　　　イ　４時　　　ウ　８時　　　エ　10時

　　オ　14時　　　カ　16時　　　キ　20時　　　ク　22時

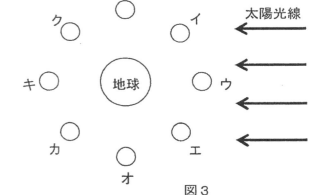

図３

問７　地上から観察すると，月が南中してから次に南中するまでの時間は，24時間ではありません。月が南中する時刻
　　は，毎日何時間ずつ遅れますか。答えは四捨五入して，小数第２位まで答えなさい。

H26. 修道中
K教英出版

２０１４年度　修道中学校入学試験　社会　(40分)

1　次の文章を読んで，あとの問１〜問７に答えなさい。

　日本の国土は，面積約□□□万平方キロメートル（2012年）で，地形は①山地や丘りょう地が４分の３をしめており，多くの②火山があり，③地震もたくさん発生しています。また，日本列島は南北に細長く，海のすぐそばまで山地がせまっているので，河川の長さは世界とくらべると短く，流れがとても急なので，人々は④洪水からのがれる工夫をしてきました。そして⑤気候の特ちょうに合わせた生活や⑥産業が発展したので，とても変化にとんだくらしや文化がうまれました。

問１　□□□にあてはまる数字として正しいものを，次のア〜ウから一つ選んで，記号で答えなさい。
　　　ア　28　　イ　30　　ウ　38
問２　下線部①に関して，次の（１）〜（３）の山地や山脈の名前をそれぞれ漢字で書きなさい。
（１）　おうう山脈　　（２）　きい山地　　（３）　ひだ山脈
問３　下線部②に関して，次の（１）・（２）の問いに答えなさい。
（１）2013年にユネスコの世界文化遺産として登録された山の名前を書きなさい。
（２）現在も活動をしている火山の名前と，その火山のある都道府県名の組みあわせとして正しいものを，次のア〜ウから一つ選んで，記号で答えなさい。
　　　ア　阿蘇山：長崎県　　イ　有珠山：北海道　　ウ　浅間山：栃木県
問４　下線部③に関して，内容が正しいものを，次のア〜ウから一つ選んで，記号で答えなさい。
　　　ア　昔は河川だった場所が宅地として開発されると，地震発生時に地ばんが液状化する場合があります。
　　　イ　高層ビルなどの耐震化工事は，国内すべての建物で完了しました。
　　　ウ　沿岸部では，地震発生時に高潮による浸水の被害があります。
問５　下線部④に関して，右の写真（岐阜県海津市）を見て，内容が正しいものを，次のア〜ウから一つ選んで，記号で答えなさい。
　　　ア　少しでも高い場所に家を建てて，洪水から家を守ってきました。
　　　イ　輪中での生活が改善されたので，近年，人口が急増しています。
　　　ウ　治水により，米の生産量は激減しました。
問６　下線部⑤に関して，次の表を見て，あとの（１）〜（３）の問いに答えなさい。

	1月	2月	3月	4月	5月	6月	7月	8月	9月	10月	11月	12月	全年
ア	7.5	8.6	11.9	16.1	19.9	23.1	27.3	27.2	24.4	19.4	14.3	9.6	17.4（℃）
	63.8	90.8	182.1	212.5	239.3	429.2	309.4	290.2	354.6	181.8	95.0	60.0	2508.5（mm）
イ	5.5	5.9	8.9	14.4	19.1	23.0	27.0	28.1	24.3	18.4	12.8	7.9	16.3（℃）
	38.2	47.7	82.5	76.4	107.7	150.6	144.1	85.8	147.6	104.2	60.3	37.3	1082.3（mm）
ウ	-3.6	-3.1	0.6	7.1	12.4	16.7	20.5	22.3	18.1	11.8	4.9	-0.9	8.9（℃）
	113.6	94.0	77.8	56.8	53.1	46.8	81.0	123.8	135.2	108.7	104.1	111.7	1106.5（mm）
エ	3.8	3.9	6.9	12.5	17.1	21.2	25.3	27.0	22.7	17.1	11.5	6.7	14.6（℃）
	269.6	171.9	159.2	136.9	155.2	185.1	231.9	139.2	225.5	177.4	264.9	282.1	2398.9（mm）

（日本国勢図会2013／14より作成）

（１）表中ア〜エは，札幌，金沢，高松，宮崎の４観測地点の月別平均気温（1981〜2010年の平均値）と，月別平均降水量（1981〜2010年の平均値）です。札幌，金沢，高松，宮崎の４観測地点にあてはまるものを，表中ア〜エからそれぞれ選んで，記号で答えなさい。
（２）表中アの月別平均降水量が６月に多い理由を簡単に説明しなさい。
（３）表中エの月別平均降水量が冬に多い理由を簡単に説明しなさい。
問７　下線部⑥に関して，次の表１と次ページの表２（日本国勢図会2013／14より作成）を見て，それぞれの表に関する（１）・（２）の問いに答えなさい。

表１
	人口（千人）2012年	面積（㎢）2012年	りんご（t）2011年	なし（t）2011年	米（t）2012年
ア	1350	9645	367600	…	295900
イ	7427	5165	…	7370	153500
ウ	1690	9189	…	…	110400
エ	13230	2189	…	1900	676
オ	582	3507	…	21000	73800

（…は統計データなし）

（１）表１中ア〜オは，青森，東京，愛知，鳥取，鹿児島の各都県の統計データです。各都県にあてはまるものを表１中ア〜オからそれぞれ選んで，記号で答えなさい。

表2

	A	B	C	D	E
千　葉	27489	1548	16697	2536	267
大　阪	13119	5277	13580	3032	3261
神奈川	24197	2054	7735	3397	338
高　知	18	89	260	424	129
愛　知	7414	3770	24764	6929	4277

（A～Eはすべて2010年の産業別製造品出荷額である。単位は億円。）

（2）表2中A～Eにそれぞれあてはまる各種産業・製造品名の組みあわせとして正しいものを，次の**ア～オ**から一つ選んで，記号で答えなさい。

ア A＝せんい工業	B＝窯業・土石製品	C＝鉄鋼業	D＝印刷業	E＝石油・石炭製品
イ A＝鉄鋼業	B＝せんい工業	C＝窯業・土石製品	D＝石油・石炭製品	E＝印刷業
ウ A＝印刷業	B＝窯業・土石製品	C＝石油・石炭製品	D＝鉄鋼業	E＝せんい工業
エ A＝窯業・土石製品	B＝鉄鋼業	C＝せんい工業	D＝印刷業	E＝石油・石炭製品
オ A＝石油・石炭製品	B＝印刷業	C＝鉄鋼業	D＝窯業・土石製品	E＝せんい工業

---

2 次の文章は，西暦2200年の，ある大学の博士と助手の会話です。この会話を読んで，下線部や空らんなどに関する（1）～（21）の問いに答えなさい。

博士：「やったな！　助手くん。タイムマシンの完成だ!!」
助手：「博士，おめでとうございます！　長年の夢がかないましたね。」
博士：「これで自由に時間旅行ができるぞ。早速実験してみようじゃないか。」
助手：「その前にタイムマシンの操縦法を教えて下さい。」

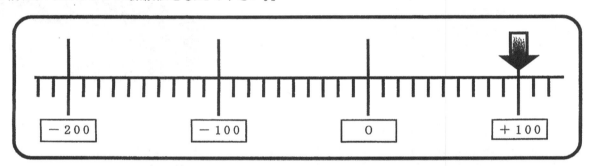

博士：「おお，そうじゃった。操作は簡単じゃ。上の図を見てくれたまえ。定規のような目盛りがわかるじゃろう。"0"の位置が現在，つまり西暦2200年じゃな。スイッチ（図の中の矢印）を左のマイナス方向に動かせば過去に，右のプラス方向に動かせば未来に行けるのじゃ。」
助手：「と，いうことは，上の図のように右側の"＋100"という数字の位置までスイッチを動かすと…　今年が西暦2200年だから西暦2300年に行けるのですね。なるほど，意外に単純なんですね。」
博士：「単純とはなんじゃ！　使う人にやさしい設計と言え！」
助手：「す，すみません…　えっと，じゃあ右の【図A】の位置にスイッチを合わせると，（1）西暦1940年ということですね！　すごいなあ！」

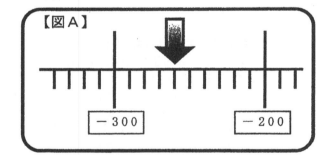

博士：「ふふふっ，どんなもんじゃ」
助手：「では博士，時間旅行に出発しましょうよ！　最初はどの時代がいいですか？」
博士：「やはり過去にしよう。ワシはどうしても会って話を聞いてみたい人物がいるのじゃ。では…」

キリリリリッー（スイッチを動かす音）

助手：「すごい！　外の景色がいっぺんに変わりましたよ。時間を飛び越えたんだ！」
博士：「どっ，どんな景色が見えるかね？」
助手：「建物が燃えています。鎧・兜をつけた武士が何かさけんでますよ。えーと『織田信長の死体をさがせー。必ず燃える建物の中にあるはずだー。』と聞こえます。」
博士：「おぉ，ぴったり（2）ワシの思っておった時代についたようだぞ。」
助手：「では，あの武士は反乱を起こした（3）□□□□ですね。」
博士：「そうらしいぞ。そしてここは（4）□□□□じゃ。」
　　　「ワシは以前から反乱を起こした理由をぜひ聞いてみたかったんじゃ。今がチャンス，あの武士のところへ行くぞ。」
助手：「そんな無茶な！　危険です。恐ろしい顔をした武士がたくさんいますよ。すぐにどこかへ逃げましょう。」

キリリリリッー

博士：「わー，バカもの。ワシの長年の夢がー。景色が変わるー。時代が変わってしまうー。」
助手：「今度はだいぶ古い時代に来たようですよ。みんなで稲刈りをしているようです。」

博士：「無茶をしおって。いつの時代に移動したのかわからんのか？　稲刈りだけじゃわからんじゃないか。他に何か見えんか？」

助手：「(5) その他にもいろいろな物が見えます。えーと。」

博士：「ええい，長居は無用じゃ。移動するぞ。」

キリハハハッー

助手：「あー，博士はせっかちだなぁ。また景色が変わりますよ。」

博士：「今度は何が見える？」

助手：「人が見えます。何人かの人たちの中で歌をよんでいるようですよ。どうやら満月がどうとか聞こえます。」

博士：「なに？　ひょっとすると『この世をば　わが世とぞ思う望月の　欠けたることも　なしと思えば』ではないか？」

助手：「そう，その通りです。博士はなんでわかったんですか？」

博士：「この歌は (6) ☐☐☐☐☐ の残した有名な歌じゃ。そんなこと小学生でも知っとるわい。」

助手：「いつの頃の人だったっけ？　えーと，(7) スイッチを見てみると。(8) へぇーこの時代の人かぁ。」

博士：「君はなんにも知らんのじゃなあ。小学校で何を勉強しとったんじゃ？　この時代にはこれまでと違った日本独特の文化が生まれたのじゃ。ほれ，ひらがなやカタカナの成り立ちぐらいは知っとるじゃろ？　ん？　それも知らんか？」

助手：「バ，バカにしないで下さい。ぼくだってそれぐらいは知っています。その他には (9) ☐☐☐☐☐ とよばれた日本風の絵とかもありましたよね。(10) 他にもこの時代のものをたくさん知ってますよ。」

博士：「ほぅ，少しは知っとるようじゃな。では，なぜ日本独特の文化が生まれたのか，その理由を知っとるか？　どうじゃ？」

助手：「簡単ですよ。(11) ☐☐☐☐☐☐☐☐☐☐☐☐☐☐☐☐☐ でしょ？」

博士：「正解！」

助手：「さぁ，もうこの時代も十分見ました。次の時代へ行きましょう。次はキリのいい数字でスイッチを"－300"に合わせます。」

キリハハハッー

博士：「と，いうことは，(12) ☐☐☐☐☐ じゃな。」

助手：「大きな工場のような建物が見えます。完成間近なようですね。あれは (13) 製鉄所でしょうか？」

博士：「そのようじゃな。立派なものじゃなぁ。」

助手：「でも博士，なぜこの場所に日本初の本格的な製鉄所を作ったんでしょうか？　重要な理由でも？」

博士：「それはな，鉄作りに必要な (14) ☐☐☐☐☐☐☐☐☐☐☐☐☐☐ 場所だったからじゃ。」

助手：「なるほど，そうだったんですか。」

　　　「よぉし，調子が出て来たぞ。今度は思い切って１億年くらい前に…」

博士：「おおバカもの！　恐 竜 の時代に行ってどうする，くわれてしまうわい。人間の時代じゃ人間の。」

助手：「ちぇっ……」

キリハハハッー
ガリハハハッー（スイッチが勝手に動く音）

助手：「ん？　わっ，スイッチが壊れてしまったようです。次々と勝手な時代に移動していきます！　わー！」

ガリハハハッー　……　a
ガリハハハッー　……　b
ガリハハハッー　……　c
ガリハハハッー　……　d
ガリハハハッー　……　e
(15)

助手：「わー，わー，わー。」

博士：「うろたえるでない！　えーい，こうすれば。」

バカン，ボコン，ガン，ガン，ガン（タイムマシンを所かまわずたたく音）

助手：「すごい，直った！　よかった。」

博士：「１億年前などと無茶をしようとするからじゃ，まったく。」

助手：「たたいて直るってのもどうかと思いますけどね。」

博士：「文句でもあるのか！」

助手：「いえいえ，とんでもない。では気を取り直して新しい時代に行きましょう。」

キリハハハッー

博士：「まったくもう，今度はどの時代じゃ？」

助手：「窓の外には人が見えますね。何か読んで聞かせているようです。『第一条，人の和をたいせつにしなさい。第二条，仏の教えをあつく敬いなさい。第三条，天皇の命令には必ず従いなさい。』と聞こえます。やや，聞いている人たちは (16) みんなぼうしのようなものをかぶっているぞ。そのぼうしのようなものの色で位の上下が表されているみたいな様子です。」

博士：「ということは，(17) スイッチの目盛りは…」

助手：「博士，さっさと次に行きましょうよ。おなかもすいてきたし，そろそろ帰りましょうか？」

博士：「いや，もう少し見てみよう。今度はワシがスイッチを動かすぞ。」

キリハハハッー

助手：「どの時代についたかな？　わっ，地震だ，それも大きいぞ。わっわっ，津波も襲ってきた！　早く逃げましょう！」

キリハハハッー

博士：「ふぅ，危ないところじゃったな。東日本大震災にでくわしたようじゃ。この地震は西暦2011年の (18) ☐☐☐☐ に，宮城県牡鹿半島沖の海底を震源としておこった巨大地震だったのじゃ。１万８千人以上の死者・行方不明者がでるという悲惨な災害じゃったそうな。」

助手：「(19) ☐☐☐☐ にあった東京電力の原子力発電所も被害を受けて，大変な放射能汚染を引き起こしたんだそうですね。」

博士： 「うむ，亡くなられた方々の冥福を祈ろう。ところで，今度はどの時代についたのかな？　様子はどうじゃ？」
助手： 「部屋の中に２人の人がいるようです。緊迫した雰囲気ですね。何やらお城を戦わずして明け渡すというような話のようです。」
博士： 「お，左側の人物は西郷隆盛じゃな。となると右側は（20）□□□□じゃ。幕府もとうとうおわりじゃな。最初の幕府ができてからこの幕府が滅びるまでの約（21）□□□□年間の武士の政治も終わったのじゃな。」
助手： 「博士，もう古い時代は飽きちゃいました。未来に行ってみましょうよ，未来に。人類がどうなってるのか見たくありませんか？」
博士： 「それもそうじゃな。じゃあ思い切ってずっとずっと未来に行ってみよう。50億年ぐらいの未来をめざしてゴーじゃ！」
助手： 「えっ，それってもう地球がなくなってるかも…」

キリリリリッー

（1）について，西暦1940年は日本の年号でいうと，どの時代にあてはまるでしょうか。次のア〜エから一つ選んで，記号で答えなさい。
　　ア　明治　　イ　大正　　ウ　昭和　　エ　平成
（2）について，博士は右の【図B】の位置にスイッチを動かして思っていた時代に到着しました。《　①　》にあてはまる数字を書きなさい。
（3）について，あてはまる人名を書きなさい。
（4）について，この燃える建物がある場所はどこですか。現在の都道府県名を書きなさい。

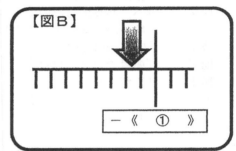

（5）について，この時に助手が見ていないと思われるものを，次のア〜オから二つ選んで，記号で答えなさい。

（6）について，あてはまる人名を書きなさい。
（7）について，右の【図C】はこの時のスイッチを示したものです。《　②　》にあてはまる数字を書きなさい。
（8）について，この時代を説明した文として**誤っているもの**を，次のア〜エから一つ選んで，記号で答えなさい。
　　ア　この時代は，中臣鎌足の子孫が政治の実権を握っていました。
　　イ　この時代の政治では，儀式や年中行事が繰り返し行われ，細かいしきたりを守ることが大切にされました。
　　ウ　この時代には，仏教の力を利用して国を守ろうという考えが強く，莫大な費用を使って全国に国分寺が建てられました。
　　エ　この時代には，清少納言という女性が四季の移り変わりなどについて，するどい観察の目で『枕草子』とよばれる随筆を書きました。
（9）について，あてはまる言葉を書きなさい。
（10）について，この時代に関係するものとして正しいものを，次のア〜エから一つ選んで，記号で答えなさい。

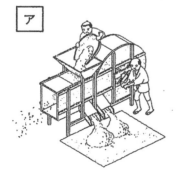

(11) について，歴史的に正しくなるよう考えて，この時の助手の答えを12字以内で書きなさい。

(12) について，あてはまる言葉を，次のア～エから一つ選んで，記号で答えなさい。
　　ア　日露戦争と満州事変の間　　　　イ　西南戦争と日清戦争の間
　　ウ　満州事変と太平洋戦争の間　　　エ　日清戦争と日露戦争の間

(13) について，この製鉄所がある場所はどこですか。現在の都道府県名を書きなさい。

(14) について，歴史的に正しくなるよう考えて，この時の博士の答えを書きなさい。

(15) について，この時，次々とa～eの建物が見えました。a～eの建物を古いものから順に並べ替えなさい。

a

b

c

d

e

(16) について，この制度を何というか書きなさい。

(17) について，右の【図D】はこの時のスイッチを示したものです。《　③　》にあてはまる数字を書きなさい。

(18) について，空らんにあてはまる日にちを書きなさい。

(19) について，空らんにあてはまる都道府県名を書きなさい。

(20) について，空らんにあてはまる人名を書きなさい。

(21) について，空らんにあてはまる年数に最も近い数字を，次のア～エから一つ選んで，記号で答えなさい。
　　ア　500　　イ　700　　ウ　900　　エ　1100

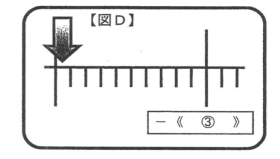
【図D】
－《　③　》

3　次の文章を読んで，あとの問１～問４に答えなさい。

　国民が政治に参加する権利（参政権）は，日本国憲法の三原則のうち，＿＿＿＿の原則にもとづきます。国民は，主に，自分たちの代表者を，選挙で選ぶことによって，国の政治を動かしているのです。

問１　＿＿＿＿に入る言葉を，漢字４字で書きなさい。

問２　～～線部の表現は，「選挙」以外の政治参加もあるということを示しています。そうした政治参加として，過去，一度も行われたことのないものを書きなさい。ちなみに，2006年に成立した最初の安倍晋三内閣の時に，この政治参加を具体化するための法律が作られています。

問３　＿＿＿＿線部は誰のことですか。次のア～エから適切なものを一つ選んで，記号で答えなさい。
　　ア　内閣総理大臣　　イ　天皇　　ウ　国会議員　　エ　最高裁判所長官

問４　＿＿＿＿線部について，次の①～④の問いに答えなさい。
　①　a　昨年７月に実施された国政選挙は何ですか。
　　　b　このときの選挙から新たに認められることになった選挙運動の方法は何ですか。解答らんにしたがって書きなさい。
　②　おととしの国政選挙のあと，一票の値うちの不平等を訴える裁判が，各地で起こされました。このことについての説明として誤っているものを，次のア～エから一つ選んで，記号で答えなさい。
　　ア　この国政選挙で，一票の値うちの格差は最大２．４３倍だった。
　　イ　各地の高等裁判所で出された判決のほとんどは，「違憲」という判断だった。
　　ウ　昨年11月に出された判決で，最高裁判所は今回の選挙を「違憲状態」と判断した。
　　エ　最高裁判所は，この選挙について，史上初めて無効を宣言した。

③　過去5回の衆議院議員総選挙（小選挙区）を見ると，その年代別投票率（％，サンプル調査）は次の表のようになっています。この表を見て，内容が**誤っているもの**を，あとの**ア～エ**から一つ選んで，記号で答えなさい。

	20歳代	30歳代	40歳代	50歳代	60歳代	70歳以上
平成12年	38.4	56.8	68.1	72.0	79.2	69.3
平成15年	35.6	50.7	64.7	70.0	77.9	67.8
平成17年	46.2	59.8	71.9	77.9	83.1	69.5
平成21年	49.5	63.9	72.6	79.7	84.2	71.1
平成24年	37.9	50.1	59.4	68.0	74.9	63.3

（「財団法人　明るい選挙推進協会」ホームページより作成）

ア　70歳以上を除くと，年代が上がるにつれて，いつでも投票率が高くなっている。
イ　20歳代の投票率が，いつでも一番低かった。
ウ　60歳代の投票率が，いつでも一番高かった。
エ　政権交代をもたらした選挙では，どの年代でも，その前の選挙の時より投票率が上がっている。

④　日本の近代選挙（衆議院）の歴史を振り返ると，次の表のような流れがありました。

選挙実施年	有権者数の全人口比（％）	投票率（％）
1890	1.1	93.7
1902	2.2	88.4
1920	5.5	86.7
1928	20.0	80.4
1946	48.7	72.1

（総務省ホームページより作成）

a　1920年から1928年の間に，選挙制度の大きな変更があったことが読み取れます。どのような変更だったのか，簡潔に書きなさい。
b　「有権者数の全人口比」と「投票率」の間には，どのような関係を読み取ることができますか。簡潔に書きなさい。

受　験　番　号

※125点満点
(配点非公表)

1 (1)① 　　② 　　③ 　　④

(2)① 　　②

(3)① 　　②
　　　　　度 　　cm²

(4)
　　　　　日

(5)① 　　②
　　　通り 　　通り

(6)
　　　cm

2 (1) 　　(2)
　　　番目

3 (1) HS：SE
　　　　　：

(2)(三角形PQSの面積)：(面Nの面積)
　　　　　：

4 (1) 　　(2)
　　　km 　　分　　秒

２０１４年度　修道中学校入学試験　理科　解答用紙

※100点満点
（配点非公表）

1

問1	問2	問3		問4	問5	問6	問7	問8
		A種	C種					

2

問1	問2	問3	問4	問5	問6
秒		と	と		

3

問1	問2

問3	問4			問5
	エ	オ	カ	

問6	問7	問8
硫酸水溶液　　水酸化バリウム水溶液		g

問9	問10	
	色	重さ
g		g

4

問1	問2	問3
g	g重	g重

5

問1		問2	問3
あ	い		
度	度	回転	日

問4	問5	問6	問7
			時間

２０１４年度　修道中学校入学試験　社会　解答用紙

受験番号

※100点満点
（配点非公表）

1

問　1	問			2

	1	2		3	
		山　脈		山　地	山　脈

問　3		問　4	問　5	問		6	

1	2			1			
	山			札幌	金沢	高松	宮崎

問	6
2	
3	

問				7		
1						2
青森	東京	愛知	鳥取	鹿児島		

2

1	2	3	4
5	6	7	8
9	10	11	
12	13		
14			
15	16	17	
→ → → →			
18	19	20	21
月　　　日			

3

問　1	問　2	問　3

問		4		
①			②	③
a	b　（　　　　　）の利用			
④				
a				
b				

H26. 修道中
教英出版